Alpin-Lehrplan Band 3

Peter Geyer
Andreas Dick

W0176423

Hochtouren
Eisklettern

Alpin-Lehrplan Band 3

Peter Geyer

Andreas Dick

Hochtouren
Eisklettern

Die Deutsche Bibliothek – CIP-Einheitsaufnahme

Ein Titeldatensatz für diese Publikation ist bei
Der Deutschen Bibliothek erhältlich.

Bildnachweis:

M. Berger: S. 49
A. Dick: S. 2/3, 10/11, 14, 15, 16, 17, 18, 19, 20, 48,
64, 65, 66, 67, 68, 69, 70, 71, 84, 88/89, 90, 91,
92 o (2), 93 o (3), 96, 97, 98, 99, 100, 101, 107, 108,
118, 119, 120, 122/123, 124, 125, 126, 127, 128,
130 u, 131 o + u re (2), 132 o (2), 133 u (3), 134 m,
136, 137, 138, 139, 140, 142, 143, 146, 147, 148,
149, 151, 153, 164, 165, 166, 167, 169, 173, 175,
178, 184, 185, 186, 190/191
P. Geyer: S. 21, 22, 23, 24, 25, 26, 27, 28, 29, 30, 31,
32, 33, 34, 35, 36, 37, 38, 39, 40, 41, 42, 43, 44, 45,
46, 47, 51, 52, 53, 54, 55, 56, 58, 59 u (3), 60 o, 63,
72/73, 73, 75, 76, 78, 79, 80, 81, 83, 93 u, 103, 104,
105, 106, 110, 113, 114, 115, 116, 117, 121 li
M. Grassl: S. 74, 85, 86
R. Jasper: S. 50, 57 (Archiv), 59 o, 87, 121
Ch. Krah: S. 92 u (3)
W. Pohl: S. 94, 130 o, 131 u li, 132 u, 133 o, 134 u, 161
Silva: S. 173
Th. Ulrich: S. 60 u, 61, 62
S. Witty: S. 192, 193, 194, 195, 196, 197

Der Abdruck der Satellitenbilder auf S. 145
erfolgt mit freundlicher Genehmigung von EUMETSAT/
MeteoSchweiz

Grafiken:

M. Adelbert: S. 172
J. Mair: S. 95, 101, 104, 109, 111, 112, 135, 146, 149,
150, 151, 155, 156, 157, 158 o, 161, 163, 170, 176,
177, 188. Nach Vorlagen von Georg Sojer aus
P. STÜCKL / G. SOJER »Bergsteigen« (Abdruck mit
freundlicher Genehmigung des Bruckmann Verlags):
S. 91, 94, 99, 100, 141, 154, 158 u, 159, 160, 162

Umschlagfoto: Bernd Ritschel
Umschlaggestaltung: Joko Sander Werbeagentur,
München

Lektorat: Barbara Hörmann
Layout und Umbruch: Anton Walter, Gundelfingen
Herstellung: Manfred Sinicki

BLV Verlagsgesellschaft mbH
München Wien Zürich
80797 München

© 2001 BLV Verlagsgesellschaft mbH, München

Druck und Bindung: Passavia, Passau
Gedruckt auf chlorfrei gebleichtem Papier
Printed in Germany · ISBN 3-405-14823-5

Herausgeber:

Deutscher Alpenverein (DAV) und Verband Deutscher Berg- und Skiführer (VDBS) in Zusammenarbeit
mit dem Alpenverein Südtirol (AVS)

**Offizieller Lehrplan der folgenden alpinausbildenden
Verbände:**

• Deutscher Alpenverein
• Alpenverein Südtirol
• Verband Deutscher Berg- und Skiführer
• Bundeswehr
• Polizeibergführerverband
• Touristenverein Die Naturfreunde

**Folgende Firmen unterstützten die Produktion der
Alpin-Lehrpläne und zum Teil die alpinausbildenden
Verbände:**

• Krimmer Outdoor Systems
  (Produkte von Grivel, Petzl, Beal und Julbo)
• Deuter (Rucksäcke)
• Salewa (Bekleidung)
• Leki (Tourenstöcke)
• Black Diamond (Hardware)
• Onneken (Produkte von Silva und Thommen)
• Ziener (Handschuhe)

Autorenkollektiv:

Peter Geyer
»Bewegungstechnik und Taktik«, »Sicherungstechnik«
• Jahrgang 1949
• Staatlich geprüfter Berg- und Skiführer
• Staatlich geprüfter Skilehrer
• Präsident des Verbandes Deutscher Berg- und
  Skiführer (VDBS)
• Vizepräsident der Internationalen Vereinigung der
  Bergführerverbände (IVBV)
• Ausbildungsleiter der staatlichen Bergführer-
  ausbildung
• Mitglied im Bergführer-Bundeslehrteam
• Begeher der meisten namhaften Eis- und Kombi-
  routen der Alpen, zahlreiche Expeditionen im
  Himalaja, in Südamerika und in Alaska

Andreas Dick
»Bewegungstechnik und Taktik«, »Sicherungs-
technik«, »Theoretische Grundlagen«
• Jahrgang 1964
• Staatlich geprüfter Berg- und Skiführer
• Mitglied im Lehrteam Bergsteigen im DAV
• Begeher vieler großer Routen in den Alpen und in
  Schottland
• Expeditionen in Nepal und Pakistan (Erstbegehun-
  gen im Karakorum)
• Erstbegehungen von Sport- u. Wasserfallkletterein
• Langjähriger Redakteur bei »Alpin«, freier journa-
  listischer Mitarbeiter bei fast allen deutschsprachi-
  gen Alpinzeitschriften

Stefan Witty
»Umwelt- und Naturschutz«
• Jahrgang 1961
• Diplombiologe
• Leiter der DAV-Abteilung Natur- und Umweltschutz
• Leiter des DAV-Lehrteams Natur- und Umweltschutz
• Ökologieausbilder in der staatlichen Bergführer-
  ausbildung
• Mitglied der Umweltkommission des Deutschen
  Sportbunds
• DAV-Fachübungsleiter Skibergsteigen
• seit über zwei Jahrzehnten Kletterer

VORWORT

Das Bergsteigen mit seinen unterschiedlichen Spielformen zählt zu den attraktivsten Natursportarten. Jedes Jahr zieht es Tausende von erlebnis- und erholungshungrigen Wanderern und Bergsportlern in die Alpen und die Berge der Welt, um ihren individuellen Leidenschaften und Zielsetzungen in einer weitgehend intakten Natur nachzugehen. Für viele von ihnen ist Bergsteigen ein idealer Lifetime-Sport, der den notwendigen Ausgleich in einer zivilisationskranken Konsumgesellschaft leisten kann.

Der Deutsche Alpenverein als der weltgrößte Bergsteigerverband stellt sich seiner besonderen Verantwortung und hat nicht nur die Bergwelt der Alpen mit erschlossen, sondern sich auch seit seinen Gründertagen um die Ausbildung und Sicherheit der Bergsteiger bemüht. Dazu gehört die Ausbildung der staatlich geprüften Bergführer in kooperativer Zusammenarbeit mit dem Verband Deutscher Berg- und Skiführer, die Ausbildung der ehrenamtlichen Führungskräfte als wichtige Multiplikatoren in den Sektionen des Deutschen Alpenvereins, die international anerkannte und führende Arbeit des DAV-Sicherheitskreises und die Herausgabe von Unterrichtsmaterialien und Lehrschriften, um hier nur die bedeutendsten Aktivitäten zu nennen.

Ein fester Bestandteil in der Ausbildungsarbeit aller alpinausbildenden Verbände im deutschsprachigen Raum ist die Lehrplanreihe des Deutschen Alpenvereins, die in ihrer ursprünglichen Konzeption Anfang der achtziger Jahre veröffentlicht wurde. Angesprochen wurden hauptsächlich alle Ausbilder, die in den verschiedensten Funktionen und mit den unterschiedlichsten Zielsetzungen Alpinunterricht in Praxis und Theorie vermittelten, wenngleich die einzelnen Praxis- und Theoriebände des Alpin-Lehrplans mit der Zeit zum Standardwerk für alle Wanderer und Bergsteiger wurden.

Heute hat sich gemäß der aktuellen Entwicklung im Alpinismus die Zielrichtung des Alpin-Lehrplans verändert: Genauso wie die Zahl der Bergsportler zunimmt, hat sich auch deren Wunsch nach Selbständigkeit entwickelt. Weil das Bergsteigen kein geeignetes Feld für den Autodidakten nach der »Try and error«-Methode darstellt und die beste Empfehlung nach wie vor nur lauten kann, eine qualifizierte Ausbildung in Praxis und Theorie unter kompetenter Anleitung zu absolvieren, gibt der Deutsche Alpenverein in Zusammenarbeit mit dem Verband Deutscher Berg- und Skiführer mit dem neuen Alpin-Lehrplan eine sorgfältig nach den neuesten Erkenntnissen erstellte Buchreihe heraus, die alle Praxis- und Theoriebereiche des Alpinismus abdeckt.

Adressat ist nicht nur der Alpinausbilder, sondern vor allem der »Normalbergsteiger«, der ein gut verständliches, auf das Wesentliche beschränktes Lehrbuch sucht, das alle praxisrelevanten Themen des Alpinismus behandelt. Neben den elementaren Kapiteln der Bewegungstechnik und -taktik, der Sicherungstechnik und der sicherheitsbezogenen Theorie hat in den neuen Alpin-Lehrplan als Hauptkapitel auch der spezifische und praxisorientierte Naturschutz Eingang gefunden.

Nicht zuletzt deshalb glauben der Deutsche Alpenverein und das kompetente Autorengremium, dass der neue Alpin-Lehrplan alle Anforderungen an ein modernes Standardwerk für den Bergsteiger erfüllt.

Josef Klenner
Erster Vorsitzender des
Deutschen Alpenvereins

INHALT

Bewegungstechnik und Taktik 11

Sicherungs-technik 89

Theoretische Grundlagen 123

Umwelt- und
Naturschutz 191

EINFÜHRENDE GEDANKEN ZUM ALPIN-LEHRPLAN

Unterhält man sich in unseren Tagen über das Bergsteigen, dann ist es gar nicht so selbstverständlich, über das Gleiche zu sprechen. Das Bergsteigen ist in den Jahren, mit all seinen verschiedenen Aktivitäten, überaus vielfältig geworden. So unterschiedlich sich die Spielformen darbieten, so gehen auch die Beweggründe und Zielsetzungen des Einzelnen auseinander. Wo der eine leistungsorientiert die sportliche Auseinandersetzung anstrebt, sucht der andere sein Erlebnis in der Beschaulichkeit der Natur. Durch diese Gegensätzlichkeiten wurde das Bergsteigen ein sehr komplexes Thema.

Sie halten einen neuen Alpin-Lehrplan in Händen, mit einem Konzept, das Ihnen vielschichtig und umfassend die Thematik des Bergsteigens näherbringen soll. Jeder der Bände steht für einen bestimmten Bereich und ist in sich abgeschlossen. Während mit dem Vorgänger dieser Lehrplanreihe vor allem der Kreis der Ausbilder angesprochen wurde, sind diese Bände vom Konzept und vom Inhalt her für alle gedacht, die sich in irgendeiner Form dem Bergsteigen verschrieben haben.

Die Lehrpläne sind mit der Gliederung in vier Hauptkapitel auf die alpine Praxis ausgerichtet. Das »Wie geht's« erfahren Sie im Kapitel »Bewegungstechnik und Taktik«. Unter »Sicherungstechnik« finden Sie alles, was die Sicherung betrifft. Was sonst noch wissenswert ist, um sicher unterwegs zu sein, wird praxisorientiert unter den »Theoretischen Grundlagen« beschrieben. Tipps und Anregungen für umweltverträgliches Verhalten holen Sie sich im Kapitel »Umwelt- und Naturschutz«.

Der Verband Deutscher Berg- und Skiführer ist zusammen mit dem Deutschen Alpenverein Herausgeber dieser Lehrplanreihe. Der Verband ist sich der Verantwortung bewusst, die er hiermit übernommen hat. Doch neben einem hohen Maß an Sicherheitsbewusstsein ist das Übernehmen von Verantwortung eine der grundlegenden Aufgaben eines jeden Bergführers. Unter dem Grundsatz »Erfolgserlebnis durch Sicherheit und kalkulierbares Risiko« ist der VDBS seit jeher bestrebt, die verschiedenen Techniken des Bergsteigens zu formen und weiterzuentwickeln.

Die Autoren sind ausschließlich staatlich geprüfte Berg- und Skiführer und Mitglieder des Lehrteams für die staatliche Bergführerausbildung. Ihre langjährige Berufserfahrung sowie die professionelle Einstellung zur Thematik spiegelt sich im Inhalt dieser Bände wider. Es wird keinesfalls der Anspruch auf Vollständigkeit erhoben, eher soll hier das Elementare, das Wesentliche, »das, was man braucht« herausgestellt werden.

Allerdings gibt es gerade beim Bergsteigen entscheidende Punkte, die sich schwerlich darstellen lassen, die man auch aus einem Lehrbuch nicht erlernen kann. Dies betrifft hauptsächlich die geistige Auseinandersetzung mit dem Medium Natur und Gebirge. Leider haben wir »Zivilisationskrüppel« verlernt, Zeichen der Natur zu sehen, zu erkennen, umzusetzen und zu nutzen – wir haben einen wichtigen Instinkt verkümmern lassen. Nur mühsam gelingt es uns, Bruchteile dieser Fähigkeiten zurückzugewinnen.

Das Beherrschen der verschiedensten Techniken darf nur als Basis, als Grundvoraussetzung angesehen werden. Um wirklich sicher unterwegs zu sein, bedarf es mehr.

Peter Geyer
Präsident des Verbandes
Deutscher Berg- und Skiführer
Ausbildungsleiter der
staatlichen Bergführerausbildung

EINFÜHRUNG

Atemberaubende Bilder von artistischen Klettermanövern an freihängenden Eiszapfen füllen die Seiten der Bergsportmagazine und beweisen, dass das Eisklettern nicht nur wieder in Mode gekommen ist, sondern dank radikal verbesserter Klettertechnik und Materialien eine völlig neue Dimension erreicht hat. Parallel dazu finden Tausende von Bergsteigern auf klassischen Hochtouren ihr Glück an den Drei- und Viertausendern der Alpen und an den großen Weltbergen. Sie alle bewegen sich auf derselben Materie: auf Eis, Schnee und verschneitem oder vereistem Fels.

Seit der Erstbesteigung des Montblanc 1786 ist der Umgang mit Schnee und Eis die Grundlage ambitionierter Touren zu hohen Gipfeln. Technisch hat sich dabei viel verändert: 1890 hackte Christian Klucker ohne Steigeisen Stufen durch die Nordostwand des Piz Roseg; 1931 stiegen Robert Gréloz und André Roch in Vertikalzackentechnik durch die Nordwand der Aiguille du Triolet; heute steigt man mit raffiniertesten Eisgeräten und Steigeisen senkrechtes und überhängendes Eis an gefrorenen Wasserfällen und kombinierten Wänden der Weltberge; beim »Dry-Tooling« werden überhängende Felswände und Dächer an den Spitzen der Geräte hängend erklettert, um dünne Eiszapfen zu erreichen.

Ähnlich stark verändert sich die Grundlage dieser alpinen Disziplin: Durch die vom Menschen mitverursachte Klimaerwärmung schmelzen die Gletscher stetig ab, viele klassische Eiswände sind heute völlig ausgeapert, hochalpine Felswände werden nach Schmelzen des Permafrost-Kitts gefährliche Bergsturzquellen. Andererseits erlauben niederschlagsarme Winter mit stabilen Hochdrucklagen oft die Begehung klassischer Sommerziele in der kalten Jahreszeit – auch die Taktik für Eistouren muss also teilweise auf eine neue Basis gestellt werden.

Unverändert jedoch bleibt die Tatsache, dass die vergletscherten Gebiete der Alpen und der Hochgebirge der Welt zu den gefährlichsten Gegenden der Erde gehören und dass das Klettern im Eis und kombinierten Gelände die wohl risikoreichste Disziplin des Bergsteigens ist. Stein- und Eisschlag, Lawinen, Kälte und dünne Luft addieren sich zu den Gefahren des Sports und lassen sich auch durch beste Taktik und Tourenplanung nicht restlos ausschalten. Ein profundes Theoriewissen hilft jedoch, das Restrisiko in einem vertretbaren Rahmen zu halten.

Das beste Kapital in diesem Metier ist Erfahrung – und die kann kein Buch vermitteln. Ein guter Bergführer oder gewiefter Tourenpartner als Lehrer und Trainer und eine wache Selbstbeobachtung gehören dazu. Die Autoren haben sich jedoch bemüht, die gesammelte Erfahrung aus ihrem Alpinistenleben und das Know-how des Bergführer-Lehrteams und des DAV-Lehrteams Bergsteigen auf die folgenden Seiten zu bringen. Sie sollen dem Anfänger, den es nach den immer begehrten Hochgebirgsgipfeln gelüstet, eine Einstiegshilfe geben; dem Fortgeschrittenen Tipps zu Festigung und Ausbau seiner Fähigkeiten und seines Sicherheitsstandards; dem Könner Anregung und neue Ideen aus einer sich rasant entwickelnden Sportart.

Andreas Dick
Peter Geyer

Bewegungstechnik und Taktik

GEHTECHNIK OHNE STEIGEISEN

Solange Schnee oder Eis nicht allzu steil oder hart ist, ist das Gehen ohne Steigeisen praktischer. Steigeisen provozieren die Gefahr des Verhakens in den Hosenbeinen, wirken beim Abrollen des Fußes starrer und können im weichen Schnee störende und schwere Stollen ansetzen. Ohne Eisen ist dann meist ein flüssigerer Gehrhythmus möglich.

Gehen in spurbarem Schnee

In spurbarem Schnee – tiefer Neuschnee oder von der Sonne erweichter Firn – kann man viel Kraft verlieren. Für eine ökonomische Bewegung ist es wichtig, ein ruhiges Tempo zu gehen, das gefühlvoll auf die Schneequalität abgestimmt ist. Die Spur sollte wie beim Skitourengehen das Gelände ausnutzen: Ein gleichmäßiger Serpentinenaufstieg, der die sanfter geneigten Geländeformen nutzt, ist bequemer als der direkte Aufstieg in Falllinie.

Praxistipp:
- Auch bei sommerlichen Hochtouren, ganz gewiss aber bei Winterbegehungen, sollte nie vergessen werden, dass Schnee Lawinen bilden kann.

Technik des Trittfassens:
- Das Treten einer Stufe im Schnee erfolgt in den Phasen: Fuß setzen – Schnee verdichten – Stufe belasten – Körpergewicht verlagern – nächsten Fuß setzen.
- Diese Phasen können je nach Schneequalität fließend ineinander übergehen, um einen ökonomischen Bewegungsfluss zu erreichen.
- Bei schlechtem Schnee sollte vor allem die Phase der Schneeverdichtung sehr gefühlvoll durchgeführt werden, um ein Durchbrechen der Stufe zu vermeiden.
- Beim Belastungswechsel in die neue Stufe sollte der Körper reaktionsbereit sein, falls die Stufe doch durchbricht.

- Die Trittfläche sollte leicht hangeinwärts zeigen, damit der Körper nicht abkippt oder der Fuß herausrutscht.

Praxistipps:
- Bestehende, gut ausgeformte Stufen (etwa vom Seilschaftsführer) werden sanft betreten. Die Phase der Verdichtung entfällt.
- In tiefem, lockerem Schnee kann der Fuß durch den Schnee nach vorne schwingen, um Platz für den neuen Tritt vorzubereiten; in schwerem Schnee wird er gehoben, im schlimmsten Fall in seitlichem Bogen vorgeschwungen.
- In extrem tiefem Schnee (etwa beim winterlichen Zustieg zum Wasserfallklettern) kann für die Verdichtungsphase der ganze Körper verwendet werden, in der Reihenfolge: Arme – Oberkörper – Hüfte – Oberschenkel – Knie – Fuß.
- Wird spurbarer Schnee mit Steigeisen begangen (Zu-/Abstieg bei Wasserfallkletterreien, zum Bergschrund unter Eiswänden), kann der Schnee an den Steigeisen Stollen bilden, die den Stand verunsichern. Stollen werden durch seitliches Klopfen mit dem Pickelschaft an den Schuhrand entfernt.
- Skistöcke können die Balance verbessern und helfen, die Belastung sanfter auf die Stufe zu bringen.

Technik im Schrägaufstieg:
- Die Anstiegsspur nicht zu steil anlegen, um Kraft zu sparen.
- Die Beine bewegen sich im Diagonalschritt, wie beim Gehen in der Ebene.
- Die Füße sollten ungefähr hüftbreit gesetzt werden, der Balance zuliebe.
- Die Schrittlänge und -höhe nicht zu groß wählen, kürzer als Oberschenkellänge. Große Schritte kosten Kraft und erschweren das Reagieren auf ungleichmäßigen Schnee.
- Aufrechte Körperhaltung, vertikal über der Standfläche, zur Vorwärtsbewegung den Oberkörper leicht vorwärts hangwärts beugen.
- Zur Balancehilfe und Unterstützung können zwei Skistöcke oder ein bergseits eingesetzter Pickel dienen; Pickel und Stock können auch kombiniert werden.

Technik im vertikalen Aufstieg:
- Gut hüftbreite Beinstellung.
- Oberkörper aufrecht halten, beim Belastungswechsel ein wenig hangwärts beugen.
- Tritthöhe knapp unter Kniehöhe; auch kürzer ist erlaubt, je nach Kondition, Steilheit und Schneequalität.
- Skistöcke zur Unterstützung werden in flacherem Gelände beidseits im Diagonal-, Doppelstock- oder Mischrhythmus eingesetzt. In steilerem Gelände können die Stöcke gemeinsam in beide Hände genommen und quer vor dem Körper zum Abstützen verwendet werden.

Praxistipps:
- Der vertikale Aufstieg lohnt sich vor allem in sehr tiefem Schnee oder für kurze Steilstücke.
- In tiefem Schnee muss der Tritt deutlich über der geplanten Tritthöhe angesetzt werden, da der Fuß beim Verdichten des Schnees nach unten kommt.
- In extrem steilem (Bergschrund, Wechte) oder tiefem Schnee können die Skistöcke mit dem Griff nach unten in den Schnee gerammt und sanft als Zughilfe verwendet werden. Vorsicht: Ihr Halt ist nicht sehr solide.

Technik bei Querungen:
- Flaches Gelände quert man im normalen, diagonalen Schritt.
- Ein leichtes Talwärtsausrichten der talseitigen Schuhspitze verbessert die Stabilität, leicht fallende Spuranlage spart Kraft.
- Dabei können die Stöcke zusammengenommen und bergseitig quer als Stütze eingesetzt werden.
- Bei steilen Querungen ist es günstiger, mit dem Gesicht zum Hang zu queren (mehr Kontrolle, Vorwegnahme der Bremsstellung). Ausgehend von einer hüftbreiten Grundstellung wird ein Bein mit Grätschschritt ausgestellt, dann das andere nachgestellt.

Praxistipp:
- Bei schlecht spurbarem Schnee oder in heiklen Passagen kann für den Nachstellschritt die zuvor vom anderen Fuß genutzte Stufe verwendet werden.

Technik im Abstieg:
- Beinstellung hüft- bis schulterbreit.
- Knie und Hüfte sind leicht gebeugt, der Oberkörper vorgebeugt. So liegt der Körperschwerpunkt über der Standfläche und die Muskeln sind reaktionsbereit, falls eine Stufe durchbricht.
- Trittabstände nicht zu groß wählen. Das kostet Kraft und birgt die Gefahr des Durchrutschens, da man die neue Stufe mit mehr Schwung belastet.
- Werden Skistöcke verwendet, müssen sie vor und unter den Füßen eingesetzt werden, um als Stütze dienen zu können. Zu weit oben gesetzte Stöcke können den Körper aus der Spur katapultieren.
- In steilem oder absturzgefährdetem Gelände kann es vernünftiger sein, mit dem Gesicht bergwärts abzusteigen, Technik wie beim vertikalen Aufstieg. Dabei ist noch bewusster auf eine kurze Schrittlänge zu achten, da man bei einem Durchrutschen leicht nach hinten herauskippen kann.

Praxistipps:
- In gutem Schnee und ungefährlichem Gelände kann der Abstieg flüssig erfolgen, in leichtem Trab, mit Schlittschuhschritt-ähnlichen Bewegungen oder rutschend. Das macht Spass, geht schnell und spart Kraft.
- Besteht eine gute Aufstiegsspur, sollte man daneben absteigen, um die Spur nicht zu zerstören. Der Nächste ist dankbar.

Gehen im Firn

Große Strecken bei Gletscher- und Hochtouren führen über mehr oder weniger harten Firn. Für ein ökonomisches Vorwärtskommen sollte man diesen ohne Steigeisen begehen können. In flacherem Gelände wird dazu die Fußsohle plan aufgesetzt und hält durch Reibung. Wird das Gelände steiler, muss eine Trittkerbe für den Fuß geschaffen werden. Die Härte des Firns und der Schuhsohlen, die Steilheit, Gehtechnik und innere Sicherheit bestimmen, wie lange Firn ohne Steigeisen begangen werden kann.

Schrägaufstieg im Firn mit Skistock, Wende durch Umtreten

Praxistipps:

- Sobald man sich im Firn nicht mehr absolut sicher fühlt, sollte man Steigeisen anlegen (die man dann dabeihaben sollte). Ausrutschen im Firn ist eine der meist unterschätzten Unfallursachen; in halbwegs steilen Hängen werden Geschwindigkeiten fast wie im freien Fall erreicht.
- Wer Gruppen führt, sollte bei steileren Firnpassagen Sicherungsmaßnahmen in Betracht ziehen (Fixseil, kein gleichzeitiges Gehen am Seil ohne Sicherung).

Technik im schrägen oder vertikalen Aufstieg:

- Über Firnhänge wird meist schräg in Serpentinen aufgestiegen. Nur flache Zonen und kurze Steilstücke werden im vertikalen Aufstieg angegangen.

Schrägaufstieg im Firn mit Pickel im Dreiertakt, Wende durch frontales Eintreten beider Füße

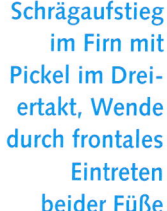     

- Beinstellung etwa hüftbreit, Körperhaltung aufrecht, Oberkörper leicht vorwärts (hangeinwärts) gebeugt.
- Die Trittkerbe sollte leicht hangeinwärts geneigt sein, damit der Fuß nicht herausrutscht.
- Die Trittkerbe wird mit der bergseitigen Sohlenkante geschaffen. In aufgeweichtem Firn genügt dazu ein kräftiger Stoß nach schräg vorne. Bei härterem Firn führt der

Fuß einen sichelförmigen Schwung in oder durch die Schneeoberfläche aus. Das kann wiederholt werden, bis die Trittkerbe solide genug ist.

- Schrittlänge und -höhe nicht zu groß wählen, damit die neue Stufe kraftvoll und solide getreten werden kann.
- Für die Wende gibt es zwei Methoden, je nach Geländesteilheit und Griffigkeit des Firns. Schneller: Der bergseitige Fuß wird direkt in die neue Gehrichtung gestellt. Sicherer: Man tritt mit einer oder beiden Schuhspitzen vertikal in den Hang, bevor man in die neue Richtung wechselt.
- Beim vertikalen Aufstieg kicken die Schuhspitzen in den Hang, mit leicht hangeinwärts geneigter Sohle. Die Beinstellung ist gut hüftbreit, die Tritthöhe gering, der Oberkörper aufrecht bis leicht vorgebeugt. Die Technik ist anstrengend und sollte nur für kurze Stellen oder in relativ flachen Zonen verwendet werden.

Frontalaufstieg im Firn mit Pickel

Praxistipps:
- Zur Unterstützung können Skistöcke verwendet werden, im Diagonal-, Doppelstock- (für Vertikalaufstieg) oder Mischrhythmus. Bei härterem oder steilerem Gelände ist meist ein bergseitig eingesetzter Pickel eher zu empfehlen (für die Pickelbremse). Damit geht man im Dreiertakt Pickel – Fuß – Fuß.
- Bei bestehenden guten Spuren (etwa vom Seilschaftsführer) wird nicht mehr nachgetreten, sondern der Fuß nur ruhig aufgesetzt, sonst kann die Stufe ausbrechen.
- Ausgeschmolzene oder ausgebrochene Spuren müssen nachgetreten werden. Manchmal kann es ökonomischer sein, eine neue Spur anzulegen.
- Bei kurzen, besonders harten Stellen können mit dem Pickel Stufen »gerissen« werden. Dazu schwingt man mit Pickelhaue oder -schaufel rund durch und kerbt eine waagerechte Leiste in den Firn.
- Als Notbehelf können scharfkantige Steine als »Handgeräte« zur Stabilisierung, zum Stufenkratzen und als Bremshilfe verwendet werden. Dabei besonders auf aufrechte Körperhaltung achten, nicht zum Hang lehnen!

Technik in Querungen:
- In flacherem Gelände Diagonalschritt wie beim Schrägaufstieg. Leicht talseitiges Ausrichten der Schuhspitze des Talfußes (die Ferse wird belastet) kann die Stabilität verbessern.
- In steilerem Gelände wird man mit dem Gesicht zum Hang queren; die Schuhspitzen werden geradeaus in den Schnee eingeschlagen. Aus einer hüftbreiten Grundstellung wird ein Fuß ausgegrätscht, der andere nachgestellt, am besten in die vorher genutzte Stufe.

Technik im Abstieg:
- Beinstellung gut hüftbreit, Knie und Hüfte reaktionsbereit gebeugt, Oberkörper deutlich vorgebeugt.
- Die Trittkerbe wird mit dem Absatz geschaffen, entweder durch Rückwärtsschwingen des Fußes oder durch Treten von oben. Besonders darauf achten, dass die Kerbe hangeinwärts geneigt ist!
- Der neue Tritt darf erst belastet werden, wenn die Kerbe solide ausgeformt ist; deutlicher Belastungswechsel.
- Den neuen Tritt nicht zu tief ansetzen, sonst ist die Kontrolle zu schlecht.

BEWEGUNGSTECHNIK UND TAKTIK

- Skistöcke, besser ein Pickel, können die Sicherheit verbessern.
- Kurze steilere oder härtere Passagen können mit dem Gesicht zum Hang abgestiegen werden, Technik wie beim vertikalen Aufstieg.

Praxistipps:
- Beim Abstieg im steileren Firn muss man jederzeit reaktionsbereit sein; vor heiklen Abstiegsstellen sollte man die Bremstechniken gedanklich durchspielen, damit die Reaktionsmuster leichter ablaufen können.

- Den Pickel sollte man so in der Hand halten, dass man ihn ohne Umgreifen für den Pickelrettungsgriff einsetzen kann.
- In griffigem Firn und nicht zu steilem Gelände kann der Abstieg mit Schwung erfolgen, in flottem Trab oder mit Schrittsprüngen.
- Gute Aufstiegsspuren nicht zum Abstieg verwenden; sie gehen kaputt.

Abfahren im Firn:
- Grundhaltung wie beim normalen Abstieg, Beinstellung eventuell etwas enger.
- Durch Vorwärtskippen der Schuhspitze in hangparallele Position beginnt die Schuhsohle auf dem Firn zu gleiten. Zum Bremsen hebt man die Spitze an, so dass die Ferse tiefer greift. Diese Bewegung wird durch Beugen und leichtes Zurückziehen der Hüfte erleichtert, während der Oberkörper sich ausgleichend vorbeugt.
- In unregelmäßigerem Firn funktioniert diese Technik nicht immer. Dann kann man mit langen Schrittsprüngen gleiten wie beim Schlittschuhlaufen und zwischendurch immer wieder versuchen, beidfüßig zu gleiten.
- Wichtig ist ein flexibles Muskelspiel in Beinen und Oberkörper, um Wechsel der Gleitgeschwindigkeit ausgleichen zu können.
- Durch Belastungswechsel von einem Fuß auf den anderen kann man die Muskeln entlasten und die Richtung ändern; Skifahrer können in idealem Firn auch auf Bergschuhen schwingen.

Abfahren im Firn (links)

Abfahren im Firn mit Seitstützpickel als Balancehilfe (rechts)

Praxistipps:
- Abfahren im Firn ist vor allem mit Gruppen und Jugendlichen eine Mordsgaudi. Wichtig ist dabei aber, dass Abstand gehalten wird und dass der Auslauf ungefährlich ist.
- Pickel oder Skistöcke, in Seitstütztechnik eingesetzt, können als Balance- und Bremshilfe dienen.

Bremsen von Rutschen

Beim Abrutschen auf steilem Firn können annähernd Geschwindigkeiten wie im freien Fall erreicht werden. Nur sofortiges Reagieren, bevor der Körper Fahrt aufgenommen hat, bietet die Möglichkeit, den Sturz zu bremsen. Um diese Reaktionen zu automatisieren, muss die Bremstechnik immer wieder und intensiv geübt werden, aus allen Sturzpositionen. Werden Steigeisen getragen, darf nur mit dem Pickelrettungsgriff gebremst werden, ohne Steigeisen können beide beschriebenen Techniken angewendet oder kombiniert werden.

Bremsen mit der Liegestütztechnik:
- Grundstellung ist eine X-Stellung in Bauchlage mit leicht gespreizten Armen und Beinen.

- Zum Bremsen werden die Schuhspitzen in den Schnee gedrückt, während die Arme den angespannten Körper in einer Art Liegestütz von der Oberfläche wegdrücken.
- Bei Stürzen auf dem Rücken oder kopfvoran muss der Körper in Etappen gedreht werden: zuerst aus der Rücken- in die Bauchlage, dann so, dass die Füße talwärts zeigen. Salto-ähnliche Drehungen sollten dabei vermieden werden, da sie kaum noch kontrollierbar sind.
- Die Drehung aus der Rücken- in die Bauchlage wird bei geschlossener Beinstellung durch Schwingen mit einem Arm erreicht.

Bremsen von Rutschen durch Liegestützbremsstellung

- Die Drehung von »kopfvoran« in die Position »Füße talwärts« wird durch Eindrücken des Ellenbogens und Anhocken der Knie bewirkt; der Körper dreht sich dabei auf dem Schnee wie eine Schallplatte.

Praxistipps:
- Die Bremsbewegung muss gefühlvoll und dosiert erfolgen, damit sich der Körper nicht durch zu plötzliches Stoppen überschlägt. Sie muss aber auch so schnell ausgeführt werden, dass die Geschwindigkeit nicht zu sehr zunimmt.
- Mit Steigeisen darf diese Bremstechnik nicht angewendet werden, da die Frontalzacken den Körper sofort stoppen würden. Dabei droht Verletzungsgefahr für das Sprunggelenk und die Gefahr eines Salto-ähnlichen, unkontrollierbaren Überschlagens. Mit Steigeisen muss der Pickelrettungsgriff angewendet werden.

Bremstechnik mit dem Pickelrettungsgriff:
- Grundhaltung: Bauchlage, leicht gespreizte Beine, Füße mit Steigeisen unbedingt von der Oberfläche weghalten.
- Eine Hand fasst den Pickel am Kopf, von unten übergreifend (siehe Seite 23), die andere hält den Schaft.
- Nun wird der Pickel schräg vor die Brust gezogen und sein Kopf in den Schnee gedrückt; der Körper nimmt dabei eine Kauerhaltung ein wie ein Fußballtorwart, der einen Ball am Boden birgt.

Bremsstellung mit Pickelrettungsgriff

Praxistipps:
- In hartem Firn bremst man mit der Pickelhaue, in weicherem Firn mit der Schaufel. Beim Gehen sollte man den Pickel gleich »richtig herum« in der Hand halten, um beim Sturz nicht mehr umgreifen zu müssen.
- Die Bremsbewegung muss gefühlvoll dosiert erfolgen, damit der Pickel nicht zu abrupt verhakt und aus der Hand gerissen wird.
- Das Eindrücken der Knie kann die Bremswirkung etwas verbessern.
- Übungen nur ohne Steigeisen durchführen – Verletzungsgefahr!

STUFEN SCHLAGEN

Einst wurden ganze Eiswände Stufen schlagend, teils sogar ohne Steigeisen begangen, ein langwieriges, mühsames Geschäft. Dieser Aufwand ist mit modernen Steigeisen nicht mehr nötig. Dennoch sind Stufen im Eis oft nützlich: zum Überwinden kurzer Steilstufen ohne Steigeisen, als führungstechnische Hilfe, bei Verlust der Eisen oder als bequemer Stand in klassischen Eiswänden.

Schlagtechnik

Am besten zum Stufen schlagen geeignet sind längere Pickel (ab 60 Zentimeter) mit möglichst gerader, ungezahnter Haue, die das Eis gut sprengt. Mit einem solchen »Führerpickel« ähnelt die Schlagtechnik dem Holzhacken: Der Pickel wird ein- oder beidarmig am Schaftende gepackt, die zu treffende Stelle anvisiert oder berührt, dann holt man schwungvoll über die Schulter aus, schwingt rund und mit gestrecktem Arm durch und trifft kraftvoll mit der Pickelhaue ins Eis, mit bissigeren Hauen eher schräg oder reißend.

Das beidarmige Schlagen ist kraftvoller, effektiver, gezielter und ermüdet weniger; in steilem Gelände oder im Abstieg kann es jedoch aus Balancegründen nötig sein, einarmig zu schlagen.

Praxistipp:

- Steileisgeräte sind auf geringe Sprengwirkung und starken Biss ausgelegt. Dennoch kann man auch mit ihnen Stufen schaffen, indem man den Schlag eher kratzend über die Eisoberfläche führt und das Wegsprengen des Eises durch eine Knickbewegung aus dem Handgelenk verbessert. Dazu sind freilich viele, schwächere Schläge nötig, so dass diese Technik nur für einzelne Stufen in Frage kommt.

Aufstieg

Beim Stufen schlagen im Aufstieg wird zunächst die Basis der Stufe eingekerbt, dann schlägt man von oben das Eis weg, am besten im Wechsel von rechts und links. Soll die Stufe noch vergrößert werden, schlägt man wieder zuerst an der Basis und dann von oben. Zuletzt werden mit der Pickelschaufel die Eiskrümel aus der Stufe geräumt und die Trittfläche geebnet.

Praxistipp:

- Beim Abstand der Stufen muss ein Kompromiss gefunden werden: Nahe beieinander liegende Stufen geben stabilen Halt beim Schlagen und sparen Beinkraft beim Gehen; größere Abstände erlauben, die Steilstelle mit weniger Stufen zu überwinden, was Zeit sparen kann. Die Stufe für den Bergfuß darf etwas mehr Höhe überwinden als die für den Talfuß.

Für den kraftsparenden Diagonalanstieg in Serpentinen werden Horizontalstufen geschlagen. Die Stufenbasis sollte knapp Schuhlänge und im Vorfußbereich knapp Schuhbreite haben, leicht hangeinwärts und minimal nach vorne geneigt sein.

Besonders steile Stellen werden besser mit Vertikalstufen überwunden, die etwa in Leitersprossenabstand und mit ungefähr hüftbreitem Horizontalabstand angelegt werden. Sie sollen etwa schuhbreit sein, 10–15 Zentimeter tief und deutlich hangeinwärts geneigt. In Extrempassagen kann bei einarmigem Schlagen in Kopfhöhe eine Stufe auch als Griff verwendet werden.

Abstieg

Im Abstieg ist es meist günstiger, die Stufe mit rechts-links wechselnden Schlägen von oben zu beginnen und die Basis erst zu formen, wenn genügend Eis ausgeräumt ist. Für einen sicheren Stand beim Schlagen und sicheres

Absteigen ist es besonders wichtig, die Tritt-fläche sauber zu formen und hangeinwärts zu neigen. Um unterhalb des Körpers schlagen zu können, muss man stark in die Knie gehen. Bei Steilpassagen kann Seilsicherung für den Stu-fenschlagenden angebracht sein.

Je nach Geländesteilheit werden Horizontal- oder Vertikalstufen geschlagen. Arbeitet man mit Vertikalstufen, kann es vorteilhaft sein, sie groß genug für beide Füße zu machen. So kann man tiefer in die Hocke gehen und die nächste Stufe weiter unten schaffen.

Querung

Querungen werden in flacherem Gelände mit Horizontalstufen bewältigt, in steilerem mit Vertikalstufen, eventuell für beide Füße. Eine deutliche Neigung hangeinwärts gewährleistet sicheren Stand.

Praxistipp:
● In nicht absturzgefährdetem Gelände spart es Zeit und Kraft, die Stufen weniger groß und tief auszupickeln. Voraussetzung dazu ist allerdings eine sichere Gehtechnik und Balance.

Schlagen von
Vertikalstufen
im direkten
Abstieg

GEH- UND KLETTERTECHNIK MIT STEIGEISEN

In diesem Kapitel werden Techniken und Lö-sungsmodelle aufgezeigt, die vom Gehen auf leicht geneigten Firnhängen bis zum Klettern im extremen Mixedgelände ein sehr breites Spektrum abdecken. Die wechselnde Steilheit des Geländes, die Vielfältigkeit der Ober-flächenstruktur und die Eigenschaften des Eises selbst verlangen eine umfangreiche Palette von Techniken. Je schwieriger und anspruchs-voller das Gelände ist, umso komplexer wer-den die jeweiligen Bewegungsabläufe. Dabei gilt es, ein Gefühl für die Materie Eis zu ent-wickeln und Vertrauen zur Ausrüstung zu ge-winnen. Mit den Techniken, die aufeinander aufbauen, muss auch die Beurteilungsfähigkeit für das Gelände und die gegebenen Eisverhält-nisse wachsen. Die Oberflächenbeschaffen-heit und die Qualität der Eis- oder Firnschicht, die Steilheit des Geländes sowie die körper-lichen und technischen Voraussetzungen soll-ten entscheiden, welche Technikform ange-wandt wird.

Die Hauptkriterien hierzu sind:
● die Sicherheit
● die Effektivität der Technik
● ein möglichst ökonomisches und kraftspa-rendes Fortbewegen

Um eine bestimmte Technik diesen Kriterien entsprechend anzuwenden, bedarf es bestimmter Voraussetzungen:
● Die jeweilige Technik sollte automatisiert sein.
● Die konditionellen Fähigkeiten sollten aus-reichen.
● Die psychische Verfassung sollte stabil sein.

Der Einsatz der Steigeisen wird je nach Anwendungsform in zwei grundlegende Techniken gegliedert:
● die Vertikalzackentechnik (klassische Technik)
● die Frontalzackentechnik

Die Vertikal-
zackentechnik
(links)

Die Frontal-
zackentechnik
(rechts)

Die Technikformen, die hier vorgestellt werden, sind nach verschiedenen Könnensstufen und Anwendungsbereichen gegliedert:
- Elementarstufe für leichte Gletschertouren
- Grundstufe für anspruchsvolle Gletschertouren
- Oberstufe für mittelschwere Firn- und Eisflanken
- Extremstufe für steiles Eis- und Kombigelände
- Erweiterte Erfahrungen für den derzeitigen Grenzbereich

Zum Erlernen dieser Techniken sollte diese Reihenfolge möglichst eingehalten werden. Sie ermöglicht den annähernd lückenlosen Aufbau von Bewegungserfahrung und stellt damit sicher, dass man schwierigen Situationen nicht hilflos ausgeliefert sein muss, sondern ihnen, zumindest seitens der Technik, gewachsen ist.

Elementarstufe

Die Elementarstufe mit den Basistechniken ist als Einstieg in die gesamte Eistechnik zu sehen. Sie beinhaltet die Grundfertigkeiten für alle darauf aufbauenden Techniken. Es werden die ersten Erfahrungen gesammelt und Vertrauen zur Ausrüstung aufgebaut. Diese Techniken ermöglichen die Durchführung von leichten Gletschertouren.

In der Elementarstufe werden folgende Techniken vorgestellt:
Vertikalzackentechnik:
- Steigeisen setzen und Körperposition
- vertikaler Auf- und Abstieg mit Spazierstockpickel
- diagonaler Aufstieg mit Spazierstockpickel
- Wende berg- und talwärts
Frontalzackentechnik:
- Steigeisen setzen und Körperposition
- Auf- und Abstieg mit Spazierstockpickel
- Auf- und Abstieg mit einem Kopfstützpickel

Das Anpassen und Anlegen der Steigeisen

Die Steigeisen sind die Ausrüstungsgegenstände, die ein sicheres Gehen und Klettern im Eis erst ermöglichen. Die richtige Passform und die absolut stabile Verbindung mit den Schuhen sind zwingende Voraussetzungen für den sicheren Einsatz. Eine schlechte Passform oder ein schlampiger Sitz kann unmittelbar folgenschwere Auswirkungen haben und zum Absturz führen.

Fast alle gebräuchlichen Steigeisen lassen sich auf steigeisenfeste Schuhe anpassen:

- Die Länge ist so einzustellen, dass der Rahmen des Eisens mit dem hinteren Rand der Schuhsohle bündig abschließt.
- Die Frontalzacken sollten nicht zu weit überstehen. Sehr lange und weit überstehende Frontalzacken erzeugen eine große Hebelwirkung im harten Eis und erhöhen die Gefahr eines Hängenbleibens und Stolperns bei der Vertikalzackentechnik.
- Der Rahmen der Eisen darf seitlich nicht über den Schuhrand hinausstehen.
- Die Schuhspitze muss so fixiert sein, dass kein seitlicher Spielraum vorhanden und auch bei hoher Belastung ein Lösen des Eisens ausgeschlossen ist.
- Der Kipphebel der Bindung sollte sich »stramm« schließen lassen und gut am Schuh anliegen.
- Zu lange und weit überstehende Bänder sind abzuschneiden.

Praxistipps:

- Vor jedem Einsatz sollten die Eisen auf mögliche Beschädigungen überprüft werden. Dabei sollte den Riemen, Schließen, Ösen und dem Kipphebel besonderes Augenmerk gelten.

- Nach jedem Anlegen der Eisen sollte der einwandfreie Sitz überprüft werden.
- Werden die Vertikalzacken nachgeschliffen, dann nicht von der Außenseite her. Der »Griff« der Eisen wird durch schräg angeschliffene Außenzacken erheblich gemindert!
- Aus Sicherheitsgründen ist die Verwendung von Antistollplatten dringend anzuraten!

Die Vertikalzackentechnik

Als die Vertikalzackentechnik von Oskar Eckenstein eingeführt wurde, gab es noch keine Steigeisen mit Frontalzacken, diese wurden erst später eingeführt. Nun könnte man meinen, dass die modernen Steigeisen mit Frontalzacken auch die Vertikalzackentechnik abgelöst hätten. Dem ist nicht so. Mit dieser Technik, dem Einsetzen aller Vertikalzacken, erreicht man dem Gelände entsprechend eine sehr stabile Position sowie eine ökonomische und kraftsparende Fortbewegung.

Grundtechnik/Grundstellung:

- Durch ein möglichst flaches Aufsetzen der gesamten Fußsohle werden alle Vertikalzacken im Eis verankert und somit ein größtmöglicher Halt erreicht.
- Eine hüftbreite, der Hangneigung angepasste, leicht V-förmige Fußstellung vergrößert die Standfläche, stabilisiert das seitliche Gleichgewicht und verhindert ein gefährliches Hängenbleiben mit den Steigeisenzacken und Stolpern.
- Durch ein der Hangneigung angepasstes Beugen der Hüft-, Knie- und Sprunggelenke wird eine optimale Belastung der Fußsohle erreicht.

Bewegungsmuster:

- Durch ein seitliches Beugen des Oberkörpers (Pendelbewegung) wird das Körpergewicht bei jedem Schritt auf das jeweilige Standbein übertragen und das andere Bein entlastet.
- Die Schrittlänge ist der Hangneigung angepasst und sollte nicht zu groß sein.
- Beim Gehen bleiben die Beine hüftbreit geöffnet und die Fußspitzen zeigen nach außen.

Grundstellung in der Vertikalzackentechnik

- Ein den Verhältnissen, der Hangsteilheit und der Technik angepasster Pickeleinsatz bringt zusätzliche Sicherheit und fördert den rhythmischen Bewegungsablauf.
- Ein den Verhältnissen und der Hangneigung angepasster Bewegungs- und Gehrhythmus ermöglicht ein kraftsparendes und ökonomisches Gehen.

Pickelgriff

Bis dato wurde ein starres Schema verfolgt, wie der Pickel am Kopf gefasst wird. Aus Sicherheitsgründen sollte jeder, nach Steilheit des Geländes und Härte der Eis- oder Firnoberfläche, selbst entscheiden, wie er den Pickel in der Hand hält:

- Haue nach hinten, wenn das Gelände so beurteilt wird, dass bei einem möglichen Ausrutschen mit dem Pickelrettungsgriff noch wirkungsvoll gebremst werden kann.
- Haue nach vorne, wenn ein effektives Bremsen als nicht mehr möglich erscheint und der Pickel bequemer auf der Schaufel gefasst werden kann.

Vertikalzackentechnik im vertikalen Aufstieg mit Spazierstockpickel

Anwendungsbereich:
- In flachem bis leicht ansteigendem Gelände.

Technik:
- Der Bewegungsablauf erfolgt nach dem Muster der Grundtechnik.
- Der Oberkörper ist aufrecht, die Arme locker hängen lassen.
- Der Pickel wird am Kopf gehalten, wobei die Haue, je nach Geländesteilheit, nach hinten oder vorne zeigt.
- Der Pickel wird mit der Spitze stützend seitlich vor dem Körper eingesetzt. Er wird in stabiler Körperposition (Bergfuß vorne) versetzt.
- Der Gehrhythmus erfolgt im Dreiertakt und gewährleistet einen sicheren Bewegungsablauf: Pickel – Schritt – Schritt.

Vertikalzacken-technik im vertikalen Aufstieg mit Spazier-stockpickel

Pickelgriff beim Spazierstock-pickel

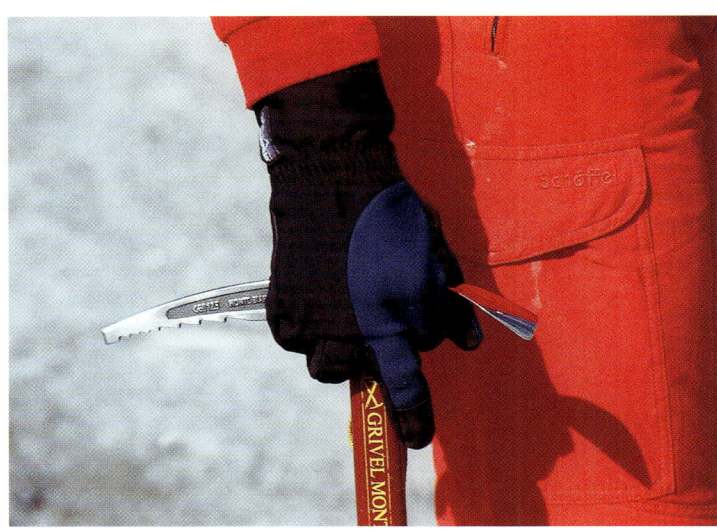

Die richtige Pickellänge

Praxistipps:
- Der Pickel sollte, um ihn als »Spazierstock« verwenden zu können, einen genügend langen Schaft haben. Regel: wenn der Pickel am Pickelkopf gehalten wird, sollte er bei gestrecktem Arm mit der Spitze den Boden berühren.
- Beim Weitersetzen müssen die Füße genügend hoch gehoben werden, um mit den Zacken nicht im Eis hängenzubleiben.

Vertikalzackentechnik im vertikalen Abstieg mit Spazierstockpickel

- Um beim Weitersetzen mit den Zacken nicht am Bein zu streifen, wird der Fuß im Bogen vorgeführt.
- Bei guten Verhältnissen und sicherem Gefühl kann der Pickel gleichzeitig mit dem gegenüberliegenden Fuß versetzt werden (Zweiertakt).

Vertikalzackentechnik im vertikalen Abstieg mit Spazierstockpickel

Anwendungsbereich:
- In leicht geneigtem bis mäßig steilem Gelände.

Technik:
- Beim Gehen sind die Beine deutlich hüftbreit geöffnet und die Fußspitzen zeigen in V-Stellung nach außen.
- Knie- und Hüftgelenke sind der Geländesteilheit entsprechend gebeugt.
- Der Oberkörper ist nach vorne gebeugt und der Rücken gekrümmt.
- Die Füße werden in kleinen Schritten vorgesetzt.
- Eine ausgeprägte seitliche Pendelbewegung des Oberkörpers unterstützt das Be- und Entlasten der Füße.
- Mit zunehmender Steilheit des Geländes wird die gesamte Fußsohle gleichmäßig aufgesetzt und belastet.
- Der Pickel wird wie beim Aufstieg stützend eingesetzt.
- Der Bewegungsablauf erfolgt im Dreiertakt.

Praxistipps:
- Beim Gehen im flacheren Gelände ist ein natürlicher Bewegungsablauf anzustreben.
- Die hüftbreite Fußstellung sollte aufgrund der Sicherheit immer beibehalten und automatisiert werden.
- Wie im Aufstieg ist auch hier, bei sicheren Verhältnissen, ein Zweiertakt ökonomisch.

Vertikalzackentechnik im diagonalen Aufstieg mit Nachstellschritten und Spazierstockpickel

Anwendungsbereich:
- In Flanken bis ca. 35° Neigung.
- Die Vorstufe zu Übersetzschritten und die sichere Alternative im Grenzbereich.

Technik:
- Position der Füße: Der bergseitige Fuß zeigt in Gehrichtung, der talseitige Fuß wird talwärts ausgewinkelt (Fußspitze zeigt hangabwärts). Die Belastung des Bergbeines wird durch eine progressive Drehung des Sprunggelenkes erreicht. Alle Vertikalzacken des Steigeisens müssen im Moment der größten Belastung ins Eis eindringen. Das Knie zeigt dabei leicht talwärts.
- Position des Oberkörpers: Hüftknick, der Oberkörper ist aufrecht und wird leicht talwärts geneigt.
- Der Spazierstockpickel wird bergseitig als Stütze eingesetzt.
- Der Gehrhythmus erfolgt im Dreiertakt: Pickel – Schritt – Nachstellschritt.

Praxistipps:
- Um während des Umsetzens des Pickels eine stabile Position zu erreichen, wird der Nachstellschritt nur bis zur hüftbreiten Fußstellung durchgeführt.
- Diese Technik eignet sich auch, ohne Höhengewinn, zum Queren.

Vertikalzackentechnik im diagonalen Aufstieg mit Übersetzen und Spazierstockpickel

Anwendungsbereich:
- Verhältnisbedingt, in Flanken bis ca. 35–40° Neigung.

Technik:
- Die Position der Füße und des Oberkörpers ist gleich der Technik mit Nachstellschritten.
- Aus der Grundposition (Talfuß zeigt talwärts, Bergfuß steht etwas höher und zeigt in Bewegungsrichtung) erfolgt der erste Schritt. Der Talfuß wird am Bergfuß vorbeigeführt und etwas oberhalb aufgesetzt. Die Fußspitze zeigt dabei talwärts.
- Mit dem zweiten Schritt wird die Grundposition wieder erreicht, indem der Bergfuß vor und über den Talfuß gesetzt wird.
- Der Spazierstockpickel wird bergseitig als Stütze eingesetzt.
- Der Gehrhythmus erfolgt im Dreiertakt.

Vertikalzackentechnik im diagonalen Aufstieg mit Nachstellschritten und Spazierstockpickel

Vertikalzacken-technik im diagonalen Aufstieg mit Übersetzen und Spazierstock-pickel

Praxistipps:
- Je steiler das Gelände, umso höher sollte der Pickel zum Erhalt des Gleichgewichts gesetzt werden.
- Diese Technik eignet sich auch, ohne Höhengewinn, zum Queren.

Wende bergwärts in der Vertikalzackentechnik mit Spazierstockpickel

Wende berg-wärts mit Spa-zierstockpickel

Anwendungsbereich:
- Als Richtungswechsel beim diagonalen Aufstieg.

Technik:
- Am Wendepunkt angelangt (der talseitige Fuß befindet sich vor dem bergseitigen Fuß), wird der Bergfuß in die neue Gehrichtung gedreht und hüftbreit neben dem Talfuß aufgesetzt (ausgeprägte V-Stellung).
- Beide Füße werden gleichmäßig belastet und es erfolgt der Handwechsel am Pickel.
- Der noch aus der Gehrichtung stehende Fuß wird nachgeführt und etwas oberhalb vor dem talseitigen Fuß aufgesetzt.

Praxistipp:
- Wenn der Richtungswechsel mit zwei Schritten zu unsicher erscheint (Gelände zu steil oder Mangel an Beweglichkeit), können Zwischenschritte auch über die Frontalzacken funktionell sein.

Wende talwärts
mit Spazier-
stockpickel

Wende talwärts in der Vertikalzackentechnik mit Spazierstockpickel

Anwendungsbereich:
- Wenn das Gelände für die Wende bergwärts zu steil ist.

Technik:
- Am Wendepunkt angelangt (der talseitige Fuß befindet sich vor dem bergseitigen Fuß), wird der Bergfuß knapp vor den Talfuß gesetzt, die Fußspitze zeigt dabei talwärts. Die Körpervorderseite wird dabei talwärts gedreht und ausgerichtet.
- Der Talfuß wird zur hüftbreiten V-Stellung nachgesetzt.
- Der Wechsel des Pickels in die andere Hand erfolgt in dieser stabilen Position.

- Der Pickel wird wieder in Gehrichtung stützend eingesetzt.
- Der noch aus der Gehrichtung stehende Fuß wird durch einen Übersetzschritt nachgeführt und aufgesetzt. Die Fußspitze zeigt dabei leicht talwärts.

Praxistipp:
- Wie bei der Wende bergwärts können auch hier Zwischenschritte die Richtungsänderung erleichtern.

Entstollen der Steigeisen

Grundsätzlich sollten die Steigeisen zugunsten der Sicherheit mit Antistollplatten versehen sein. Bei manchen Schneearten kommt es trotzdem zu einer lästigen und gefährlichen Stollen-

Entstollen der
Steigeisen
mit dem
Pickelschaft

Mit dem Daumen wird in Brusthöhe ein Trage-
riemen des Rucksacks angehoben. Der Pickelschaft wird durchgesteckt und über die Schulter zwischen Schulterblatt und Packsack geschoben. Dabei befindet sich die Pickelhaue
hinter dem Hals, die Schaufel zeigt nach außen.

Frontalzackentechnik

Durch die Entwicklung von Steigeisen mit
Frontalzacken wurde eine neue Ära im Eisge-
hen, speziell im steilen Gelände, eingeläutet.
Vorher unvorstellbare Möglichkeiten taten sich
auf und konnten durch diese zwei zusätzlichen
Zacken umgesetzt werden.
Sie ist die gebräuchlichste und funktionellste
Steigeisentechnik im steilen Gelände. Sie ist
dann anzuwenden, wenn das Gelände für die
Vertikalzackentechnik zu steil wird.

bildung zwischen den Vertikalzacken der Eisen.
Gerade in den Stunden des Abstiegs, wenn die
Sonne den Schnee erwärmt, dieser feucht wird
und unangenehme Stollen verursacht, entste-
hen sehr oft unfallträchtige Situationen. Die
Stollen werden entfernt, indem man mit dem
Pickelschaft auf den Schuh- bzw. Steigeisen-
rand des hochgehobenen Fußes schlägt.

Grundstellung/Grundtechnik:
- Durch eine parallele Fußstellung wird das
  gleichzeitige und gleichmäßige Verankern
  beider Frontalzacken erreicht.
- Eine hüftbreite Beinstellung erhält das seitliche Gleichgewicht und sichert den notwendigen Bewegungsspielraum.
- Die Knie sind leicht gebeugt.
- Die Fersen sollten leicht nach unten gedrückt werden, um die Wadenmuskulatur
  zu entspannen.
- Der Körper sollte eine möglichst aufrechte
  Haltung einnehmen, um eine senkrechte
  Belastung der Füße (Steigeisen) zu gewähr-
  leisten.

Versorgung des Pickels

Wenn, vorwiegend in kombiniertem Gelände,
die Hände zum Klettern frei sein müssen, muss
der Pickel so verstaut werden, dass er griffbereit ist und in der Bewegung nicht behindert.

Funktionelle
Pickelversor-
gung am
Rucksack

Bewegungsmuster:
- Aus der Grundstellung wird, durch seitliches Verschieben des Körperschwerpunktes, ein Bein entlastet.
- Der entlastete Fuß wird, unter Beibehalt der hüftbreiten Stellung, höher gesetzt und durch Schwerpunktverlagerung belastet. Ein Schwingen des Unterschenkels aus dem Kniegelenk bringt die Frontalzacken ins Eis.
- Der zweite Fuß wird in natürlicher Schrittfolge angehoben und seitlich, oberhalb des ersten gesetzt.
- Schritthöhe der Geländesteilheit anpassen.
- Das ruhige Setzen der Steigeisen spart Kraft und verhindert ein Zurückfedern.
- Ein den Verhältnissen (Härte und Qualität der Auflage) und der Geländesteilheit angepasster Pickeleinsatz bringt zusätzliche Sicherheit und fördert den rhythmischen und ökonomischen Bewegungsablauf.

- Der Pickel wird als Spazierstockpickel seitlich in Hüfthöhe zum Erhalt des Gleichgewichts stützend eingesetzt.
- Der Bewegungsablauf erfolgt im Dreiertakt: Pickel – Schritt – Schritt.

Grundstellung in der Frontalzackentechnik

Frontalzackentechnik im Aufstieg mit Spazierstockpickel

Anwendungsbereich:
- Verhältnisbedingt in Steilstufen und Flanken bis ca. 45°.

Technik:
- Der Bewegungsablauf erfolgt nach dem Muster der Grundtechnik.

Frontalzackentechnik im Aufstieg mit Spazierstockpickel

Praxistipps:
- Der Körper sollte möglichst aufrecht über der Standfläche stehen.
- Der Bewegungsablauf kann auch im Zweiertakt erfolgen, der Pickel wird dann mit dem gegenüberliegenden Fuß versetzt.

Frontalzackentechnik im Abstieg mit Spazierstockpickel

Anwendungsbereich:
- Verhältnisbedingt, in Steilstufen und Flanken bis ca. 45°.

Technik:
- Technik und Bewegungsablauf gleichen dem Aufstieg.
- Die Schrittlänge sollte etwas kleiner als beim Aufstieg sein.

Praxistipp:
- Eine vorausschauende Beurteilung der Eisverhältnisse und der Oberflächenstruktur schützt vor unangenehmen Überraschungen.

- Die Haue wird seitlich des Oberkörpers aufgesetzt und dient nur als Stütze (nicht einschlagen).
- Mit der anderen Hand stützt man sich in Schulterhöhe am Eis ab.

Frontalzacken- technik im Auf- stieg mit einem Kopfstützpickel

- Der Gehrhythmus erfolgt in natürlicher Schrittfolge im Dreiertakt.

Praxistipps:
- Liegt der Oberkörper durch diese Technik zu dicht am Eis, so dass eine annähernd auf- rechte Position nicht möglich ist, sollte der Pickel als Spazierstock eingesetzt werden.

Frontalzackentechnik im Aufstieg mit einem Kopfstützpickel

Anwendungsbereich:
- Verhältnisbedingt, in Steilstufen und Flan- ken bis ca. 50°.
- Wenn die Technik mit Spazierstockpickel keine ausreichende Sicherheit mehr bietet.

Technik:
- Der Bewegungsablauf erfolgt nach dem Muster der Grundtechnik.
- Die Hand umfasst den Pickel am Kopf, der Arm ist leicht gebeugt.

Pickelgriff beim Kopfstützpickel

- Der Bewegungsablauf kann auch im Zweiertakt erfolgen, der Pickel wird dann mit dem gegenüberliegenden Fuß versetzt.

Frontalzackentechnik im Abstieg mit einem Kopfstützpickel

Anwendungsbereich:
- Verhältnisbedingt, in Steilstufen und Flanken bis ca. 50°.

Technik:
- Technik und Bewegungsablauf gleichen dem Aufstieg.
- Die Schrittlänge sollte etwas kleiner als beim Aufstieg sein.

Praxistipp:
- Bei sehr hartem Eis ist es sinnvoll, statt im Dreiertakt zu gehen zwischen dem Versetzen des Pickels mehrere kleinere Schritte zu machen.

Grundstufe

Die Grundstufe baut auf die Basistechniken der Elementarstufe auf und erweitert die Elemente in der Vertikal- und Frontalzackentechnik. Das breite Spektrum und die Vielseitigkeit dieser Techniken fördern die überaus wichtige Bewegungserfahrung und schaffen Vertrauen zur Ausrüstung. Das Beherrschen dieser Techniken ermöglicht die Durchführung von anspruchsvollen Gletschertouren.

In der Grundstufe werden folgende Techniken vorgestellt:

Vertikalzackentechnik:
- diagonaler Aufstieg mit Seitstützpickel
- Abstieg mit Seitstützpickel
- Abstieg mit Geländerpickel

Frontalzackentechnik:
- Aufstieg in Parallel- und diagonaler Technik sowie im Passgang mit zwei Kopfstützpickeln
- Queren mit zwei Kopfstützpickeln
- Auf- und Abstieg mit einem Schaftzugpickel
- Queren mit einem Schaftzugpickel

Mischtechnik:
- Kombination von Vertikal- und Frontalzackentechnik

Trainingstechniken in der Vertikalzackentechnik:
- Aufstieg rücklings mit Seitstützpickel
- Queren mit Seitstützpickel
- diagonaler Aufstieg mit Schaftzugpickel

Vertikalzackentechnik im diagonalen Aufstieg mit Übersetzen und Seitstützpickel

Anwendungsbereich:
- Im steileren Gelände, wenn der Spazierstockpickel nicht mehr funktionell ist und zu wenig Sicherheit bietet.

Technik:
- Der Pickel wird mit beiden Händen horizontal vor dem Körper gehalten. Dabei ergreift die Berghand

Vertikalzackentechnik im diagonalen Aufstieg mit Übersetzen und Seitstützpickel

Pickelhaltung beim Seitstützpickel

Vertikalzackentechnik im vertikalen Abstieg mit Seitstützpickel

Anwendungsbereich:
- In Steilstufen und Flanken bis ca. 45° Neigung.

Technik:
- Der Bewegungsablauf erfolgt nach dem Muster der Grundtechnik.
- Die Beine sind etwas mehr als hüftbreit geöffnet, einerseits um ein Verhaken zu vermeiden, andererseits um eine stabile Position zu erreichen. Die Füße sind in V-Stellung und flach aufgesetzt, so dass alle Vertikalzacken im Eis verankert sind.
- Hüft-, Knie- und Sprunggelenke sind stark gebeugt, der Oberkörper ist nach vorne geneigt.
- Die Füße werden kräftig gesetzt. Vor jedem Schritt muss das gesamte Körpergewicht durch seitliches Beugen des Oberkörpers auf das Stützbein übertragen werden.
- Der Pickel wird mit der einen Hand im unteren Bereich des Schaftes, mit der anderen Hand am Kopf gefasst. Der Pickel wird seitlich des Körpers stützend eingesetzt.
- Der Gehrhythmus erfolgt im Dreiertakt.

den unteren Teil des Schaftes und drückt die Pickelspitze in das Eis. Die Talhand hält den Pickelkopf und zieht nach oben.
- Der Bewegungsrhythmus erfolgt im Dreiertakt.
- Der Pickel wird dann versetzt, wenn die Belastung auf dem Talbein ist.

Praxistipp:
- Wenn aus Gründen der Sicherheit oder mangelnder Beweglichkeit ein Übersetzen nicht sinnvoll ist, kann diese Technik auch mit Nachstellschritten angewandt werden.

Praxistipp:
- Ein zu starkes Absitzen nach hinten ist zu vermeiden.

Vertikalzackentechnik im diagonalen Aufstieg mit Nachstellschritten

Vertikalzackentechnik im vertikalen Abstieg mit Geländerpickel

Anwendungsbereich:
- In Steilstufen und Flanken bis ca. 45° Neigung.
- Wenn der Seitstützpickel zu wenig Sicherheit bietet.

Technik:
- Bewegungsablauf wie im Abstieg mit Seitstützpickel.
- Der Pickel wird zum Schlag am unteren Ende des Schaftes gefasst. Mit möglichst einem Schlag wird er mit der Haue seitlich unter den Füßen eingeschlagen. Um den Pickel weit unten zu verankern, geht man vor dem Schlag in die Hockstellung.

Vertikalzackentechnik im vertikalen Abstieg mit Seitstützpickel

Vertikalzackentechnik im vertikalen Abstieg mit Geländerpickel

Frontalzacken-technik im Auf-stieg mit zwei Kopfstütz-pickeln in Paralleltechnik

- Beim Absteigen in kleinen Schritten gleitet die Hand, wie an einem Treppengeländer, am Schaft entlang. Ein leichter Zug nach oben bewirkt ein Verkeilen der Haue.
- Absteigen, bis der Pickelkopf auf Hüfthöhe ist. Diesen ergreifen und durch leichtes Rütteln lösen.

Praxistipps:
- Beim Lösen der Pickelhaue ist auf eine stabile Position zu achten.
- Ruckartiges Lösen der Pickelhaue vermeiden.

Frontalzackentechnik im Aufstieg mit zwei Kopfstützpickeln in Paralleltechnik

Anwendungsbereich:
- In Steilstufen und Flanken bis ca. 55–60° Neigung.

Technik:
- Der Bewegungsablauf erfolgt nach dem Muster der Technik mit einem Gerät.
- Aus der Grundstellung werden die Pickel nacheinander mit der Haue etwas unter Brusthöhe und seitlich des Körpers eingesetzt.
- In zwei bis drei Schritten wird nachgestiegen, wobei der letzte Schritt die Grundstellung (beide Füße horizontal nebeneinander; stabile Körperposition) wieder herstellt.

Frontalzacken-technik mit zwei Kopfstütz-pickeln diagonal eingesetzt

Praxistipps:
- Da grundsätzlich drei Punkte im Eis verankert sind, wird in jeder Phase eine sichere Position gewährleistet.
- Etwas abgeändert kann diese Technik auch mit diagonal eingesetzten Eisgeräten angewandt werden.

Frontalzackentechnik im Aufstieg mit zwei Kopfstütz- oder Schaftzugpickeln im Passgang

Anwendungsbereich:
- In Steilstufen und Flanken bis ca. 45–55° Neigung.

Technik:
- Während bei der vorherigen Technik zuerst die Hände und dann die Füße höher ge-

setzt wurden, werden hier Hand und Fuß einer Körperseite gleichzeitig höher gesetzt (Passgang).

- Die Füße befinden sich dabei nie auf gleicher Höhe, sondern immer in Schrittstellung.

Praxistipps:
- Je nach Bedarf kann diese Technik mit Kopfstützpickel oder Schaftzugpickel angewendet werden.
- Diese Technik birgt ein gewisses Risiko, da sich der Körper beim Weitertreten immer im labilen Gleichgewicht befindet. Sie erlaubt jedoch ein rasches Vorankommen.
- Bei der Anwendung ist eine gute physische Konstitution und Bewegungserfahrung erforderlich.

Frontalzackentechnik in der Querung mit zwei Kopfstützpickeln (Paralleltechnik)

Anwendungsbereich:
- Bei Querungen bis ca. 55–60° Neigung.

Technik:
- Der Bewegungsablauf gleicht der Technik mit einem Gerät.
- Ausgangsposition ist die Grundstellung, beide Pickel sind seitlich des Körpers in Hüfthöhe mit der Haue gesetzt.
- Der Pickel in Bewegungsrichtung wird mit etwa Schrittlänge seitlich versetzt.
- Mittels Spreizschritt wird der Fuß fast unter den versetzten Pickel gesetzt und durch seitliche Verschiebung der Hüfte belastet.
- Der zweite Pickel wird nachgesetzt.
- Ein Nachstellschritt bringt den Körper wieder in die Ausgangsposition.

Praxistipp:
- Die Schrittlänge sollte nicht zu groß sein.

Schlagtechnik mit Schaftzugpickel

Bei allen Steigeisentechniken sollte, neben der Sicherheit, auf die Effizienz und die kraftsparende Anwendung großer Wert gelegt werden. Die gilt auch im besonderen Maße für die Anwendung des Schaftzugpickels. Es kann sehr viel Kraft kosten, wenn zum Setzen des Pickels mehrere Schläge nötig sind. Oder wenn un-

Frontalzackentechnik im Aufstieg mit zwei Kopfstützpickeln im Passgang

Frontalzackentechnik in der Querung mit zwei Kopfstützpickeln

Pickelgriff mit Handschlaufe

• Die Länge dieser Schlaufe sollte so einge-
stellt werden, dass die Hand den Schaft am
Ende direkt vor der Spitze greifen kann. Die
Handschlaufe sollte dabei gespannt sein.

Praxistipps:
• Nahezu alle Hersteller von Eisgeräten liefern
vorgefertigte Handschlaufen, die verstellbar
sind, die Hand fixieren, das Handgelenk
abstützen und sich leicht lösen lassen.
• Die Schlaufe sollte so angebracht sein, dass
sie keinen Drehimpuls erzeugt.

Schlagtechnik:
• Es wird hinter die Schulter ausgeholt, das
Gerät wird dabei so gehalten, dass Schaft
und Unterarm einen rechten Winkel bilden.
• Die Schlagbewegung geht von der Schulter
aus und setzt sich über Ober- und Unter-
arm fort. Der letzte Impuls wird mit dem
Handgelenk gegeben.
• Die Bewegungsachse ist geradlinig und im
rechten Winkel zum Eis.
• Im Moment des Einschlagens wird das
Handgelenk nach vorne geknickt, um den
Schlagimpuls zu verstärken. Das Gerät wird
dabei locker gehalten, um den Schwung
nicht zu bremsen.

nötig fest geschlagen wird und sich dadurch
die Haue nur schwer lösen lässt. Neben der
eigentlichen Schlagtechnik ist es wichtig, die
Oberfläche des Eises zu beurteilen, um günstige Bereiche zum Setzen der Haue zu finden.

Anwendung:
• Für alle Techniken mit Schaftzugpickel.

Pickelgriff:
• Um Kraft zu sparen und sich nicht krampf-
haft am Schaft festhalten zu müssen, verwendet man eine Handschlaufe.

Praxistipps:
• Bei der Ausholbewegung dürfen die Ellbogen nicht zu weit von der Achse abweichen.
• Oft ist es vorteilhaft, die zu treffende Stelle
mit der Haue kurz anzutippen, um dann
erst zum Schlag auszuholen.

Schlagtechnik mit Schaftzug-pickel

Lösen der Geräte:

- Das Lösen der Geräte sollte nur durch Bewegung in einer Achse, nach oben und unten, erfolgen.
- Steckt das Gerät auf Schulterhöhe oder tiefer, kann es durch leichte Schläge mit dem Handballen von unten nach oben auf den Kopf gelöst werden.

Praxistipps:
- Wird das Gerät durch ein Drehen (hin und her) am Schaft gelöst, kann dies zur Beschädigung der Haue führen.
- Halbrohrhauen hingegen werden durch Rechts-links-Rotation gelöst.

Frontalzackentechnik im Aufstieg mit einem Schaftzugpickel

Anwendungsbereich:
- In Steilstufen und Flanken bis ca. 55° Neigung.
- Wenn der Kopfstützpickel keine ausreichende Sicherheit mehr bietet.

Technik:
- Der Bewegungsablauf erfolgt nach dem Muster der Grundtechnik.
- Aus der Grundstellung (die freie Hand liegt in Brusthöhe auf dem Eis und stützt den Körper ab) wird die Haue des Pickels seitlich oberhalb des Kopfes gesetzt.
- Die Füße werden in kleinen Schritten höher gesetzt, wobei die Hüfte zum Belastungswechsel leicht hin und her geschoben wird.
- Befindet sich der Pickel auf Brusthöhe, bleibt man stehen und setzt ihn höher.

Praxistipp:
- Die freie Hand kann auch beim Nachsetzen der Beine den Pickelkopf umfassen.

Frontalzackentechnik im Abstieg mit einem Schaftzugpickel

Anwendungsbereich:
- In Flanken und Steilstufen bis ca. 55° Neigung.

Lösen der Eisgeräte mit flacher Haue

Frontalzackentechnik im Aufstieg mit einem Schaftzugpickel

BEWEGUNGSTECHNIK UND TAKTIK

Technik:
- Der Bewegungsablauf gleicht dem des Aufstiegs, dabei wird der Pickel seitlich des Körpers in Schulterhöhe gesetzt.

Praxistipp:
- Es ist darauf zu achten, dass nicht abgestiegen wird bis der Arm mit dem Pickel ganz gestreckt ist (kein Bewegungsspielraum zum Lösen des Pickels).

Frontalzackentechnik in der Querung mit einem Schaftzugpickel

Anwendungsbereich:
- In Steilstufen bis ca. 55° Neigung.

Technik:
- Der Bewegungsablauf gleicht dem der Querung mit Kopfstützpickel.

- Aus der Grundstellung wird der Pickel (in der Hand der Bewegungsrichtung) seitlich etwas über Schulterhöhe und möglichst vertikal gesetzt. Dabei ist die volle Armlänge zu nutzen. Die freie Hand wird am Eis abgestützt.
- Mit Spreiz- und Nachstellschritten wird bis unter den Pickel gequert.

Praxistipp:
- Es ist darauf zu achten, dass der letzte Nachstellschritt nur bis zur hüftbreiten Fußstellung ausgeführt wird.

Mischtechnik

Die Mischtechnik, bei der Vertikalzackentechnik und Frontalzackentechnik kombiniert werden, ist eine überaus funktionelle und kraftsparende Form des Steigeisengehens. Gerade

Frontalzackentechnik in der Querung mit einem Schaftzugpickel

Mischtechnik
mit Spazier-
stockpickel

in Flanken, auf lange Zeitdauer angewandt, ermöglicht diese Technik durch die Wechselbelastung der Beinmuskulatur eine ökonomische Fortbewegung.

Anwendungsbereich:
- Verhältnisbedingt, in Flanken bis ca. 55° Neigung.

Technik:
- Man setzt einen Fuß in Vertikalzackentechnik, den anderen in Frontalzackentechnik.
- Der Fuß in Vertikalzackentechnik wird zumindest quer zur Falllinie gesetzt.
- Bei jedem Schritt wird der Fuß höher als das jeweilige Standbein gesetzt.
- Die Mischtechnik kann mit Spazierstock-, Kopfstütz- und Schaftzugpickel kombiniert werden.
- Der Pickel wird auf der Seite gehalten und eingesetzt, auf der man in Vertikalzackentechnik steht. Die freie Hand stützt sich am Eis ab.
- Der Bewegungsrhythmus kann im Dreier- oder im Zweiertakt erfolgen. Im Dreiertakt wird der Pickel nach, im Zweiertakt mit dem Fuß in Frontalzackentechnik versetzt.

Praxistipp:
- In angemessener Schrittzahl wird die jeweilige Fußtechnik gewechselt.

Trainingstechniken in der Vertikalzackentechnik

Die Vertikalzackentechnik hat einen sehr hohen Gebrauchswert. Diesen erhält sie aber nur dann, wenn sie beherrscht wird und automatisiert ist. Um dieses Stadium, auch unter dem Aspekt der Sicherheit, zu erreichen, ist ein konsequentes Üben erforderlich. Folgende

Mischtechnik
mit Kopfstütz-
pickel

Techniken haben zwar für die Praxis einen untergeordneten Wert, doch zur Verbesserung des persönlichen Könnens sind sie sehr effizient.

Mit zunehmender Neigung des Geländes steigen die Anforderungen an die Beweglichkeit der Gelenke sowie an das Gleichgewichtsgefühl. Die Bewegungskoordination und das Vertrauen zum Material werden gleichermaßen gefördert. Um den Bewegungsspielraum der Sprunggelenke maximal zu nutzen, ist die Verwendung von Schuhen mit weicherem Schaft vorteilhaft.

des Pickels muss die Spitze kräftig ins Eis gestoßen werden.

- In kleinen Schritten wird bis zu einer günstigen Höhe nachgestiegen. Um die Entlastung des Bewegungsbeines zu unterstützen, kann ein großer Teil des Körpergewichtes auf den Pickel verlagert werden.

Praxistipp:
- Es ist auf eine gute Verlagerung des Körperschwerpunktes zu achten.

Vertikalzackentechnik im Aufstieg rücklings mit Seitstützpickel

Vertikalzackentechnik im Aufstieg rücklings mit Seitstützpickel

Technik:
- Bei dieser Trainingstechnik wird rückwärts entgegengesetzt der Blickrichtung aufgestiegen.
- Der Bewegungsablauf gleicht dem Muster der Grundtechnik. Dabei werden mit zunehmender Steilheit des Geländes Sprung-, Knie- und Hüftgelenk mehr gebeugt.
- Der Seitstützpickel wird in Körpernähe über der Hüfte stützend eingesetzt. Beim Setzen

Vertikalzackentechnik in der Querung mit Seitstützpickel

Technik:
- Der Bewegungsablauf gleicht dem Muster der Grundtechnik. Dabei werden mit zunehmender Steilheit des Geländes Sprung-, Knie- und Hüftgelenk mehr gebeugt.
- Der Seitstützpickel wird in Querungsrichtung etwa in Hüfthöhe und günstigem Abstand vom Körper eingesetzt.
- Mit Nachstellschritten wird bis zum Pickel gequert.
- Der Bewegungsrhythmus erfolgt im Dreiertakt.

Vertikalzackentechnik in der Querung mit Seitstützpickel

Vertikalzacken-
technik im
diagonalen
Aufstieg mit
Schaftzugpickel,
Vorhand
(links)

Vertikalzacken-
technik im
diagonalen
Aufstieg mit
Schaftzugpickel,
Rückhand
(rechts)

Praxistipp:
- Um die Anforderungen zu erhöhen, können auch Übersetzschritte versucht werden.

Vertikalzackentechnik im diagonalen Aufstieg mit Schaftzugpickel

Technik:
- Der Bewegungsablauf gleicht dem Muster der Grundtechnik im diagonalen Aufstieg.

Vorhand-Schlagtechnik:
- Ausgangsposition ist die V-Stellung der Füße mit ausgeprägter hüftbreiter Beinstellung. Die Körpervorderseite zeigt talwärts. Der möglichst aufrechte Körper belastet beide Fußsohlen gleichmäßig.
- Der Pickel wird mit der Hand (Seite entgegengesetzt der Fortbewegungsrichtung) am Schaftende erfasst und vor dem Körper über Kopfhöhe mit der Haue gesetzt.
- Es folgt der Übersetzschritt mit gleichzeitigem Eindrehen von Hüfte und Oberkörper in die Bewegungsrichtung.

- Die freie Hand erfasst den Pickelkopf als zusätzlichen Halt.
- Der zweite Fuß wird nachgesetzt.

Rückhand-Schlagtechnik:
- Ausgangsposition ist eine überkreuzte Beinstellung nach einem Übersetzschritt. Hüfte und Oberkörper sind in Bewegungsrichtung eingedreht. Das übergesetzte Bein übernimmt die stützende Funktion zum Gleichgewichtserhalt.
- Der Pickel wird mit der Hand (Seite der Fortbewegungsrichtung) am Schaftende erfasst und vor dem Körper über Kopfhöhe mit der Haue gesetzt.
- Es folgen Nachsetz- und Übersetzschritt.

Praxistipps:
- Je steiler das Gelände, umso kleiner sollte die Schrittlänge gewählt werden.
- Der gut verankerte Pickel verleitet leicht dazu, sich mit vollem Gewicht reinzuhängen und die Steigeisen weniger exakt zu belasten. Achtung auf saubere Beinarbeit!
- Alle Schritte und Bewegungsabläufe sollten reversibel sein. Dies gilt für alle Trainings- und Anwendungstechniken.

Oberstufe

In der Oberstufe wird die Frontalzackentechnik erweitert. Es werden Bewegungsmuster aufgezeigt, die im steilen Eis durch ihre Funktionalität und Effizienz überzeugen. Dabei werden an die Ausrüstung, speziell an die Eisgeräte, höhere Ansprüche gestellt. Wenn in der Grundstufe noch herkömmliche Eispickel den Zweck erfüllten, sind für diese Techniken kürzere Steileisgeräte mit entsprechenden Hauen dringende Voraussetzung.

Für das Erlernen und die Anwendung ist die Bewegungserfahrung in den bisher behandelten Techniken erforderlich.

In der Oberstufe werden folgende Techniken vorgestellt:

Frontalzackentechnik:
- Paralleltechnik mit zwei Schaftzugpickeln (Auf- und Abstieg)
- Paralleltechnik modifiziert
- Dreieckstechnik mit zwei Schaftzugpickeln im Aufstieg
- Dreieckstechnik mit Blockierstellung
- Dreieckstechnik im Abstieg und Queren
- Setzen von Eisschrauben in stabiler Dreiecksposition

Klettern mit Steigeisen im Fels:
- Trittfassen mit Steigeisen

Die Paralleltechnik

Aufbauend auf die Grundstellung für mittelsteiles Gelände sind im steilen Eis zusätzliche Technikelemente erforderlich.

Grundstellung mit Bogenspannung:

Mit der Bogenspannung in der Grundstellung wird eine stabile Körperposition erreicht, die ein kraftsparendes Weitersetzen der Eisgeräte ermöglicht und als Rastposition genutzt werden kann.

Technik:
- Aus der bereits bekannten Grundstellung werden beide Geräte nacheinander über dem Kopf etwas über Schulterbreite und in gleicher Höhe gesetzt. Die Ellbogen sind leicht angewinkelt.
- Die Knie werden leicht gebeugt, das Becken wird nach vorne geschoben (es berührt, je nach Steilheit, das Eis), der Rücken nach hinten gebogen (Bogenspannung), Oberkörper weg vom Eis.

- In dieser Grundstellung ist der Großteil des Gewichtes auf den Steigeisen. Die Geräte dienen, je nach Steilheit des Geländes, dem Gleichgewichtserhalt und verhindern ein Wegkippen nach hinten.

Paralleltechnik mit zwei Schaftzugpickeln

Paralleltechnik mit zwei Schaftzugpickeln im Aufstieg

Anwendungsbereich:
- In Flanken und Steilstufen bis ca. 90° Neigung

Technik:
- Aus der Grundstellung wird das Becken vom Eis weg bewegt und gesenkt. Der Rücken wird nach vorne gekrümmt (Katzenbuckel), bis man in den Geräten hängt, gleichzeitig jedoch die Füße belastet sind.
- Man steigt mit drei kleinen Schritten höher, bis man mit dem Kopf auf Höhe der Haue ist.
- Der erste Tritt sollte senkrecht unter dem Schwerpunkt platziert werden, um das seitliche Gleichgewicht zu erhalten.
- Nach jedem Schritt werden die Knie durchgestreckt und dadurch der Körper höher gebracht. Die Ellbogen werden dabei immer stärker angewinkelt.
- Zur Entlastung des Bewegungsbeins wird die Hüfte über das Standbein geschoben. Durch die seitliche Verlagerung des Schwer-

punktes wird Sicherheit und Flüssigkeit der Bewegung erreicht.
- Der Bewegungszyklus wird durch das Einnehmen der Grundstellung beendet, das Becken ist nach vorne geschoben.

Paralleltechnik mit zwei Schaftzugpickeln im Abstieg

Anwendungsbereich:
- In Steilstufen bis 90° Neigung

Technik:
- Der Bewegungsablauf gleicht dem des Aufstiegs, dabei werden die Geräte seitlich des Körpers in Schulterhöhe gesetzt.

- Es ist darauf zu achten, dass nicht abgestiegen wird bis die Arme ganz gestreckt sind (kein Bewegungsspielraum zum Lösen des Pickels).

Modifizierte Paralleltechnik

Anwendungsbereich:
- Bei der Überwindung von Steilstufen, wenn eine stabilere Position in der Grundstellung vorteilhaft ist.

Modifizierte Paralleltechnik

Technik:
- In der Grundstellung sind die Beine über Hüftbreite gespreizt.
- Mit dem ersten Schritt wird der Fuß, ohne oder mit wenig Höhengewinn, unter den Mittelpunkt der verankerten Geräte gesetzt.

- Der zweite Fuß tritt seitlich darüber.
- Mit dem dritten Schritt wird die Grundstellung wieder erreicht.

Praxistipp:
- Ist eine Entlastung des jeweiligen Beines durch die Verschiebung der Hüfte nur bedingt möglich, kann auch durch Druck mit den Ellbogen auf das Eis das Bein entlastet und höhergesetzt werden.

Die Dreieckstechnik und ihre Vorteile

Am Anfang erscheint diese Technik schwieriger und auch anstrengender, da das gesamte Gewicht auf einer Hand lastet anstatt auf zwei. Man sollte jedoch bedenken, dass die meiste Zeit zum Setzen und Lösen der Geräte benötigt wird. Je weniger oft man die Geräte in einer senkrechten Passage setzen muss, desto schneller kann man sie überwinden und desto weniger Kraft wird benötigt. Bei der Dreieckstechnik werden die Geräte nur halb so oft gesetzt. Vom Standpunkt der Sicherheit aus gesehen, ist diese Technik der Paralleltechnik vorzuziehen, da die Geräte weiter voneinander entfernt gesetzt werden und dadurch nicht die gleichen Zonen des Eises beanspruchen. Die Möglichkeit, dass man beide Geräte auf einer ausbrechenden Eisscholle verankert hat, ist viel geringer (vorausgesetzt, sie sind in der Höhe genügend weit auseinander).

Grundstellung in Dreiecksposition

Grundstellung und Technik in Dreiecks-position:
- Die Füße stehen auf gleicher Höhe und sind leicht gespreizt.
- Ein Eisgerät ist über dem Kopf entlang einer gedachten Achse zwischen Hüfte und Kopf gesetzt.
- Der Haltearm ist gestreckt oder leicht ange-winkelt.
- Die Füße sind im Dreieck dazu ausgerich-tet.
- Die Beine sind leicht gespreizt, die Knie etwas gebeugt. Die Hüfte ist nach vorne gedrückt, der Oberkörper nach hinten ge-bogen (Bogenspannung).
- Das zweite Gerät ist tiefer, etwa in Schul-terhöhe, etwas seitlich gesetzt.

- In drei kleinen Schritten, von denen der erste in Falllinie zum oberen Gerät gesetzt wird, steigt man höher. Die Knie werden bei jedem Schritt durchgestreckt.
- Befindet sich das Gesicht auf Höhe des Pickelkopfes, wird die Grundstellung wieder eingenommen. Dazu wird das untere Gerät höher und seitlich vom oberen gesetzt.

Praxistipps:
- Das Haltegerät muss hundertprozentig ge-setzt sein.
- Um eine flüssige Fortbewegung zu errei-chen, ist es wichtig, die Hüfte stets über das Stützbein zu schieben. Die Bewegung sollte erst dann unterbrochen werden, wenn man sich in der Grundstellung befindet.

Dreieckstechnik im Aufstieg (Grundform)

Dreieckstechnik mit zwei Schaftzugpickeln im Aufstieg (Grundform)

Anwendungsbereich:
- Diese Technik ist in allen Steilstufen effizi-ent.

Technik:
- Aus der Grundstellung in Dreiecksposition (zweites Gerät ist mit der Hand in Schulter-höhe seitlich gesetzt) senkt man das Becken und belastet den Haltearm.

Dreieckstechnik mit Blockierstellung

Besonderheiten:
- Bei dieser Technik kommt man nicht in die Grundstellung mit gestrecktem Arm zurück. Aus der Blockierstellung können auch sehr steile Längen schnell überwunden werden.

Technik:
- Ausgangsposition ist die Grundstellung im Dreieck, das Gesicht befindet sich jedoch in Höhe des Pickelkopfes des oberen Gerätes.

Der Haltearm ist angewinkelt und hält den Körper im Gleichgewicht (Blockierstellung).
- Das zweite Gerät wird seitlich oberhalb des ersten gesetzt.
- Mit zwei Schritten wird die neue Haltehand angeklettert, wobei der erste Schritt diagonal höher gesetzt wird und mit dem zweiten die Dreiecksposition (Blockierstellung) wieder erreicht wird.

Praxistipp:
- Um diese Technik effizient zu nutzen, sollte sie automatisiert sein und flüssig angewendet werden.

Dreieckstechnik im Abstieg

Technik:
- Aus der Grundstellung im Dreieck (Haltearm ist gestreckt) wird ein Gerät in Schulterhöhe gesetzt, das jedoch nicht dazu dient, das Gleichgewicht zu halten.
- Mit zwei horizontalen Schritten quert man unter das gesetzte Gerät, in die Dreiecks- und Blockierstellung.
- Das zweite Gerät wird gelöst und auf Höhe des anderen leicht gesetzt (Zwischenverankerung), es dient nur dem Erhalt des Gleichgewichtes.

Dreieckstechnik mit Blockierstellung

• Mit drei Schritten nach unten wird die Grundstellung im Dreieck (Haltearm gestreckt) wieder erreicht.

Praxistipp:
• Ein Eindrehen des Oberkörpers ermöglicht, die Übersicht zu behalten und die Steigeisen punktgenau zu platzieren.

Dreieckstechnik in der Querung

Anwendungsbereich:
• In Steilstufen bis ca. 90° Neigung.

Technik:
• Aus der Grundstellung wird das erste Gerät in Querungsrichtung seitlich oberhalb des Kopfes gesetzt.
• Man quert nun in kleinen Schritten so weit, bis der entsprechende Fuß senkrecht unter dem Gerät steht.
• Das zweite Gerät wird gelöst, ohne sich mit dem Oberkörper zu weit aus der Richtung zu bewegen.
• Das Gerät wird nun auf gleicher Höhe des ersten nachgesetzt.

Praxistipp:
• Beim Nachsetzen des zweiten Gerätes ist es vorteilhaft, die Haue im Loch des ersten zu positionieren.

Setzen von Eisschrauben in stabiler Dreiecksposition

Anwendungsbereich:
• Die Grundstellung im Dreieck ist eine ausgewogene Ruheposition an drei Punkten (ein Arm, zwei Beine). Sie ist ideal für das Setzen von Eisschrauben.

Dreieckstechnik in der Querung

Setzen von Eisschrauben in stabiler Dreiecksposition

Technik:
- Der Körper befindet sich in der stabilen Dreiecksposition (Grundstellung). Der Haltearm ist leicht gebeugt.
- Das zweite Gerät ist tiefer gesetzt, die Hand wird aus der Schlaufe genommen.
- Die Eisschraube wird in Hüfthöhe angesetzt und eingedreht. Auf dieser Höhe kann der größte Druck auf die Schraube ausgeübt werden.

Praxistipp:
- Bevor die Hand aus der Schlaufe des Eisgerätes genommen wird, sollte der Bereich zum Setzen der Schraube vom spröden Eis befreit werden.

Klettern mit Steigeisen im Fels

Ungünstige Verhältnisse (verschneiter oder vereister Fels) machen es notwendig, mit Steigeisen zu klettern. In kombiniertem Gelände ist es unvorteilhaft und zu umständlich, die Eisen bei jedem Wechsel zwischen Fels und Eis aus- und wieder anzuziehen.
Stetige Bewegungsvorplanung, hervorragende Bewegungskoordination und gute psychische Verfassung sind die Grundvoraussetzungen für ein sicheres Steigen und Klettern.

Tipps für das Klettern mit Steigeisen:
- In der Regel wird mit den Frontalzacken geklettert.
- Als Klettertechnik ist die Steigtechnik zu bevorzugen.
- Möglichst horizontale Tritte verwenden.
- Ferse nicht nach unten drücken, da sonst die Zacken leicht aus dem Tritt gehebelt werden.

Trittfassen mit Steigeisen

- Beim Weitertreten Tritte nicht zu hoch wählen.
- Weites Spreizen vermeiden.
- Der Körperschwerpunkt sollte immer über der Standfläche gehalten werden.
- Nur frontal abklettern.

Praxistipp:
- Vorsicht bei Steigeisen mit diagonal angeordnetem zweiten Zackenpaar. Beim Absenken der Ferse können die Zacken aus dem Tritt gehebelt werden.

Extremstufe

In dieser Könnensstufe werden die Techniken für steilstes Eis und zum Klettern an gefrorenen Wasserfällen ergänzt, ausgefeilt und modifiziert. Je komplexer sich bestimmte Bewegungsabläufe darstellen, umso wichtiger wird vor der Ausführung die Vorplanung. Wenn man die verschiedenen Bewegungsmuster betrachtet, werden die Parallelen zum Felsklettern immer deutlicher. Spätestens in dieser Könnensstufe werden die persönlichen individuellen Voraussetzungen die Bewegungsausführung beeinflussen, den »eigenen Stil« prägen und charakterisieren.

In der Extremstufe werden folgende Techniken vorgestellt:
Frontalzackentechnik für steilstes Eis:
- Dreieckstechnik mit Blockierstellung und Pendelbein
- Dreieckstechnik mit Eindrehen des Oberkörpers

Besonderheiten im Wasserfalleis:
- Hooken mit dem Eisgerät im Eis
- Hooken mit Steigeisen (Fersendorn)
- Froschtechnik

Querungen im extremen Eis:
- Queren mit Übersetzen von Fuß und Eisgerät
- Queren mit Eindrehen des Oberkörpers

Besonderheiten beim Setzen der Eisgeräte

In Gelände mit komplizierten Strukturen (Stalaktiten, Pilze, Blumenkohl, röhrenförmiges oder sprödes Eis) werden die Geräte im Eis verankert, ohne dass man sie einschlägt. Man hookt, fädelt die Haue zwischen die Röhren ein und verkeilt sie, um nicht mit Schlägen die Struktur zu zerstören. Dabei halten die Geräte nur, wenn sie auf Zug nach unten belastet werden.

Im Röhreneis wird nur leicht aus dem Handgelenk geschlagen, ohne dass man Schulter und Oberkörper mit einbezieht. Man hackt nur ein kleines Loch zwischen die Säulen, in dem die Haue verkeilt wird. In sehr schlechtem Eis, das leicht splittert und ausbricht, kann es vorteilhaft sein, ohne Geräte und nur mit den Händen zu klettern. Im Gegensatz zum Kompakteis, das viel verzeiht, muss man hier mit kurzen und präzisen Bewegungen klettern. Dieses Gelände verlangt viel Übung, wobei versucht werden sollte, Genauigkeit und Sensibilität im Setzen und Halten der Geräte zu entwickeln.

Auf sehr dünnem und brüchigem Eis und in sehr kleinen Strukturen kann es schwierig oder unmöglich sein, beide Geräte zu setzen.

In diesem Fall ist es möglich, auf dem Kopf des bereits gesetzten Gerätes mit der Haue des zweiten Gerätes zu hooken. Dadurch werden die Strukturen nicht zu sehr zerstört, man verteilt das Körpergewicht auf beide Arme und kann so höhersteigen, um einen neuen Verankerungspunkt zu suchen.

In Passagen, die eine sehr komplizierte Bewegungsvorausplanung erfordern, ist es oft sinnvoll, die Hände aus den Handschlaufen zu nehmen. Ein Handwechsel am Haltegerät kann das Setzen des zweiten Gerätes erleichtern.

Besonderheiten beim Setzen der Steigeisen

Analog dazu verlangen diese Strukturen, neben dem klassischen Setzen der Frontalzacken, auch eine spezielle Fußtechnik. Die Erhöhung der Schwierigkeiten, welche auf die Steilheit und besonders die Qualität des Eises zurückzuführen ist, verlangt, dass die Steigeisen ähnlich wie die Kletterschuhe am Fels eingesetzt werden. Da es oft entscheidend ist, die Steigeisen nur aufzusetzen und nicht einzuschlagen, sind die vier Frontalzacken gleich wichtig. Die beiden seitlichen Frontalzacken

nehmen auch eine wichtige Rolle zur Stütze des Fußes ein. Das Steigeisen dient nicht mehr ausschließlich dem Höhersteigen, sondern es wird auch genutzt, um seitlichen Zug und Druck auszuüben. Hat man einmal die verschiedenen Fußtechniken erlernt, ist es eine Frage von Präzision und Gefühl, in diesen zerbrechlichen und schwierigen Strukturen zu klettern. Setzt man die Steigeisen mit Schwung, zerstört man die gesamte Struktur. Das Steigeisen kann auch nur zur Balance oder zum Hooken zwischen oder hinter den Röhren verwendet werden. Zum Halten des Gleichgewichtes stützt sich der Fuß nur seitlich ab, eine bessere und sicherere Methode ist das Einhaken der Ferse, wozu man spezielle, mit einem Fersendorn ausgestattete Steigeisen verwen-

Exakte Bewegungsvorausplanung und gefühlvolles Setzen der Eisgeräte bei komplizierten Strukturen

Gefühlvolles
Spreizen und
Abstützen

det. Es ist auch möglich, mit den Zacken ein-
zuhaken und einen Zug nach unten auszuüben, das Knie wird dabei weggedrückt und
die Hüfte zum Eis hingezogen.

Dreieckstechnik mit Blockier-
stellung und Pendelbein

Anwendungsbereich:
- Im sehr steilen Eis bei eingeschränktem
  Aktionsspielraum.

Technik:
- Wenn es in der Blockierstellung im Dreieck
  zu schwierig oder unmöglich ist, beide
  Füße auf gleiche Höhe zu setzen, wird der
  Fuß auf der Seite des Haltearms nur zum
  Auspendeln und Halten des Gleichgewich-
  tes benützt.
- Der Schwerpunkt liegt über dem Stützbein
  und das Gleichgewicht wird durch die
  Achse Haltearm – Hüfte – Bein gehalten.

Praxistipp:
- Es ist darauf zu achten, dass das Steigeisen
  des Stützbeins solide gesetzt wird.

Dreieckstechnik mit Eindrehen
des Oberkörpers

Anwendungsbereich:
- Im sehr steilen Eis zur kraftsparenden Stabilisierung des Körperschwerpunktes.

Technik:
- Aus der Grundstellung im Dreieck steigt
  man in zwei Schritten in die Blockierstellung
  und dreht dabei den Oberkörper in Richtung Haltearm.
- Danach wird das zweite Gerät so hoch wie
  möglich gesetzt und in die neue Blockierstellung geklettert, dabei wird Schritt für
  Schritt der Oberkörper eingedreht.
- Die Technik kann abgeändert werden,
  indem man das Bein auf der Seite des Hal-
  tearmes als Pendelbein nur zum Ausbalan-
  cieren verwendet.

Praxistipp:
- Es ist schwierig, in dieser eingedrehten Po-
  sition nur auf den inneren oder äußeren
  Frontalzacken zu stehen. Das Setzen der

*Dreieckstechnik
mit Blockier-
stellung und
Pendelbein*

*Dreieckstechnik
mit Eindrehen
des Oberkörpers*

Hooken am gesetzten Eisgerät

Anwendungsbereich:
- Wenn die Möglichkeiten zum Setzen der Eisgeräte sehr eingeschränkt sind.

Technik:
- Ein Eisgerät wird sicher und taktisch vorteilhaft gesetzt.
- Das zweite Gerät wird, vorzugsweise mit der Haue, auf der Haue des gesetzten Gerätes eingehakt.

Praxistipps:
- Der Körper kann an einem gesetzten Gerät mit beiden Armen fixiert oder fortbewegt werden.
- Die Belastungsrichtung des im Eis verankerten Gerätes sollte nicht verändert werden.

Hooken mit Steigeisen (Fersendorn)

Anwendungsbereich:
- Beim Klettern an Säulen und Kanten, wo der Fersendorn zum Gegenzug eingesetzt wird. Bei der Überwindung von Überhängen kann diese Technik sehr effektiv sein.

Geräte kann ebenfalls Schwierigkeiten bereiten, da man mit der Schulter, welche dicht am Eis ist, zum Schlag ausholen muss. Darum ist diese Technik nur in sehr schwierigem Eis effektiv, wo man nur leicht schlägt oder hookt.

Hooken mit dem Eisgerät

Anwendungsbereich:
- In röhrenförmigem, sprödem oder sehr dünnem Eis, wenn ein Schlagen der Eisgeräte das Eis zerstören würde oder nicht den gewünschten Effekt hätte. Dies ist in sehr kaltem und ausgetrocknetem Eis der Fall.

Technik:
- Um eine möglichst hohe Stabilität zu erreichen, sollte das Schaftende des Eisgerätes auf dem Eis aufliegen.
- Das Eisgerät sollte nach dem Fixieren langsam belastet werden.

Praxistipp:
- Die Eisformation, an der das Eisgerät fixiert werden soll, ist vorher gut zu beurteilen.

Technik:
- Der Fersendorn des Steigeisens wird entweder in das Eis eingeschlagen oder in Eisformationen eingehakt (Hooken).
- Durch Gegenzug und Körperspannung wird der Körper fixiert und die Position stabilisiert.

Praxistipp:
- Das Haltebein sollte dabei möglichst gestreckt sein.

Froschtechnik mit einem Bein

Anwendungsbereich:
- Diese Dreiecksposition ermöglicht, dass man ohne unnötigen Kraftaufwand zum Halten des Gleichgewichtes oder zum Verhindern des Ausdrehens auf beiden Beinen steht.

Technik:
- Ausgangsposition ist die Blockierstellung im Dreieck.
- Ein Fuß wird in Falllinie des Haltearms gesetzt, der zweite direkt unter das Becken (Gesäß auf der Ferse).
- Die neue Grundstellung, mit »halbem Frosch«, ist erreicht: ein Bein fast gestreckt, das zweite ist stark gebeugt, wobei die Ferse am Eis abgestützt wird und man möglichst auf der Ferse absitzt. Das Becken wird ans Eis gedrückt. Der Haltearm und das gegenüberliegende, gestreckte Bein lie-

gen in einer Achse, der Pickelkopf ist in Höhe des Gesichtes (Blockierposition).
- Das zweite Gerät wird seitlich oberhalb des Haltegerätes gesetzt.
- Man hängt sich kurz in die Geräte, schiebt die Hüfte unter den neuen Haltearm, um die Ferse zu entlasten und setzt das hohe Bein tiefer.
- In drei Schritten steigt man höher, wobei der letzte größer ist und der Fuß wieder unter das Becken (Frosch) gesetzt wird.

Praxistipp:
- Es ist unbedingt darauf zu achten, dass zum Weitersteigen aus der Froschposition das angewinkelte Bein erst tiefer gesetzt wird.

Hooken mit dem Fersendorn

Froschtechnik mit einem Bein

Froschtechnik
mit beiden Beinen

Technik:
- Ausgangsposition ist die Blockierstellung mit halbem Frosch.
- Die Hüfte wird über das gebeugte Bein geschoben, wodurch das gestreckte Bein entlastet wird.
- Der untere Fuß wird unter das Becken neben den oberen gesetzt. Der Körper befindet sich in Froschstellung, das Gewicht lastet auf den Beinen, der Haltearm ist fast gestreckt.
- Mit gleichzeitigem Druck beider Beine steht man auf und befindet sich in Blockierstellung.

- Das zweite Gerät wird höher gesetzt und mit zwei Schritten höher gestiegen.
- Je nach Gelände und Bewegungsvorausplanung kann diese Sequenz wiederholt werden.

Praxistipp:
- In der Froschstellung ist darauf zu achten, dass der Haltearm solange gestreckt bleibt, bis wieder aufgestanden wird.

Querungen im extremen Eis

Querungen in sehr schwierigen Eispassagen stellen sich vom Bewegungsablauf viel komplexer dar als der Aufstieg. Es sollte versucht werden, sich den natürlichen Formationen des Eises anzupassen. Dabei werden alle bisher aufgezeigten Dreieckspositionen verwendet. Die hier beschriebenen Techniken sind als mögliche Bewegungsmuster für reale Klettersituationen zu betrachten. Bei allen Kombinationen ist jedoch darauf zu achten, dass man sich immer wenn man ein Gerät setzt im Gleichgewicht der Dreiecksposition befindet.

Übersetzen mit Fuß und Eisgerät

Anwendungsbereich:
- Wenn die Eisverhältnisse meist nur ein Hooken erlauben (sprödes oder dünnes Eis) und die natürlichen Formationen genutzt werden müssen.

Technik:
- Ausgangsstellung ist die Dreiecksposition. Dabei ist das Haltegerät entgegen der Querungsrichtung gesetzt, der Haltearm ist leicht gebeugt.
- Das Gewicht wird auf das dem Haltearm gegenüberliegende Bein verlagert, das andere Bein dient der Balance.
- Das zweite Gerät wird nun in Bewegungsrichtung auf Höhe des anderen Gerätes gesetzt. (Es kann auch schräg gesetzt werden, man muss jedoch auf die Zugrichtung achten, um die Haue nicht falsch zu belasten.)
- Der Fuß, der zur Balance diente, kreuzt vor dem Standbein und wird auf gleicher Höhe gesetzt.

Übersetzen mit Fuß und Eisgerät in der Querung

- Der andere Fuß wird nun so gesetzt, dass man die Grundstellung im Dreieck wieder erreicht (das Haltegerät befindet sich in Bewegungsrichtung).
- Die Querung wird fortgesetzt, indem das zweite Gerät über dem Haltegerät gekreuzt und gesetzt wird.
- Das gesetzte Gerät (»neues« Haltegerät) und das gegenüberliegende Bein werden belastet, das zweite Gerät gelöst und somit die Ausgangsstellung wieder erreicht.

Praxistipps:
- Die Füße können durch Überkreuzen hinten oder vorne gesetzt werden.
- Werden die Füße nicht überkreuzt, kann mit kleinen Nachstellschritten gequert werden.

Queren mit Eindrehen des Oberkörpers

Anwendungsbereich:
- In überaus kraftraubenden Querungen.

Technik:
- Ausgangsstellung ist die Dreiecksposition. Dabei ist das Haltegerät entgegen der Querungsrichtung gesetzt, der Haltearm ist leicht gebeugt.
- Um den Kraftaufwand zu vermindern, werden Hüfte und Oberkörper zum Haltearm eingedreht (Bizeps, Schulter-, Brust- und Rückenmuskulatur tragen gleichzeitig zum Blockieren bei). Die dem Haltegerät gegenüberliegende Hüfte ist am Eis, Knie und Füße sind in die gleiche Richtung orientiert

wie der Oberkörper. Das Steigeisen des dem Haltearm entsprechenden Fußes wird mit den inneren Frontalzacken, das andere mit den äußeren gesetzt.

- Das zweite Gerät wird raumgreifend gesetzt, dabei wird die entsprechende Schulter in Querungsrichtung geöffnet.
- Das gegenüberliegende Bein wird vor dem Stützbein gekreuzt und das Steigeisen gesetzt.
- Der gesamte Körper (Oberkörper, Hüfte, Knie und Füße) wird zum »neuen« Haltearm eingedreht.
- Das zweite Gerät wird gelöst und über dem Haltegerät gesetzt.

Erweiterte Erfahrungen

Das Klettern im extremsten Mixedgelände und Wasserfalleis hat sich in den letzten Jahren zu einer eigenen Spielform entwickelt. Mit der Kombination von Felsklettern und Eisklettern ist die Umsetzung der schwierigsten Felstechniken im Mixedklettern zur Realität geworden. Spezielle Techniken und Positionen, die aus dem Sportklettern im Fels übernommen und modifiziert werden, bestimmen hier die Bewegungsmuster. Durch das »Dry Tooling« (tools = Geräte, dry = eisfrei), den Einsatz der Eisgeräte im Fels, wurde ein neuer Stil kreiert, mit dem extremste Schwierigkeiten in kürzester Zeit zu bewältigen sind. Mit Hilfe der Eisgeräte werden Felspassagen geklettert, die vor kurzem nur in technischer Kletterei oder ohne Handschuhe möglich waren. Die stete Weiterentwicklung der Eisgeräte prägte diesen Stil entscheidend. Die speziellen Hauen dieser modernen Geräte werden in Risse verkeilt, oder es wird auf Griffen und in Löchern gehookt. Wenn man davon ausgeht, dass der Entwicklungsprozess der Eisgeräte noch nicht abgeschlossen und das klettertechnische Potenzial in dieser modernen Synthese bei weitem noch nicht ausgeschöpft ist, werden in Zukunft Projekte und Routen geklettert, die ausschließlich der absolute Spezialist nachvollziehen kann. Wie in vielen extremen Bereichen ist auch hier der Faktor Technik und Ausrüstung nur ein Teil des Ganzen. Die psychische Belastbarkeit ist durch keinen der bisher angesprochenen Punk-

te ersetzbar und wird beim Mixedklettern enorm gefordert. Eine innere Ausgewogenheit ist die Grundvoraussetzung, diese Techniken in entsprechendem Gelände umzusetzen. Einem Gelände, das zudem noch alle Gefahren des winterlichen Hochgebirges birgt.

In den Erweiterten Erfahrungen werden folgende Techniken vorgestellt:
Spezielle Techniken mit dem Eisgerät:
- Klemmtechniken und Hooken mit dem Eisgerät im Fels (»Dry Tooling«)

Spezielle Steigeisentechniken:
- Gekreuztes Abstützen
- Kauerstellung (»Ägypter«)
- Überwinden von Kanten
- Überwinden von Überhängen durch Ausgleich mit dem Pendelbein
- Dynamisches Setzen der Füße

Robert Jasper in »Easterrising« M 8+ (USA)

Klemmtechniken und Hooken mit dem Eisgerät im Fels: »Dry Tooling«

Technik:

- Verklemmen der Haue in einem Riss.
- Sind die Risse horizontal oder schräg, werden die Geräte einfach nach unten belastet oder der Schaft zum Verkeilen vom Fels weggezogen.
- In einem vertikalen Riss wird die Haue so weit wie möglich versenkt und vorzugsweise seitlich belastet, indem man seitlich vom Riss steht und den Schaft des Gerätes zu sich zieht.
- Ist der Riss zu breit für die Haue, verklemmt man den gesamten Pickelkopf oder ein dafür eigens am Gerät vorgesehenes Teil.
- An Leisten, in Löchern und Unebenheiten im Fels wird die Haue als Anker benutzt.

Praxistipps:

- Um die Geräte in der gesetzten Position richtig zu belasten, ist eine gute Bewegungsvorausplanung erforderlich.
- An diese Techniken sollte man sich langsam herantasten, um Erfahrung zu bekommen und Vertrauen aufzubauen.

Spezielle Steigeisentechniken

Die Steigeisen werden oft sehr unterschiedlich zur herkömmlichen Technik eingesetzt.

- Die oft schwierigen Felspassagen verlangen, dass man genauso wie mit Schuhen klettert. Man stellt sich eher auf den Innen- oder Außenkranz als auf die Frontalzacken, da in diesen Passagen mit Eindrehen der Hüfte geklettert werden muss.
- In feinen Rissen und kleinen Löchern können Steigeisen mit Monozacken von Vorteil sein.

Hooken und Klemmtechniken mit dem Eisgerät im Fels

- Bei sehr dünner Eisauflage dürfen die Zacken nur mit leichtem Druck gesetzt werden.

Gekreuztes Abstützen

Anwendungsbereich:
- Wenn man sich in gewissen einseitigen Stellungen befindet, kann ein gekreuztes Abstützen die Körperposition stabilisieren.

Technik:
- Stehen Haltearm und Stützfuß in einer Linie, agiert das freie Bein als Pendel und wird vor oder hinter dem Stützfuß gekreuzt, um den Pendelimpuls (»offene Tür«) auszugleichen.
- Sind der Oberkörper und die Hüfte zum Haltearm hin eingedreht, wird man eher vor dem Stützbein kreuzen.

Antreten mit den Innenzacken der Steigeisen

Möglichkeiten des gekreuzten Abstützens

Kauerstellung

**Robert Jasper in
»Flying Circus«
M10, E4**

- Ist der Oberkörper ausgedreht und das Stützbein weit außerhalb der Körperachse (weitgehend horizontale Position), wird man eher dahinter kreuzen.

Praxistipps:
- Je weiter der Stützfuß von der Körperachse entfernt ist, desto größer ist die Ausgleichsbewegung.
- Die Bewegungen in diesen Positionen sollten sehr präzise ausgeführt werden, da man sich leicht mit den Steigeisen in der Hose oder gar in den Beinen verhängt.

Kauerstellung (»Ägypter«)

Anwendungsbereich:
- Wenn in der Dreiecksposition mit Eindrehen die zentralen Stützen fehlen (aufgrund der Eis- oder Felsstruktur).

Technik:
- Der gesamte Körper ist stark eingedreht.

- Um den Schwerpunkt in eine möglichst stabile Position zu rücken, muss das dem Haltearm gegenüberliegende Knie nach unten und innen gebeugt werden. Mit dem anderen Bein wird ein Gegendruck erzeugt.
- In kleinen Schritten wird nachgestiegen. Dabei muss das Knie, je weiter man sich den Geräten nähert, nach unten gerückt werden, bis es sich im Extremfall niedriger als der Fuß befindet.

Praxistipps:
- Das Setzen der Füße sollte mit guter Vorausplanung erfolgen.
- Der Vorteil dieser Technik ist, dass die Hüfte sehr nahe an der Wand liegt und man eine sehr stabile Position erreicht.

Überwinden von Kanten

Anwendungsbereich:
- Zur Überwindung von großen Eispilzen oder Bändern. Für diese Technik sind Steigeisen mit Fersendorn Voraussetzung.

Technik:
- Die zu überwindende Kante wird so hoch wie möglich angeklettert. Der Körper befindet sich in Blockierstellung, wobei das Haltegerät in angemessenem Abstand zur Kante gesetzt ist (Sprengwirkung).
- Das zweite Gerät wird nun so gesetzt, dass es über der Kante, im horizontalen Bereich, verankert ist. Bei Belastung darf der Schaft keiner Hebelwirkung ausgesetzt sein.
- Man steigt nun, unter Wegnahme der Hüfte vom Eis, so weit hoch, bis man einen Fuß dynamisch über die Kante setzen kann. Diese Bewegung muss präzise und entschlossen ausgeführt werden, damit man das Eisen gut positionieren kann und mit der Ferse nicht abrutscht.
- Das zweite Gerät wird über der Kante gesetzt und der Fuß wieder zurückgesetzt.
- Nun kann die Kante mit den Füßen überklettert werden.

Praxistipp:
- Wichtig ist eine exakte Bewegungsvorplanung, um die Aktion selbst möglichst zügig und kraftsparend durchzuführen.

Überwinden von Überhängen durch Ausgleich mit freihängendem Pendelbein

Technik:
- Zum Überwinden von Überhängen muss der Körper gegen den Haltearm eindrehen, um beim Höhersetzen des zweiten Gerätes den Bizeps zu entlasten.
- Um eine bessere Position zu erreichen, ist es wichtig, die gegenüberliegenden Gliedmaßen einzusetzen (z. B. linke Hand, rechtes Bein).
- Um das Gleichgewicht zu halten, pendelt das freie Bein in der Luft und wirkt so gegen den Drehimpuls.

Praxistipp:
- Im Vorstieg ist auf eine korrekte Seilführung zu achten.

Ausgleich mit freihängendem Pendelbein (Robert Jasper in »Flying Circus« M10, E4)

Dynamisches Setzen der Füße

Anwendungsbereich:
● Beim Überwinden von Überhängen.

Technik:
● Freies Hängen mit anschließendem dynamischen Setzen der Füße kann beim Überwinden von Überhängen oder frei hängenden Stalaktiten notwendig werden.
● Sind die Geräte oberhalb des Überhangs gut gesetzt, lässt man die Beine herauspendeln und nützt den Schwung, um einen Fuß im Eis zu setzen.

Freies Hängen und dynamisches Setzen der Füße (Robert Jasper in »Flying Circus«)

Praxistipps:
● Diese Bewegungen sind mit guten Handschlaufen entscheidend leichter.
● Die Bewegungen müssen entschlossen und kontrolliert ausgeführt werden, um die anvisierte Stelle mit dem Fuß zu treffen.

Um alle Parameter des Mixedkletterns abzudecken, ist es auch wichtig, das Anbringen von Zwischensicherungen wie Keile, Friends, Haken und Schrauben zu beherrschen. Beim Vorstieg in »harten« Routen, in denen die psychische Belastung sehr hoch ist, muss man alle Techniken perfekt beherrschen und lange trainieren, um Bewegungen vorwegnehmen zu können. Nur durch exzellentes Können und Erfahrung sind Situationen zu vermeiden, aus denen man weder vor noch zurück kommt.

Anhang zur Technik

Fixierung des Pickels oder der Eisgeräte am Körper

Die Beurteilung der Situation muss entscheiden, ob und wie man die Geräte am Körper fixiert. Dabei sollten die Vor- und Nachteile gegenübergestellt und mögliche Folgen berücksichtigt werden.

Es gibt zwei Gründe, die Eisgeräte am Körper zu fixieren:
● Zum Absichern gegen Verlust (im alpinen Gelände, wenn ein Geräteverlust fatale Folgen haben kann).
● Zur Körperfixierung (in Rast- oder Arbeitspositionen).

Wie können Eisgeräte fixiert werden:
● Bei der Anwendung des Spazierstockpickels genügt in der Regel die Verwendung der Handschlaufe. Eine an Pickelkopf und Anseilgurt angebrachte Reepschnur kann das Gerät zusätzlich sichern. Diese Absicherung (ausschließlich gegen Geräteverlust) kann auch erfolgen, wenn ein Wechsel zwischen Spazierstock- und Kopfstützpickel oder häufige Richtungsänderungen möglich sein sollen.

KLETTERTECHNIK IM FELS UND IN KOMBINIERTEM GELÄNDE

Fixierung der Eisgeräte am Körper

Sicher und kraftsparend klettern

Bei den meisten Hochtouren sind auch Kletterpassagen zu überwinden. Bei großen alpinen kombinierten Routen sind die Kletterschwierigkeiten zwar nicht so groß wie beim Sportklettern, aber das alpine Ambiente erfordert eine gute Technik zwecks Sicherheit und Kraftersparnis. Prinzipiell ist beim Klettern auch im Hochgebirge jedes nützliche Manöver erlaubt. Besonders wichtig sind die Sicherheit und Reversibilität jeder Bewegung sowie ein sparsamer Umgang mit den Kräften. Dazu einige Prinzipien:

Praxistipps:
- Die Beine übernehmen den größtmöglichen Teil der Hubarbeit (Kniebeugen sind leichter als Liegestützen).
- Man nütze möglichst viele Stützgriffe und -bewegungen (Liegestützen sind leichter als Klimmzüge).
- Möglichst am langen Arm klettern, erst vor dem Weitergreifen anziehen (am langen Arm hängen ist leichter als im Klimmzug).
- Überstreckt erreichte Griffe und extrem hohe Trittabstände fordern meist überproportional viel Kraft; lieber Zwischenhalte nutzen.
- Jeder Griff und Tritt wird vor Belastung auf Solidität geprüft: durch Augenschein, dann durch Klopfen oder Rütteln. Dumpfe oder scheppernde Geräusche sind Warnsignale.
- Bei Eis- oder Schneeauflage und in kombiniertem Gelände muss besonders gründlich geprüft werden. Eis oder Schnee können wegbrechen oder abrutschen, angefrorene Felsbrocken ausschmelzen oder ausbrechen, dünne Schneeschichten unter den Füßen oder Fingern zu rutschigem Eis werden.

- In steilerem Gelände, bei Techniken mit Schaftzugpickel, ist die Schlinge im Loch der Pickelspitze (günstigste Position bei Belastung) und am Hüftsitzgurt zu fixieren. Diese Fixierung kann zwei Funktionen gleichzeitig erfüllen. Einerseits die Absicherung gegen Verlust, andererseits ist man nach dem Setzen der Geräte sofort in einer fixierten Position. Bei dieser Fixierung ist jedoch zu prüfen, ob die Befestigung der Pickelspitze für diese Belastung beschaffen ist. Wenn dies nicht gegeben ist, wird die Schlinge in der Handschlaufe oder im Loch am Pickelkopf angebracht.

Praxistipps:
- Die Länge der Fixierungsschlinge muss so gewählt werden, dass der erforderliche Bewegungsspielraum beim Pickeleinsatz nicht eingeschränkt wird.
- Bei der Fixierung des Schaftzugpickels ist es funktionell, wenn die Schlinge leicht lösbar angebracht wird (kleiner Karabiner).
- Eine Klemmvorrichtung (Prinzip Zeltschnurspanner) erlaubt die Fixierung des Körpers im benötigten Idealabstand zum Gerät.
- Beim Training und in kurzen Eispassagen, also wenn ein Geräteverlust kein zusätzliches Risiko darstellt, werden die Geräte aus Sicherheitsgründen (Verletzungsgefahr beim Stürzen) nicht am Körper fixiert.

- Die Dreipunktregel (nur eine Hand oder ein Fuß bewegt sich, der Rest hat soliden Halt) ist eine brauchbare Faustregel für solide Fortbewegung.
- Statisch und reversibel klettern. Dynamische Züge sollten in hochalpinem Fels mit oft zweifelhafter Festigkeit und mäßiger Sicherung wegen des Sturzrisikos möglichst vermieden werden.
- Mögliche Rastpositionen konsequent nutzen.
- Die Augen klettern voraus. Aus einer soliden, ausbalancierten Grundstellung werden die nächsten Griffe und Tritte erspäht und ein Bewegungsplan entworfen. Erst dann wird die Bewegung zielgerichtet ausgeführt.

Tritttechnik

Mit den Füßen steht und fällt der Klettererfolg. Die erkannten Tritte müssen möglichst formschlüssig ausgenutzt werden. Nur in leichtem Gelände findet der ganze Fuß Platz auf den Tritten. Auf kleineren Tritten ist die effizienteste Tritttechnik das Antreten mit der Innenkante, also ungefähr mit dem Zehenballen. Bei Querungen, beim Spreizen und bei eingedrehtem Klettern kann man auch mit der Außenkante antreten. Das frontale Antreten mit der Fußspitze verlangt wegen des großen Hebels relativ viel Kraft, kann aber mit starren Bergstiefeln vor allem auf kleinen Leisten die beste Technik sein. Reibungstritte werden normalerweise frontal angetreten, wobei möglichst viel Sohlenfläche an den Fels gebracht werden soll und die Hüfte von der Wand weg über die Füße gebracht wird. Bei allen Tritttechniken ist die Fußsohle normalerweise waagerecht, die Ferse eventuell leicht hängend.

In schmalen Rissen wird der Fuß aufgekantet verklemmt, bei breiteren Rissen sucht man Klemmstellen für den quer- oder längsgestellten Fuß.

Der Fuß soll schon beim Antreten in Fortbewegungsrichtung gesetzt werden. Dann bleibt

Antreten mit Innenkante

Antreten mit Außenkante (links)

Frontal antreten (rechts)

Reibungstritt mit Bergschuh (links)

Schuh in Riss verklemmen (rechts)

man ruhig auf dem Tritt stehen und kontrolliert den sicheren Stand des Fußes solange, bis er weitergesetzt wird.

Eine solide Grundstellung mit optimaler Belastung der Tritte ergibt sich im Standardfall bei etwa hüftbreitem Trittabstand und aufrechter Körperhaltung, eventuell mit leichtem Hohlkreuz. So liegt der Körperschwerpunkt direkt über der Standfläche.

Praxistipp:

- Mit Steigeisen lassen sich im Prinzip alle Tritttechniken ausführen. Man muss allerdings mit den Zacken sehr exakt auf die Trittflächen zielen. Deshalb ist meist das frontale Antreten am effektivsten. Für einen soliden Stand sollten mehrere Zacken auf dem Tritt stehen. Waagerechte Leisten bieten dafür die besten Chancen. Waagerechte Frontalzacken können manchmal in schmalsten Querrissen Halt finden. Steigeisen mit waagerechten Frontalzacken sind meistens günstiger als solche mit vertikal stehenden, mit Monozacken oder einem zweiten Frontalzackenpaar.

Grifftechnik

Greifprinzipien

»Weich greifen« – nur mit so viel Kraft wie nötig – und viel Stützen sind wichtige Maximen für ökonomisches Klettern, vor allem in großen Hochgebirgsrouten. Die meisten Griffe kann man mit verschiedenen Fingerstellungen greifen: hängend (Finger fast lang), flach (Mittelgelenk ungefähr rechtwinklig gebeugt), aufgestellt (Endgelenk stumpfwinklig negativ, Mittelgelenk spitzwinklig gebeugt), spitz aufgestellt (auf den Fingerspitzen, End- und Mittelgelenk recht- bis spitzwinklig gebeugt). In dieser Reihenfolge nehmen die Belastung und Verletzungsgefährdung für die Gelenke zu, allerdings auch die mögliche Haltekraft an kleinen Griffen. Ziel einer ökonomischen und gesunden Grifftechnik sollte hängendes bis flaches Greifen sein. Auch Griffe sind formschlüssig mit den stärksten Fingern zu greifen. Der stärkste Finger ist der Mittelfinger, danach folgen Ring- und Zeigefinger.

Hängend greifen

Flach greifen

Aufgestellt greifen

Spitz aufgestellt greifen

Belastungsrichtungen

Meistens werden Zuggriffe verwendet, je nach Belastungsrichtung als Ober-, Unter-, Seit- oder Zangengriffe. Obergriffe werden mehr oder weniger senkrecht nach unten auf Zug belastet. Bester Arbeitsbereich: knapp gestreckte Arme bis Schulterhöhe. Untergriffe werden auf Zug nach oben belastet, die Handfläche zeigt vom Fels weg. Gelegentlich hilft Daumendruck, Kraft auf den Griff zu bringen, was vor allem bei hoch liegenden Untergriffen nützlich sein kann. Bester Arbeitsbereich: nach unten gestreckte Arme bis Hüfthöhe. Seitgriffe werden seitlich auf Zug belastet, wobei der Daumen nach oben oder unten zeigt. Auch hier hilft Daumendruck, Kraft aufzubauen. Bester Arbeitsbereich bei seitlichen Körperpositionen (eingedreht oder Piazstellung). Bei Zangengriffen wird der Griff zwischen Fingern und Daumen oder Daumenballen eingeklemmt, eine kraftraubende Greiftechnik, die oft mit seitlichen Belastungsrichtungen verbunden wird.

Stützgriffe werden von oben oder seitlich auf Druck belastet, am besten mit dem Hand-
oder Daumenballen (Daumen zeigt nach außen), eventuell auch mit dem Daumen. Stützgriffe und -techniken helfen Kraft sparen und erleichtern als Zwischengriffe oft die Körperverschiebung. In Extremfällen kann man von Zuggriffen auf Leisten oder Bändern fließend durchdrücken bis in den Stützgriff (Mantle = Ruckstemme).

Griffformen

Leisten werden mit den ersten beiden Fingergliedern formschlüssig gegriffen. Bei abschüssigen Leisten bietet manchmal die vorderste Kante den besten Halt. Auf schräge Leisten (»Sloper«) muss man für gute Reibung viel Hautfläche bringen und sie hängend greifen. In Löcher fädelt man die stärkstmöglichen Fin-

Links:
Leiste

Mitte:
Sloper

Rechts:
Zweifingerloch

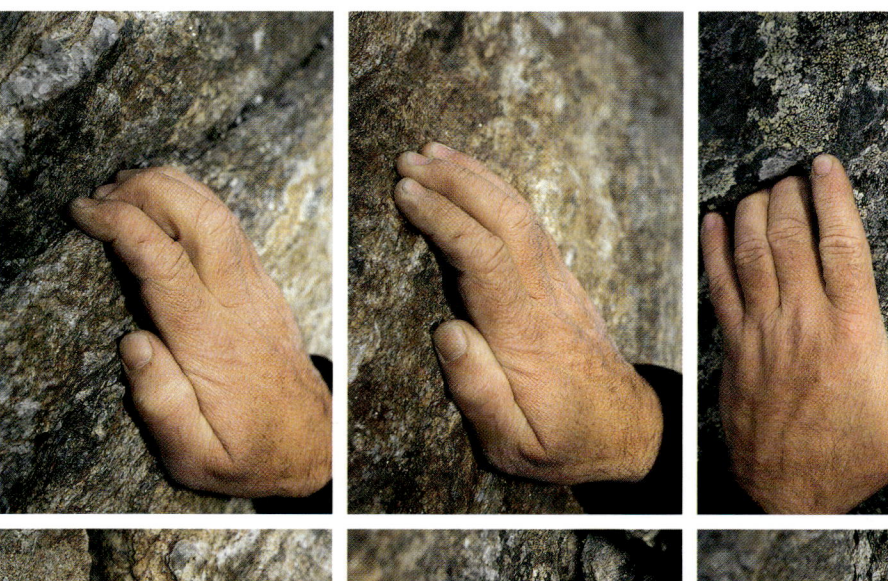

Links:
Fingerriss

Mitte:
Handriss

Rechts:
Faustriss

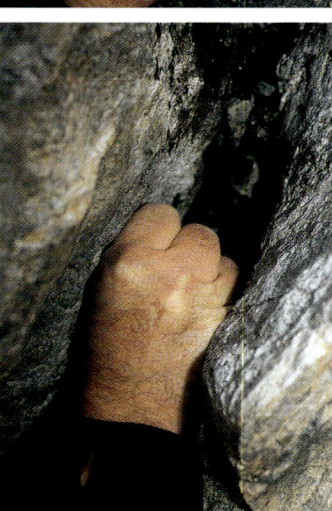

ger (s. o.) ein. Die Lochkante ist oft ausgeprägter und ein besserer Halt als der Lochgrund, wo sich überdies Dreck und Feuchtigkeit sammeln. Kanten und Sinterfahnen werden meist seitlich oder als Zangengriffe genutzt. Für Risse gibt es ein Arsenal von Klemmtechniken; sie beruhen auf der Verdickung eines Gelenkes, das abgewinkelt wird. Je nach Rissbreite werden ein oder mehrere Finger, die flache Hand, die Faust, der Ellbogen oder die Schulter in eine Rissverengung gesteckt und aufgekantet oder abgewinkelt. Dazu ist Schmerzresistenz, gutes Techniktraining und das Abtapen freier Hautstellen empfehlenswert.

Praxistipp:
- Bei Ermüdung der Fingermuskulatur kann man vor dem Weitergreifen die freie Hand zur Regeneration kurz nach unten ausschütteln (»Schüttelgreifen«).

Bewegungstechnik

Im Rahmen dieses Buches können nicht alle Sondertechniken des Sportkletterns erwähnt werden, die durchaus auch im hochalpinen Bereich sinnvoll sein können. Mehr dazu findet sich im Alpin-Lehrplan 2, Felsklettern – Sportklettern. Hier werden nur die wesentlichen Grundtechniken des Kletterns beschrieben, die in der Praxis natürlich in situationsoptimierten, fließenden Mischformen verwendet werden. Grundprinzip jeder Kletterbewegung ist die sinnvolle Verlagerung des Körperschwerpunktes auf die jeweils tragenden Griffe und Tritte, so dass ein Arm oder Bein entlastet wird und in Ruhe einen neuen Haltepunkt solide fassen kann.

Steigtechnik

Die Grundform des Wandkletterns wird auch Leitertechnik genannt. In der Grundstellung schaut das Gesicht zur Wand, Arme und Beine haben in etwa X-Stellung, der Körper ist aufrecht mit leichter Hohlkreuzhaltung, die Hüfte (~ Körperschwerpunkt) nahe der Wand; nur eine Hand oder ein Fuß bewegt sich zum nächsten Griff oder Tritt (Dreipunkt-Technik).

Ökonomische Steigtechnik mit Stützgriff

Griff- und Trittabstände werden so gewählt, dass extreme Gelenkstellungen (Überstreckung, Abwinklung, Spreizstellung) vermieden werden.
- Aus der Grundstellung wird bei langen Armen der Körperschwerpunkt über einen Fuß verschoben, der andere unbelastet auf einen höher liegenden Tritt gestellt.
- Bei weiterhin langen Armen wird der Körperschwerpunkt nun über den neuen Tritt geschoben und auch der zweite Fuß höher gestellt. Ein leichter Rundrücken vergrößert den Bewegungsspielraum.
- Beide Füße werden belastet, die Beine gestreckt, wobei die sich beugenden Arme das Gleichgewicht halten.
- Durch Hohlkreuzstellung wird der Körperschwerpunkt über den Füßen ausbalanciert, die Arme greifen nach weiter oben.

Praxistipps:
- Besonders kraftökonomisch und felsschonend im Bruchgelände ist die Verwendung von Stützgriffen: nur eine Hand zieht, die andere stützt (Bewegungsablauf siehe Spreizen).

Gegendrucktechnik

Die pure Gegendrucktechnik (auch »Piaz-«, im romanischen Sprachraum »Dülfertechnik«) ist eine recht kraftraubende Methode, die in Reinform in Rissverschneidungen, an Piazschuppen und Hangelleisten vorkommt. Ihr Grundprinzip ist notwendig zur Nutzung von Seitgriffen und für die Eindrehtechnik. Die Beschreibung für den Standardfall Rissverschneidung:

- Beide Hände greifen die Risskante als Seitgriff; die obere Hand mit Daumen nach unten, die untere mit Daumen nach oben.
- Mit langen Armen wird der Oberkörper nach hinten gelehnt, die Füße werden flach auf die gegenüberliegende Wand gestellt.
- Durch den Gegendruck des heraushängenden Oberkörpers halten die Fußsohlen auf Reibung an der Wand; sie werden so weit nach oben gesetzt wie möglich.
- Nun greift man mit den Händen nach oben; in leichtem Gelände übergreifend; in schwerem Gelände rutscht zuerst die obere Hand höher, dann die untere nach.

Praxistipps:
- Je näher die Füße bei den Händen stehen, desto besser ist ihr Halt auf Reibung und Gegendruck, allerdings ist mehr Kraft nötig.
- Die Gegendrucktechnik kann immer angewandt werden, wenn Seitgriffe oder -tritte genutzt werden sollen.

- Als »Frosch« bezeichnet man das extrem hohe Antreten mit beiden Beinen (und je nach Beweglichkeit Absitzen auf den Fersen), das beim Aufrichten auf Bändern und an Dachkanten oder an stumpfen Kanten nützlich sein kann. Die Froschposition und der »halbe Frosch« (Absitzen auf der Ferse nur eines extrem hoch gestellten Beines) sind günstige Rastpositionen.

Eindrehen

In eingedrehter Position ist der Körperschwerpunkt relativ nahe an der Wand (nützlich mit Rucksack und in Überhängen), man spart Kraft und hat mehr Reichweite. Jedoch kann die Position instabiler sein und die Belastung für den Fels ist größer.

- Ausgangsbedingung ist ein guter Seitgriff für eine Hand.
- Mit dem entgegengesetzten Bein tritt man möglichst senkrecht unter dem Seitgriff mit Außenkante an.
- Das zweite Bein wird zur Stabilisierung an die Wand gestellt.
- Nun steht man auf dem ersten Bein auf, wobei man mit langem Arm am Seitgriff

Gegendruck aufbaut. Die zweite Hand hilft stabilisieren.

- In der Endphase der Aufstehbewegung wird der Arm am Seitgriff angewinkelt, der andere Arm schwingt – eventuell wie ein Scheibenwischer – nach oben und fasst einen neuen Griff.

Spreizen

Spreizen ist die Grundtechnik für breite Kamine und Verschneidungen. Beim Wandklettern können durch Spreizen senkrecht stehende Flächen als Tritte genutzt werden. Eine gute Hüftbeweglichkeit erleichtert die Technik.

- Die Füße stehen auf einander gegenüberliegenden Flächen; im Idealfall auf ausgeprägten Tritten, im Extremfall auch nur auf Reibung. Die Fußspitzen zeigen nach außen, eventuell auch nach innen.
- Eine Hand sucht einen Stütz- (eventuell Reibungs-)griff etwa in Hüft- bis Brusthöhe.
- Zwischen dieser Hand und dem gegenüberliegenden Fuß wird Gegendruck aufgebaut; die zweite Hand stabilisiert die Balance, der zweite Fuß wird höher gesetzt.
- Nun sucht die Hand, die dem höher gesetzten Fuß gegenüberliegt, einen Stützgriff; dann wird wieder Gegendruck aufgebaut und der freie Fuß höher gesetzt.

Praxistipp:

- Als »Ägypter« (oder Kauerstellung) bezeichnet man eine Spreizstellung in eingedrehter Position, quasi eine Art Ausfallschritt. Durch Absitzen auf der Ferse des hinteren Beines ergibt sich eine gute Rastposition.

Stemmen

Kamine, die zum Spreizen zu schmal und zum Rissklettern zu weit sind, werden gestemmt – eine Technik, die in klassischen Routen und vor allem im Granit oft gefragt ist und besonders mit Rucksack gerne zur »Rampferei« ausartet. Der Rücken sollte zur geneigteren Seite des Kamins zeigen, das Gesicht zur stärker strukturierten, so dass die Hände gelegentliche Griffe nutzen und Sicherungen legen können. Je nach Kaminbreite sind die Techniken unterschiedlich.

- »Parallelstemme«: Wird der Kamin zum Spreizen zu schmal, stehen beide Füße an einer Wand, der Rücken an der anderen. Durch Gegendruck der Hände oder Unterarme an der Seite des Rückens kann dieser von der Wand gelöst und höher geschoben werden. Dann treten die Füße nacheinander höher.
- »Wechselstemme«: In noch engeren Passagen tritt jeweils ein Fuß an eine Wand, um Gegendruck aufzubauen. Auch die Arme

Spreizen, Grundposition (links)

Spreizen, Hochsetzen eines Fußes mit stützender Hand (rechts)

»Ägypter« als Rastposition

stützen auf gegenüberliegenden Kaminseiten. So kann der Rücken ein Stück höher geschoben werden. Um die Beine höher zu setzen, wird Gegendruck zwischen Rücken, Armen und dem nicht bewegten Fuß aufgebaut.

- »Kniestemme«: In noch engeren Risskaminen (»Offwidth«, im Granit leider häufig) muss der Gegendruck zwischen Füßen, Knie, Gesäß, Brust, Schulter, Ellbogen, Kopf und Händen aufgebaut werden. Diese Technik entzieht sich einer exakten Bewegungsbeschreibung.

Rissklettern

Risse sind von der Bewegungstechnik her das komplexeste Klettergelände, manchmal aber auch monoton. Bei purer Risskletterei nutzen Hände und Füße Rissverengungen für Klemmtechniken, meist sind eher kleinere Griff- und Trittabstände günstig. Die Hände werden wie beim Piazen entweder übergreifend oder nachrutschend versetzt. Vor allem bei breiteren Rissen mischen sich oft Gegendrucktechniken in die Rissletterei, mit der Risskante als Seitgriff und -tritt. Wichtig ist das Nutzen guter Klemmstellen als Rastposition.

Taloffen
abklettern

Abklettern

Flottes, sicheres Abklettern ist auf großen kombinierten Touren ein wichtiger Zeitfaktor. Es gibt drei unterschiedliche Grundformen.

Taloffen abklettern

Die schnellste und kraftsparendste Methode, für relativ leichtes und übersichtliches Gelände; vor allem in Rinnen günstig.

- Die Füße stehen gut hüftbreit, der Oberkörper wird stark nach vorne gebeugt, um den Körperschwerpunkt über die Füße zu bringen.
- In Hockstellung nehmen die Hände tiefliegende Stützgriffe, zwischen Knie- und Bauchhöhe.
- Dann werden die Füße tiefer gesetzt. Dabei nicht nach hinten lehnen.

Seitwärts abklettern

Diese Technik bietet mehr Halt bei noch guter Übersicht. Sie eignet sich vor allem für kurze Steilstufen oder Blöcke und etwas schwierigeres Gelände, wobei gerne in Serpentinen abgestiegen wird.

- In seitlicher Grundstellung hält die bergseitige Hand einen Zuggriff etwa in Kopfhöhe, die andere auch einen Zug- oder einen Stützgriff.
- Das bergseitige Bein wird gebeugt und mit dem Talfuß ein neuer Tritt gefasst.
- Dann tritt das Bergbein nach und die Hände greifen tiefer.
- In leichterem Gelände kann das Bergbein auch überkreuzend tiefer gesetzt werden.
- Körper nicht an die Wand lehnen!

Frontal abklettern

In schwierigeren Passagen, brüchigem Fels oder unberechenbar verschneitem Gelände ist das frontale Abklettern – mit dem Gesicht zur Wand – die sicherste Technik. Im Prinzip ist es die Umkehrung des Aufstiegs, so dass alle Aufstiegs-Klettertechniken angewandt werden können. Am solidesten ist freilich die Wandklettertechnik, wobei vor dem Tiefertreten in die Hocke gegangen wird.

Da beim Blick nach unten die Füße im Weg sind, muss man aus soliden Positionen versuchen, durch Herauslehnen des Oberkörpers einen Überblick über die unten liegenden Tritte und die beste Wegführung zu bekommen. Die Griffe sollten nicht zu hoch liegen – maximal Kopfhöhe, sonst gerät man beim Tiefertreten in ungünstige Überstreck-Stellungen. Günstig ist oft die Kombination eines Zug- und eines Stützgriffes.

Tipps zum Klettern in kombiniertem Gelände

- Vereister und verschneiter Fels ist oft schwer berechenbar. Deshalb sollten die Bewegungen so statisch, solide und reversibel wie möglich sein. Griffe und Tritte müssen vor Belastung besonders gründlich geprüft werden.
- Die Dicke und Solidität der Schnee- oder Eisauflage auf dem Fels und die Verteilung von aperem Fels gegenüber Schnee und Eis in der Seillänge bestimmt, ob mit oder ohne Steigeisen und Handgeräten geklettert wird und ob vorzugsweise Fels oder Eis als Halt genutzt wird.
- Pulvriger oder weicher Schnee, Anraum und dünne Eisglasuren werden meist entfernt, um Halte im Fels zu finden. Auf hartgefrorenem Firn oder dicken Eisglasuren kann man oft besser mit Eisgeräten klettern.
- Auf schmalen Leisten kann das Hooken mit Eisgeräten weniger Kraft kosten als das Festhalten mit bloßen Händen, aber die kipplige Stabilität der Geräte erfordert ein extrem konzentriertes Belasten.
- Klemm- und Torque- (Verdreh-/Hebel-) Techniken mit den Eisgeräten in tiefen Rissen können ausgesprochen gute Haltepunkte bieten.
- Werden Eisgeräte, Steigeisen oder Handschuhe zum Felsklettern ausgezogen, sollten sie greifbar verstaut werden – Handschuhe in Jackentaschen, Geräte am Gurt. So sind sie schnell wieder nutzbar.
- Bei vereisten Rissen stellt Druckschmelzung eine Gefahr dar: Das Eis an den Risswänden schmilzt und der Haken, Klemmkeil, Friend oder die verklemmte Hand rutschen heraus.

Seitwärts abklettern

Frontal abklettern, die abgehockte Position erleichtert den Überblick

**Montblanc –
das Eldorado für
Hochtouren
aller Kategorien**

TAKTISCHES VERHALTEN

Um einem alpinen Unternehmen im Hochgebirge gewachsen zu sein, braucht es neben den technischen Fertigkeiten und den konditionellen Voraussetzungen eine durchdachte, den tatsächlichen Bedingungen angepasste Taktik. Viele technisch versierte Bergsteiger scheitern an alpinen Routen durch eine falsche Taktik. In eine taktische Vorplanung müssen alle festen und variablen Größen einbezogen werden. In der Durchführung zeichnet Flexibilität und Kreativität ein gutes taktisches Verhalten aus. Umfangreiche alpine Erfahrung, Innovation und die realistische Beurteilung der zu erwartenden Bedingungen sind gute Voraussetzungen, um eine dem jeweiligen Unternehmen angepasste Taktik zu finden.
Gelungene große alpine Unternehmungen sind taktische Meisterleistungen!

Allgemeine Taktik

Die allgemeine Taktik beinhaltet Faktoren, die grundsätzlich bei allen alpinen Touren berücksichtigt werden sollten. Sie sind auf alle Unternehmungen, gleich welcher Schwierigkeit und Dauer, zu übertragen.

Die taktische Vorplanung

Alle alpinen Touren sollten unter dem Gesichtspunkt der Sicherheit und des Erlebniswertes mit einer allen Vorinformationen angepassten Taktik geplant werden. Hierbei sollte versucht werden, alle nur möglichen Informationen über den Charakter der Tour und über frühere Begehungen einzuholen und zu verwerten. Eigene Erfahrung aus ähnlichen oder gleichwertigen Touren ist dabei das wertvollste »Eigenkapital«.

Folgende Kriterien sollten in die taktische Vorplanung einbezogen werden:

Der Gesamtcharakter der Tour/der Route
- Wie lange ist die Tour? Dauert sie nur wenige Stunden, ist es eine lange Tages- oder eine Mehrtagestour.
- Überwiegt das apere oder das vergletscherte Gelände?
- In welcher Höhenlage bewegt man sich?

Der richtige Zeitpunkt
Die Wahl des Zeitpunkts für eine Tour im Hochgebirge kann entscheiden, ob sie sinnvoll ist, ob ein sehr hohes Risiko eingegangen werden muss oder ob sie überhaupt durchgeführt werden kann.
- Nicht immer bieten die Sommermonate ideale Verhältnisse. Wegen der fortschreitenden Ausaperung sind manche Touren nur im Frühjahr oder sogar nur in den Wintermonaten möglich.
- Kritische Geländepassagen (brüchige Felspassagen, Rinnen und Couloirs) sind mit einer soliden Schneeauflage oft sicherer und leichter zu begehen.
- Ist die Dauer des Tageslichts ausreichend oder ist es günstiger, eine Jahreszeit mit längeren Tagen zu wählen?
- Ist die Temperatur, bezogen auf die Sicherheit und die Durchführbarkeit, ein entscheidender Faktor oder ist sie eher zu vernachlässigen?

Die Geländebeurteilung/Schwierigkeit
- Wie steil ist das Gelände?
- Welche Schwierigkeiten werden im Fels erwartet?
- Wo sind schwierigkeitsbezogen die »Schlüsselstellen«?
- Ist die Route übersichtlich oder ist die Orientierung eher schwierig?
- Wo sind orientierungsbezogen die »Schlüsselstellen«?
- Gibt es in bestimmten Passagen mehrere Möglichkeiten?
- Gibt es logische Möglichkeiten für einen Abbruch der Tour oder »Fluchtwege«?
- Wie lange und wie schwierig ist der Abstieg?
- Ist der Zustieg und/oder Abstieg auch bei Nacht zu begehen?

Die Beurteilung der Verhältnisse
- Ist diese Tour/Route stark von der allgemeinen Ausaperung betroffen? Müssen Passagen umgangen werden? Ist sie überhaupt noch möglich?

Die Nordostwand des Piz Roseg in der Bernina ist aufgrund der Ausaperung bedeutend ernsthafter geworden

- Beurteilung auf die Jahreszeit bezogen.
- Wie waren die Wetterverhältnisse in der letzten Zeit?
- Welches Wetter ist zu erwarten?

Die Sicherheit
- Wo befinden sich Passagen mit großen alpinen Gefahren (Gletscherspalten, Eis-, Steinschlag- und Lawinenzonen)?
- Muss man in den schwierigen Passagen viel sichern oder kann seilfrei gegangen werden?
- Mit welchem Aufwand für die Absicherung muss gerechnet werden?

Der Zeitfaktor
- Wie viel Zeit muss bei normalen Verhältnissen angesetzt werden?

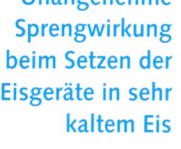

Unangenehme Sprengwirkung beim Setzen der Eisgeräte in sehr kaltem Eis

- Welche Zeitreserve muss eingerechnet werden (je weniger Informationen und schwieriger die Tour, umso mehr Reserve)?
- Erhöhen sich die alpinen Gefahren mit fortschreitender Tageszeit?
- Sollten gewisse gefährliche Passagen zu einer bestimmten Tageszeit bereits überwunden sein?
- Wann muss folglich spätestens aufgebrochen werden?

Die Ausrüstung
- Welche Mindestausrüstung ist für die Sicherheit notwendig?
- Welche Zusatzausrüstung kann die Durchführung erleichtern oder sicherer machen?
- Welche Ausrüstung kann weggelassen werden?
- Unnötige Ausrüstung ist Luxus und hinderlicher Ballast.
- Abwägen: leicht und schnell oder ...?

Die Übernachtung, Pausen, Biwak
- Wo ist es sinnvoll zu übernachten (Ausgangspunkt; bei Mehrtagestouren Tagesziel)?
- Wo sind Pausen angebracht, wo sind günstige Rastplätze?
- Wo kann sicher und taktisch sinnvoll biwakiert werden?

Die persönlichen Voraussetzungen
- Welche Taktik lassen die persönlichen Voraussetzungen zu (persönliches Können, Kondition, Akklimatisationszustand, alpine Erfahrung, psychische Verfassung)?
- Sind Eingeh- oder Akklimatisationstouren erforderlich?
- Anzahl der Teilnehmer und deren persönliche Voraussetzungen?

Mögliche Risikofaktoren
- Einplanung der variablen Faktoren (Wetter, Verhältnisse, körperliche Verfassung).
- Ab wann kann ein Abbruch der Tour und ein Rückzug problematisch werden?

Die meisten dieser Faktoren greifen ineinander und verbinden sich in ihrer positiven oder auch negativen Auswirkung wie die Glieder einer Kette.

Das taktische Verhalten während der Tour

Das taktische Verhalten muss stets den wechselnden Bedingungen und Verhältnissen angepasst werden. Diesen taktischen Spielraum muss die vorgeplante Taktik uneingeschränkt zulassen.

- Ein starres Festhalten an einer geplanten Taktik kann während der Tour zu einer selbstgelegten Falle werden.

Beurteilung der Eisverhältnisse

Die Eisverhältnisse, also die Qualität des Eises zu beurteilen, ist überaus schwierig und mit der Beurteilung der Lawinengefahr zu vergleichen. Es gibt sicherlich über zwanzig verschiedene Eisarten, in welchen wir uns bewegen. Je nach Temperatur, Luftfeuchtigkeit, Alter, eingeschlossener Luftmenge, Exposition, Entstehungsbedingungen und Entwicklungsphase finden wir die unterschiedlichsten Arten und Bedingungen vor. In einem Eiscafé gibt es sicherlich weniger Auswahl. Nur können wir oft unser »Lieblingseis« nicht auswählen.

Bei sehr kalten Temperaturen hofft mancher gute Verhältnisse vorzufinden und ist überrascht, wenn dies nicht so ist. Gerade bei lang anhaltender kalter Witterung trocknet das Eis aus, zieht sich zusammen und wird hart und spröde. Freihängende Zapfen und filigrane Gebilde stehen zunehmend unter Spannung und werden unberechenbar. Das Eis hat knapp unter 0 °C seine größte Plastizität und ist auch in diesem Bereich für unsere Bedürfnisse am zugänglichsten.

Grundsätzlich kann das Eis in zwei Arten eingeteilt werden:

- das Gletschereis (entsteht durch die Umwandlung von Firn in Eis)
- das Wassereis, hartes Eis (entsteht durch das Gefrieren von stehendem oder fließendem Wasser)

Unter bestimmten atmosphärischen Voraussetzungen bildet sich Anraum. Durch das Anfrieren von feinsten Wassertröpfchen (Kondensation) bilden sich diese Ablagerungen an Gegenständen an der dem Wind zugewandten Seite. In feuchten Gebirgsmassiven, die

bekannt sind für derartige Verhältnisse, wird an diesem Anraum geklettert (z. B. Schottland, Patagonien und Cascade Mountains in den USA). Im Alpenraum muss er meistens vor dem Klettern entfernt werden, da er das Körpergewicht nicht trägt.

Die Farbe des Eises kann uns einiges über die Qualität verraten:

- Trübheit und Undurchsichtigkeit lässt auf Weichheit schließen. Weißes Eis ist meist neu entstandenes Eis an gefrorenen Wasserfällen und ist oft geschichtet. Die Härte, Plastizität und Sprödigkeit wird vom Alter, der Temperatur und der eingeschlossenen Luftmenge bestimmt.

In der Nordwand der Aiguille d'Argentière – zum Gehen ideale Verhältnisse

- Klarheit bedeutet meist Sprödigkeit. Klares Eis entsteht oft bei Regen oder im täglichen Schmelz- und Gefrierzyklus, es umfasst meist nur die obere Schicht. Glaseis ist ein dünner Wassereisüberzug auf Felsen und echt übel.
- Aus der Intensität der Farbe kann man auf die Härte schließen. Grünes Eis, übergehend in blaues Eis, ist sehr hart und kommt in kalten Regionen vor. Schwarzes Eis ist sehr altes Eis in Rinnen und Couloirs. Es ist mit viel Schmutz vermischt und unangenehm hart.
- Risse und Sprünge weisen auf Schwachstellen hin. Beim Setzen der Eisgeräte ist hier sehr viel Gefühl geboten.

Kampf im Wettersturz – lag es an der Planung?

Mit unseren Entscheidungen bewegen wir uns somit in einem Spannungsfeld. Einerseits sollten die Temperaturen nicht zu tief liegen, um gut kletterbares Eis zu haben, andererseits sollte es, wegen der Gefahr von Eis- und Steinschlag, kalt sein. Nur ein umfassendes Beurteilungsvermögen und Erfahrung lassen uns Entscheidungen treffen, die beide Faktoren auf einen akzeptablen Nenner bringen und das Risiko kalkulierbar machen.

Folgende Faktoren bestimmen während der Tour das taktische Verhalten:

Die Geländebeurteilung
Die Beurteilung des Geländes erfolgt bei jedem Einblick in einen neuen Geländeabschnitt nach folgenden Gesichtspunkten:
- Orientierung
- weitere Routenführung
- objektive Gefahren
- Begehbarkeit des Geländes (persönliches Können, Ausrüstung)
- Möglichkeiten der Absicherung
- Ausweich- oder Umgehungsmöglichkeiten

Die Beurteilung der Verhältnisse
- Realistische Einschätzung der Verhältnisse (Schnee, Fels, Eis)
- Wie werden sich die Verhältnisse im Tagesverlauf verändern?

Die Wetterbeurteilung
- Erstellen einer Prognose vor dem Aufbruch (nach Vorhersage und eigenen Beobachtungen)
- Laufende Beobachtung und Beurteilung eindeutiger Wetterzeichen (Wind, Wolken usw.)
- Beurteilung der Temperatur und ihrer Entwicklung im Tagesverlauf

Der Zeitfaktor
- Muss aufgrund der tatsächlichen Verhältnisse der Zeitplan geändert werden (z. B. früherer Aufbruch bei warmen Temperaturen)?
- Müssen eventuell zusätzliche Nebenziele ausgelassen werden?
- Verlängert ein Zeitverzug nur die Länge der Tour oder gefährdet er die Sicherheit?
- Ist bei großem Zeitverzug eine Umkehr oder ein Rückzug sinnvoll und angebracht?

Das Tempo

- Der Körper benötigt eine Eingehzeit, bis er seine Leistungsbereitschaft erreicht hat. Wird ihm diese Phase, in der sich die Muskulatur und der Kreislauf auf die Belastung einstellen können, nicht gewährt, reagiert er »sauer«. In den ersten 20 Minuten sollte ein Tempo gewählt werden, das ein Atmen nur durch die Nase zulässt und jeglichen Stress vermeidet.
- Nach dieser Eingehzeit sollte das sogenannte Grundtempo nach den Verhältnissen, den Witterungseinflüssen, den konditionellen und technischen Fähigkeiten gewählt werden.
- Grundsätzlich müssen Energiereserven einbehalten werden, um das Tempo aus Sicherheitsgründen kurzfristig erhöhen zu können.
- Die Bekleidung sollte dem Gehtempo und der »Arbeitstemperatur« angepasst werden (Wärmeregulierung).

Die Pausen

- Sie müssen vom Zeitpunkt und von der Dauer her sinnvoll eingebracht werden. Der körperliche Belastungsgrad, die gegebenen Bedingungen und die herrschenden Witterungsverhältnisse sollten in die Entscheidung, wann und wo gerastet wird, einfließen.
- Als Anhaltswert ist sinnvoll:
  - kurze Gurtrast nach 15 bis 20 Minuten (Bekleidung anpassen)
  - kurze Trinkpause nach jeder Stunde
  - alle $2^{1}/_{2}$ bis 3 Stunden eine längere Rast von mindestens 30 Minuten
  - Die Gipfelrast sollte, wenn es die Verhältnisse zulassen, zu jeder Bergtour gehören.
- Verhalten während der Rast:
  - Zeitdauer vorher festlegen
  - vor Auskühlung schützen
  - Getränke und Verpflegung aufnehmen, sich regenerieren
  - Ausrüstung richten
  - sich im Gelände orientieren
- Rastplatz sauber verlassen

Die Rastplätze

Folgende Ansprüche sollte ein Rastplatz erfüllen:

- Er muss Sicherheit vor alpinen Gefahren bieten.
- Er muss vor Witterungsunbilden, vor allem vor Wind Schutz bieten.
- Der Platz sollte von der Landschaft und vom Panorama her motivierend wirken.
- Eine »flache« Anlaufzone nach dem Rastplatz ermöglicht ein lockeres Eingehen.

Die Ausrüstung

- Laufende Beurteilung, ob die mitgeführte Ausrüstung den Anforderungen Genüge leistet (Funktion und Umfang)
- Angemessener Einsatz der Sicherungsmittel

Die Gesamtbeurteilung

- Laufende Einschätzung der Gesamtsituation und ihrer Entwicklung
- Handlungsorientierte Beurteilung aller wichtigen Faktoren, die den Verlauf der Tour beeinflussen können

Praxistipp:
- Während der Tour zeichnet Flexibilität und Kreativität eine gute Taktik aus.

Spezielle Taktik

Die einzelnen Spielformen verlangen eine speziell dafür zugeschnittene Taktik. Von den leichten Gletschertouren beginnend bis hin zu den anspruchsvollen Kombitouren wird das taktische Verhalten zunehmend wichtiger und erfolgsentscheidend.

Diese Vorüberlegungen und Verhaltensweisen sind einerseits typisch für die jeweilige Aktivität, andererseits sollten sie aber übergreifend und situativ angewendet werden.

Bei Gletschertouren

Geländebeurteilung

Die Beurteilung sollte nach den Erfordernissen der Sicherheit und der Begehbarkeit durchgeführt werden.

- Groborientierung bei jedem Einblick in einen neuen Geländeabschnitt (Wo ist mein nächstes Zwischenziel?)
- Erkennen der »Schwachstellen« des Gletschers

- Gletscherzungen sind oft besonders steil und unzugänglich; meist bietet sich ein einfacherer Zugang von seitlich oberhalb.
- Die seitlichen Randspalten verlaufen oft leicht talwärts, dies ist beim Betreten und Verlassen eines Gletschers zu berücksichtigen.
- Nicht immer ist die kürzeste Linie zielführend. Die »Schwachstellen« des Gletschers sind auszunutzen, auch wenn sie Umwege erfordern.
- Auszunutzen sind sanfte Mulden (Stauzonen) und gleichmäßig geneigte Bereiche.
- Müssen Spaltenzonen begangen werden, ist die Spur möglichst rechtwinklig zum erwarteten Spaltenverlauf und nicht parallel anzulegen (Gefahr von Spaltensturz).
- Verschneite Spalten kann man an linienförmigen Strukturen der Schneedecke erahnen, die etwas eingesunken sind oder durch Schattenwurf dunkler erscheinen.
- Zonen, die dem Eisschlag ausgesetzt sind, sollten auch bei kalten Temperaturen gemieden werden.

Gehen am Seil und Sicherungstaktik

Bei der Entscheidung, ob angeseilt wird oder nicht, muss der Faktor Sicherheit immer Vorrang haben.

- Seilfreies Gehen ist nur dann vertretbar, wenn der Gletscher aper ist, alle Spalten deutlich erkennbar und keine technischen Schwierigkeiten zu erwarten sind.
- Zum Anseilen am Gletscher eignen sich Einfach, Halb- und Zwillingsseile.
- Vor dem Betreten eines Gletschers sind grundsätzlich die Gurte anzulegen und das Seil zum Anseilen vorzubereiten.
- Vorbereitete, ins Seil eingeknüpfte Prusikschlingen sind bei Zweier- und Dreierseilschaften zu empfehlen.
- Aufgrund der Mitreißgefahr sollte die Zweierseilschaft die Ausnahme sein. Allein eine dritte Person kann dieses Risiko bedeutend mindern.
- Der Führer geht in der Regel als Seilschaftserster. Bei extremen Verhältnissen, wenn ein Spaltensturz des Führers zu befürchten ist und dadurch die gesamte Seilschaft gefährdet wird, geht er an zweiter Position.

Im Schmetterlingstal am Manaslu. Nur durch vorausschauende Spurwahl und konsequente Seilführung können Spaltenstürze vermieden werden

- Beurteilung der Spaltenzonen
- Bereichen, die Spalten vermuten lassen (z. B. ausgeprägte Geländeformen, Rücken und Gletscherränder), sollte man großes Augenmerk schenken.
- Erkennen und Beurteilen der Zonen mit objektiven Gefahren (z. B. Eisschlag, Lawinen, Gletschersümpfe)

Routenwahl

Die grobe Route wird nach der Geländebeurteilung festgelegt.

- Die aperen Flanken von Seitenmoränen sind überaus labil und sollten nur auf bereits vorhandenen Steigen begangen werden. Muss dennoch in weglosem Gelände abgestiegen werden, dann am niedrigsten und flachsten Bereich der Moräne.

- Wird angeseilt gegangen, dann konsequent. Das Seil sollte dabei möglichst gespannt bleiben.
- Bei kurzen Stopps sollten die Abstände am Seil beibehalten werden. Für Pausen ist ein spaltenfreier Bereich auszuwählen.
- Kleine Spalten werden übersprungen (dazu genügend Lockerseil vorbereiten); Spaltenbrücken können mit dem Pickel auf ihre Dicke und Festigkeit überprüft werden. In Extremsituationen muss regelrecht gesichert werden. Manche Riesenspalten lassen sich nur durch Abseilen und Hinaufklettern auf der anderen Seite überwinden.

Beim Begehen von Firn- und Eisgraten

Geländebeurteilung und Routenwahl

An Graten ist eine detaillierte Geländebeurteilung die Basis für ein sicherheitsbewusstes Vorgehen.

- Wechtengrate müssen eingehend beurteilt werden. Wo und wie ist der Grat überwechtet? Bei einer beidseitigen Wechtenbildung muss man die Situation sehr kleinräumig einschätzen.
- Sehr viel Erfahrung ist notwendig, wenn man den Verlauf des »gewachsenen« Felsgrates unter der Schneeschicht abschätzen will.
- Wenn es die Gratform und die Verhältnisse erlauben, sollte unmittelbar unter der Gratschneide gegangen werden. Dies hat beim Gehen den Vorteil, dass man sich mit dem Pickel noch bergseitig abstützen und gleichzeitig beide Flanken des Grates beurteilen kann.
- Wechten werden in angemessenem Abstand auf der Luvseite (die dem Wind zugewandte Seite) des Grates umgangen.
- Nach Neuschneefällen muss mit Schneebrettgefahr gerechnet werden. Auch auf der Luvseite, die man nutzt, um die Wechten zu umgehen, bilden sich die »gespannten Fallen« der Schneebretter. Das Risiko vervielfacht sich bei diesen kritischen Verhältnissen und kann nur mit viel Erfahrung kalkuliert werden.

Direkt unter der Gratschneide – bei entsprechenden Verhältnissen die ideale Spur

Gehen am »kurzen Seil«; Reserveschlingen als »Sprungseil« in der Hand aufgenommen

Praxistipp:
- Kommen einige negative Faktoren zusammen (z. B. unzureichend beurteilbare Wechten, Schneebrettgefahr und schlechte Sicht), kann das Risiko nicht mehr kalkuliert werden und ein Abbruch der Tour ist zwingend notwendig.

Sicherungstaktik
- Auf Graten ist ein Einfachseil zu empfehlen. Befindet man sich auf einer Tour, bei der zum Großteil gegen die Gefahr eines Spaltensturzes angeseilt wird und ein Halbseil ausreicht, wird dieses in den zu sichernden Passagen doppelt verwendet.
- Ist am Grat ein sicherer Spurverlauf klar erkennbar, das Niveau des persönlichen Könnens über den zu erwartenden Schwierigkeiten und das Risiko gut kalkulierbar, sollte seilfrei gegangen werden.
- Am »kurzen Seil« sollte nur dann gegangen werden, wenn es die Gratform und die Verhältnisse zulassen, auf oder unmittelbar

unter der Gratschneide zu gehen. Der Gedanke, dass das Seil alleine noch keine Sicherheit bietet, muss immer gegenwärtig sein. Nur wenn ausreichend Reserveschlingen in der Hand getragen werden, wenn konzentriert gegangen und schnell situativ richtig gehandelt wird, ist das Risiko kalkulierbar.
- Wird gleichzeitig am »langen Seil« gegangen oder von Stand zu Stand gesichert, sollten alle Möglichkeiten zur Zwischensicherung genutzt werden. Felsköpfel und Blöcke eignen sich gut, um Schlingen zu legen. Allein schon eine überlegte Seilführung (Seil hinter Felszacken und Blöcke gelegt) erhöht die Sicherheit ohne technischen und zeitlichen Aufwand.
- Die Seillängen nicht unbedingt ganz ausgehen. Es ist klüger und zeitsparender, bei einer günstigen Gelegenheit nach 30 Meter Stand zu machen als nach der vollen Seillänge einen zeit- und materialaufwendigen Standplatz zu »basteln«.

Beim Begehen von Firn- und Eisflanken

Zeitfaktor und Verhältnisse

- Die Auswahl der Jahreszeit spielt beim Begehen von Firn- und Eisflanken eine immer größere Rolle. Durch das fortschreitende Ausapern der »Klassiker« sind die Sommer- oder Herbstmonate nicht immer eine gute Wahl. Im Winter oder im Frühjahr sind sehr oft bessere Verhältnisse vorzufinden. Die Wiesbachhorn-Nordwestwand z. B. ist nur noch mit ausreichender Schneeauflage im Winter begehbar.

- Was die Eis- oder Firnverhältnisse betrifft, gehen sicherlich die »Wunschvorstellungen« auseinander. Für den technisch versierten und konditionsstarken Bergsteiger ist eine harte Oberfläche gerade richtig. Der weniger Ambitionierte und Schwächere wird diese harten Verhältnisse eher scheuen und sucht die weichere Firnauflage. Was sind nun die »idealen Verhältnisse«? Einerseits sollte das Eis oder der Firn so beschaffen sein, dass das Steigen relativ wenig Kraft kostet, andererseits sollte aber das Anbringen von Fixpunkten (zur Standplatzbereitung und Zwischensicherung) nicht zu aufwendig werden. Diese beiden Kriterien, unter Berücksichtigung der objektiven Gefahren, auf einen Nenner zu bringen ist leider nicht immer möglich. Sehr oft müssen diesbezüglich Kompromisse eingegangen werden, jedoch nicht was den Faktor Sicherheit betrifft.

- Schnelligkeit ist Sicherheit. Es sollte alles daran gesetzt werden, dass man schnell ist und keine Zeit vertrödelt wird. Meist verschlechtern sich die Verhältnisse im Tagesverlauf und die objektiven Gefahren erhöhen sich. Eine ausgezeichnete körperliche Verfassung und ein angepasster Akklimatisationszustand sind gute Grundvoraussetzungen.

Geländebeurteilung und Routenwahl

- Eine eingehende Geländebeurteilung unter Einbezug der objektiven Gefahren muss vor der groben Routenplanung erfolgen. Wenn es das Gelände und die objektiven Gefahren zulassen, ist natürlich immer eine möglichst direkte Linie erstrebenswert. Um jedoch das Risiko kalkulierbar zu halten, ist oft ein Abweichen von dieser »Ideallinie« erforderlich.

- Schon der Einstieg in die Flanke sollte gut beurteilt und gewählt werden. Es gilt die »schwächste Stelle« am Bergschrund zu finden. Er erweist sich oftmals als die technisch heikelste Passage der gesamten Flanke.

- Im Frühsommer, wenn Flanken ihre Hauptschneemassen abladen, können sich teilweise tiefe Erosionsrinnen bilden. Sie sollten tunlichst gemieden und wenn nötig nur gequert werden. Diese »Bobbahnen« sind durch Lawinen entstanden und kanalisieren meist alle weiteren Schneerutsche.

Ideale Verhältnisse am Grand Pilier d'Angle

- Mehr oder weniger ausgeprägte Rippen sind dagegen für den Aufstieg zu nutzen. Man findet auf ihnen meist Verhältnisse, die ein kraftsparendes Steigen erlauben.
- Sind Felsinseln oder andere »Hindernisse« zu umgehen, sollten Querungen durch eine diagonale Linienführung vermieden werden.
- Manchmal befinden sich die Hauptschwierigkeiten am Ende der Flanke. Wenn Wechtengalerien den Ausstieg versperren, kann dies den gesamten Einsatz des persönlichen Könnens und der Konzentration erfordern.

Sicherungstaktik

- Zum Begehen von Firn- und Eisflanken genügt normalerweise ein Einfachseil. Je nach Länge, Charakter und Abstieg der Tour können Zwillingsseile entscheidende Vorteile bringen. Bei einem möglichen Rückzug oder beim Abseilen im Abstieg wird durch zwei Seile der Aufwand wesentlich geringer und die Sicherheitsreserven größer. Sinnvoll ist die Zweier- oder Dreierseilschaft.
- Beim Zustieg über vergletschertes Gelände ist »gletschermäßig« anzuseilen. Am Beginn der Flanke ist die Anseilart entsprechend zu verändern.
- Gerade im Frühsommer können in einer Flanke unterschiedliche Verhältnisse herrschen. Während kräftesparend auf einer Firnrippe gegangen werden kann, befindet sich unmittelbar daneben blankes Eis. Diese Bedingungen sind auszunutzen. Steigen im Firn und sichern im Eis.
- Wird bei einer Firnauflage ein Standplatz eingerichtet, sollte versucht werden, das kompakte Eis zu erreichen und Schrauben zu setzen. Ist die Firnschicht über ca. 50 Zentimeter mächtig und kompakt sowie der Aufwand des Grabens zu groß, wird am T-Anker gesichert.
- Hat man geländebedingt die Wahl, im Eis oder im Fels Stand zu machen, ist es meist vorteilhaft, das Eis vorzuziehen. Im Eis ist ein solider Standplatz, der in alle Richtungen belastbar ist, schneller eingerichtet.
- Die erste Zwischensicherung ist spätestens ca. 5 Meter nach dem Stand anzubringen. Sie sollte aus Sicherheitsgründen ca. 2 Meter außerhalb der Falllinie positioniert sein.

- Felsen und aus der Eisschicht ragende Zacken bieten sich, nach einer Beurteilung auf Festigkeit, als Zwischensicherung an.
- Lassen es die Verhältnisse, die objektiven Gefahren, das persönliche Können und die psychische Verfassung der Partner zu, gleichzeitig zu steigen, dann seilfrei. Diese Alternative spart sehr viel Zeit, muss jedoch mit voller Konsequenz durchgeführt werden. Vorausgesetzt alle Partner sind mit dem ungesicherten Steigen oder Klettern einverstanden, so ist dies als selbstloses Verhalten anzusehen und hat mit Egoismus nichts zu tun.

In anspruchsvollen Eis- und kombinierten Routen

Zeitfaktor und Verhältnisse

- Wie bei den reinen Eistouren ist auch bei den »Kombirouten« abzuschätzen, in welcher Jahreszeit die günstigsten Verhältnisse vorzufinden sind. Je nach Charakter der Route bietet sich für manche Touren die warme Jahreszeit, für andere eher der Winter oder das Frühjahr an. Es ist zu beurteilen, wo die Schwierigkeiten der Führe liegen. Überwiegt die Kletterei im Fels oder im Eis? In der Regel müssen auch hier fast immer Kompromisse eingegangen werden. Sind die Bedingungen im Fels super, hat man meist schlechtere Eisverhältnisse oder eben umgekehrt. Die persönlichen Sympathien und Neigungen sowie das persönlichen Können müssen dann entscheiden, in welchem Bereich weniger gute Verhältnisse in Kauf genommen und Kompromisse eingegangen werden können.
- Vor der Tour selbst müssen die objektiven Gefahren unter Berücksichtigung der herrschenden Temperatur beurteilt werden. Grundsätzlich muss man sich die Frage stellen, bei welchen Temperaturen das Risiko noch kalkulierbar und das Unternehmen verantwortbar ist.
- Noch mehr als in Eisflanken ist im Kombigelände Schnelligkeit ein wichtiger Faktor zur Reduzierung des Risikos. Neben der körperlichen Verfassung ist ausschlaggebend, wie man das Gelände »im Griff« hat.

Sehr viel unnötige Zeit wird im wechselnden Gelände vertan, wenn laufend Steigeisen aus- und angezogen werden, vom Risiko des Steigeisenverlustes ganz abgesehen. So ist es sinnvoller, in kurzen Eispassagen eher zwei, drei Stufen zu schlagen als Eisen anzuziehen. Oder eben kurze Felsbereiche mit Steigeisen zu klettern.

Geländebeurteilung und Routenwahl

- Zur Beurteilung der Route sollten in der Planung alle möglichen Informationsquellen ausgeschöpft werden. So ist es wichtig zu wissen, wo die Schlüsselstellen der klettertechnischen Schwierigkeiten und die in der Orientierung sind. Gibt es Varianten oder können gewisse Passagen bei ungünstigen und schlechten Verhältnissen umgangen werden?
- Bis in welche Höhe ist ein Rückzug ratsam und ab wann ist es sinnvoll, nach oben durchzusteigen?
- Gibt es in der Tour Passagen, die bei gewissen Verhältnissen und Temperaturen aufgrund der objektiven Gefahren zu bestimmten Tageszeiten gemieden werden sollten?

- Anders als in den meisten Sportkletterrouten, wo fast jeder Meter vorgegeben ist, lässt das Kombigelände sehr oft mehrere Alternativen zu. Dies hat einerseits den Vorteil, dass in bestimmten Abschnitten variiert werden kann. Andererseits werden jedoch hohe Ansprüche an die Beurteilungsfähigkeit und an das Orientierungsvermögen gestellt.
- Wenn ein oder mehrere Biwaks eingeplant werden, sind die Örtlichkeiten dafür vorher zu bestimmen. Welche Stellen bieten sich aufgrund der Geländestruktur für ein sicheres und relativ bequemes Biwak an? Wo ist es auf den Gesamtverlauf der Tour bezogen taktisch sinnvoll zu biwakieren und welche Plätze können sich als »Mausefalle« erweisen?

Sicherungstaktik

- Für anspruchsvolle Kombitouren sind grundsätzlich zwei Seile anzuraten. Je nach persönlicher Neigung entweder Halb- oder Zwillingsseile.
- Sinnvoll ist die Zweier- oder auch Dreierseilschaft. Bei manch »harten« Unternehmungen kann es sehr effektiv sein, wenn in

zwei Zweierseilschaften geklettert wird, die sich in der Führung abwechseln und gegenseitig unterstützen.

- Das schwierige kombinierte Gelände stellt hohe Ansprüche an die Flexibilität beim Einsatz der Sicherungsmittel. Leider ist es meist so, dass sich in einem Gelände mit ungünstigen Kletterbedingungen (z. B. vereister, verschneiter oder brüchiger Fels) auch schlecht solide Fixpunkte zur Sicherung anbringen lassen. Auch wenn das Klettern selbst die gesamte Konzentration in Anspruch nimmt, muss die stete Vorplanung und Umsetzung einer soliden Sicherungskette angestrebt werden.

- Bei den Anforderungen, die an die Standplätze gestellt werden, sind keine Kompromisse angebracht. Gerade im unübersichtlichen Gelände wird oftmals die Einstellung, dass jede Seillänge immer bis zum letzten Meter ausgegangen werden muss, fatal und mit folgenschweren Auswirkungen bestraft.

- Zwischensicherungen sollten auch in leichterem Gelände regelmäßig angebracht werden. Man kennt die Situationen, wenn einfachere Passagen schnell und ohne Zwischensicherungen überwunden werden und sich im folgenden anspruchsvollen Gelände keine Möglichkeit für Fixpunkte anbietet. Zieht sich dann aufgrund des unnötigen »Run outs« der Magen zusammen, kann nur noch eine gute Psyche weiterhelfen. Diese Situationen können durch stete Geländebeurteilung, die sicherungstaktische Vorplanung der Seillängen und eine funktionierende Kommunikation zwischen den Seilpartnern vermieden werden.

- Nach einem Biwak können die ersten Klettermeter oft sehr hart und qualvoll sein. Darum ist es ratsam, am Vortag die erste Seillänge vorzubereiten und eventuell mit einem Fixseil zu präparieren.

Anspruchsvolle kombinierte Kletterei am winterlichen Bumillerpfeiler des Piz Palü

Beim Klettern an gefrorenen Wasserfällen und in extremem Mixedgelände

Zeitfaktor und Verhältnisse

- »Der richtige Zeitpunkt« ist der Schlüssel zum Erfolg. Um diesen oder einen nahezu idealen Zeitpunkt zu erwischen, sind Erfahrung, viel Gespür und Geduld notwendig.

- In die Planung einer persönlich unbekannten Tour sollte ein detailliertes Kartenstudium einbezogen werden. Wichtige sicherheitsrelevante Informationen für den Zustieg und über das Gelände über dem Wasserfall können der Karte entnommen werden. Sehr oft befindet sich die Kletterroute in Tobeln, Rinnen und Couloirs. Diese Geländeformen sind nicht nur ideal für das »Wachsen« von Eisfällen, sondern leider auch typische Lawinenbahnen. Es ist zu beurteilen, ob über dem Wasserfall ein mögliches Einzugsgebiet für Lawinen liegt und ob man im Zustieg mit Lawinengefahr konfrontiert werden kann.

- Die Beurteilung des Eises muss sich auf die Sicherheit und die Kletterbarkeit beziehen. Beim Faktor Sicherheit ist sowohl die herrschende als auch die Temperatur der vergangenen Tage zu berücksichtigen. Sehr viel Erfahrung erfordert die Einschätzung der Stabilität von einzelnen Zapfen, Stalaktiten und filigranen Eisgebilden. Ob ein Wasserfall oder eine bestimmte Route kletterbar ist, entscheidet meist die Mächtigkeit und die Beschaffenheit des Eises in Verbindung mit dem persönlichen Können der Kletterer. Eine selbstkritische Selbsteinschätzung schützt hier vor unnötigem Risiko.

Geländebeurteilung und Routenwahl

- Die Geländebeurteilung darf sich nicht nur auf den zu kletternden Bereich beschränken, sondern sie muss das gesamte Umfeld mit einbeziehen.
- Eine lawinenkundliche Beurteilung muss frühzeitig erfolgen.
- Eine mögliche Linienführung durch den Wasserfall sollte nach der Mächtigkeit und der Struktur des Eises sowie aus sicherungstaktischer Sicht beurteilt und auch geklettert werden.
- Bei schwer beurteilbaren oder eher ungünstigen Verhältnissen (relativ warme Temperaturen oder bei überaus kaltem und ausgetrocknetem Eis) sollten freihängende und weniger kompakte Eisformationen gemieden werden.

Sicherungstaktik

- Die Wahl der Seile hängt von der Länge und vom Charakter der Tour ab. Bei leichteren und kurzen Wasserfällen genügt meist ein Einfachseil. Sind die Touren länger oder muss beim Abstieg abgeseilt werden, sind Zwillingsseile angebracht. Wenn aufgrund der Struktur und Schwierigkeit oft aus der Richtung (im Zickzack) geklettert werden muss, sind Halbseile anzuraten. Für das extreme Mixedgelände sind die Sicherungsmittel nach einer eingehenden Beurteilung der Route (Felsstruktur und Eisverhältnisse) sorgfältig auszuwählen.
- Die Route sollte auch aus sicherungstaktischer Sicht geplant werden. Um unnötigen Stress zu vermeiden, sind Passagen visuell

grob zu erkunden. Herauszufiltern sind Bereiche, die sich für Standplätze eignen und Linien, wo sich solide Zwischensicherungen relativ leicht anbringen lassen. Wo sind im Fels schon Standplätze vorhanden und wo können natürliche Fixpunkte (z. B. Bäume) genutzt werden.

- Lieber kürzere Seillängen wählen und die grobe Struktur des Eises für den Standplatz nutzen als im ungünstigen Gelände mit hohem Risiko und unnötigem Krafteinsatz zu improvisieren.
- Die Zwischensicherungen sollten ebenfalls vorausschauend gesetzt werden. Wenn der Adrenalinspiegel die Bewegungen bereits lähmt, ist es sicherlich zu spät. Sie sollten vor den schwierigen Passagen angebracht werden und dort, wo das Eis noch solide und kompakt ist.

Der richtige Zeitpunkt – der Schlüssel zum Erfolg

Zwingend not-
wendig – eine
sicherungs-
taktische Vor-
planung
(M. Grassl in
Aktion)

Möglichkeit einer E-Bewertung

(nach Robert Jasper)

Das Klettern von ernsten Routen an gefrorenen Wasserfällen und in extremen Mixedrouten erlebte in der letzten Zeit einen enormen Aufschwung. Durch die Fehleinschätzung der damit verbundenen Gefahren wird sehr oft ein unnötiges Unfallrisiko eingegangen. Die reine Bewertung der klettertechnischen Schwierigkeiten sagt nichts über die Ernsthaftigkeit einer Route aus. Eine M9-Route, die selbst abgesichert werden muss, stellt eben unvergleichbar höhere Ansprüche an den Begeher als eine »gebohrte M9«. Eine E-Bewertung (Bewertung der Ernsthaftigkeit) ist für den relativ Unerfahrenen wie auch für den Spezialisten überaus hilfreich und zwingend notwendig. Als Ergänzung zur Mixed- (M) und zur Wassereisfall-Skala (W) kann mit einer E-Bewertung das einzugehende Risiko entsprechend eingestuft werden.

Die Ernsthaftigkeit einer Route setzt sich aus folgenden Kriterien zusammen:
- Qualität der Absicherung
- Verletzungsgefahr
- Psychische Anforderungen

Eine Route wird nun nach den drei Hauptkriterien beurteilt und diesen die jeweilige Differenzierung (1, 2 oder 3) zugeordnet.

Qualität der Absicherung			Verletzungsgefahr			Psychische Anforderungen		
gut	befriedigend	schlecht	gering	mäßig	groß	keine Angst	Angst	große Angst
1	2	3	1	2	3	1	2	3

Die drei Werte werden addiert und ergeben die E-Bewertung.

3 Punkte	4 Punkte	6 Punkte		8 Punkte	9 Punkte
		5 Punkte	7 Punkte		
= E1	= E2	= E3	= E4	= E5	= E6

Eine E1-Route hat demnach eine gute Absicherung, es besteht eine geringe Verletzungsgefahr, folglich hat man keine begründete Angst.

Bei einer E6-Route ist die Absicherung schlecht, das Verletzungsrisiko ist hoch und es besteht eine große begründete Angst.

Bewusst gibt es kein E0, denn Klettern ist immer mit einem Risiko verbunden.

Drei Beispiele:

Flying Circus M10/E4

Kandersteg, Breitwangfluh, CH

Absicherung:	befriedigend	= 2 Punkte
Verletzungsgefahr:	mäßig	= 2 Punkte
Psychische Anforderung:	Angst	= 2 Punkte
E-Bewertung:	6 Punkte	= **E4**

Traumfänger M10-/E1

Kaprun, Tun Klamm, A

Absicherung:	gut	= 1 Punkt
Verletzungsgefahr:	gering	= 1 Punkt
Psychische Anforderung:	keine Angst	= 1 Punkt
E-Bewertung:	3 Punkte	= **E1**

Betablock, super W7/E6

Kandersteg, Breitwangfluh, CH

Absicherung:	schlecht	= 3 Punkte
Verletzungsgefahr:	groß	= 3 Punkte
Psychische Anforderung:	große Angst	= 3 Punkte
E-Bewertung:	9 Punkte	= **E6**

Betablock, super W7/E6:
Eine Route für starke Nerven

Sicherungs-
technik

SICHERUNGSTECHNIK

Lange Jahre waren auf Hochtouren Mitreißunfälle dafür verantwortlich, dass Seilschaftsabstürze sehr viel mehr Schaden erzeugten als nötig. Heute sollte für die Sicherungstechnik in hochalpinem Gelände gelten: gleichzeitiges Gehen am Seil nur in Ausnahmesituationen (flache Gletscher, Sprungseil an Firngraten, Seiltransport); der Standard ist entweder eigenverantwortliches seilfreies Gehen oder exakte Seilsicherung. Die Vielfalt des Geländes macht das Beherrschen eines umfangreichen Repertoires von Sicherungstechniken notwendig.

SICHERUNGSTECHNISCHE GRUNDLAGEN

Knoten

Zur Sicherung und Rettung in Fels, Eis und Kombigelände werden unterschiedliche Knoten für folgende Funktionen benötigt:
- Anseilknoten
- Knoten zur Selbstsicherung
- Knoten zur Partnersicherung
- Verbindungsknoten für Seil- und Schlingenmaterial
- Klemmknoten
- Absicherungs-/Fixierungsknoten

Knoten können gelegt oder gesteckt werden. Bei einem gelegten Knoten werden die Seil-

oder Reepschnurstränge parallel geführt. Beim gesteckten Knoten wird der Knoten zuerst einfach ausgeführt und dann mit dem freien Seilende nachgefahren. Gesteckte Knoten (Prusik, Mastwurf) am Seilende müssen mit Kreuzschlag abgesichert werden.

Praxistipps:
- Ein Knoten ist erst fertig geknüpft, wenn er an allen Seilsträngen kräftig festgezogen wurde.
- Die Länge der aus dem Knoten überstehenden Seil- oder Reepschnurenden muss mindestens dem zehnfachen Seildurchmesser entsprechen, bei Bandschlingen der fünffachen Bandbreite.

Sackstich

Der Sackstich ist der einfachste Knoten; der »Brezelknoten«, den jeder Laie automatisch macht, wenn man ihm ein Seil in die Hand gibt. Der Name Sackstich gilt nur für ein zur Schlinge gelegtes Seil, einen Sackstich am einfachen Seilstrang nennt man Kreuzschlag. Sackstichschlingen dienen als Blockschlingen oder zur Fixierung des Seils, mit dem Kreuzschlag verkürzt man Schlingen und Seil und verbindet zwei Seile zum Abseilen.

Gesteckter Sackstich

Die zwei Formen des gesteckten Sackstichs entstehen, indem man einen Kreuzschlag knüpft und diesem dann mit einem Seilende nachfährt, entweder gleichläufig (»Tropfenform«) oder gegenläufig (»Ringform«). Der gesteckte Sackstich in Tropfenform kann als Einbindeknoten verwendet werden, der gesteckte Sackstich in Ringform dient als »Bandschlingenknoten« zur Verknüpfung von offenen Bandschlingen – dafür darf kein anderer Knoten verwendet werden.

Achterknoten

Der Achterknoten, den man auch stecken kann, dient ähnlichen Zwecken wie der Sackstich und hat gewisse Vorteile in punkto Sicherheit, Lösbarkeit nach Belastung und Knotenbruchkraft.

Kreuzschlag, Sackstich (Tropfenform) und Achterknoten

Bandschlingen-
knoten

Mastwurf
(Mitte) und
Halbmastwurf
(rechts) ent-
stehen aus den
»Schweine-
ohren«

Praxistipp:
- Der gesteckte Achterknoten wird als Knoten zum direkten Einbinden empfohlen, auch wenn er ein wenig größer als der Sackstich ist.

Mastwurf

Der Mastwurf dient zur Seilfixierung, vor allem zur Selbstsicherung am Stand, aber auch beim Aufbau von Fixseilen. Er lässt sich einfach in der Länge verstellen, ohne ausgehängt zu werden.

Halbmastwurf

Der Halbmastwurf ist im Hochgebirge das übliche Instrument zur Partnersicherung und dient auch als Notbehelf zum Abseilen

Praxistipp:
- Das Seil, das zum Partner geht, und das Restseil (Bremsseil) müssen immer gegenläufig parallel geführt werden. Nur so er-

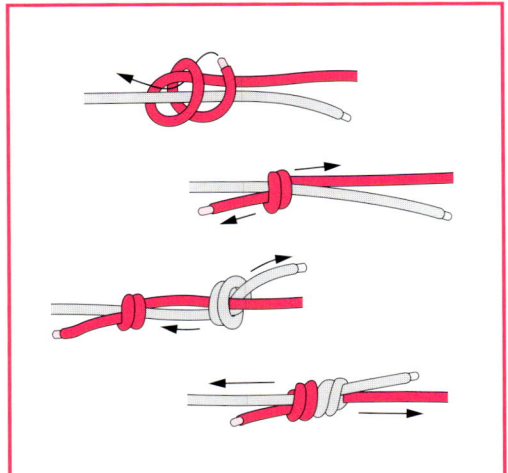

reicht man die besten Bremskraftwerte und vermeidet beim Ablassen und Abseilen übermäßige Krangelbildung.

Doppelter Spierenstich

Der doppelte Spierenstich wird zur Verbindung zweier unterschiedlich starker Seile oder Reepschnüre verwendet. Ihr Durchmesser sollte nicht mehr als vier Millimeter differieren.

Prusikknoten

Der Prusikknoten klemmt bei Belastung am Seil und lässt sich bei Entlastung wieder verschieben. Er dient zum Aufstieg am Seil und ist grundlegendes Bauelement bei vielen Techniken der behelfsmäßigen Bergrettung.

Ankerstich

Die Anfangsstufe des Prusikknotens mit nur einer Wicklung heißt Ankerstich.

Praxistipps:
- Zum Lösen des Prusikknotens drückt man den »Steg« zur Seite, das ist das Knotenstück, das die Wicklungen überdeckt.
- Prusikschlingen sollten nicht weniger als 5 Millimeter Durchmesser haben.
- Dickere Prusikschlingen (6 oder 7 Millimeter Durchmesser) lassen sich leichter verschieben und halten mehr als dünne. Reicht ihre Klemmwirkung nicht aus, vor allem auf dünnen Zwillingsseilen, kann man mit einer dritten Wicklung den »doppelten Prusikknoten« legen.
- Beim gesteckten Prusikknoten muss das Schlingenende mit einem Kreuzschlag gesichert werden.

Doppelter
Spierenstich

91

Ankerstich/
Prusikknoten
und Bandschlin-
genklemm-
knoten beim
Legen (links)
und fertig
(rechts)

Bandschlingenklemmknoten

Auch mit den reißfesteren Bandschlingen kann man Klemmknoten legen. Je nach Seil- und Schlingenstärke werden mehr oder weniger Wicklungen gemacht.

Schleifknoten

Praxistipp:

• Besonders angenehm zu handhaben und platzsparend sind die modernen schmalen Bandschlingen aus hochfestem Nylon (z. B. Spectra, Dyneema).

Schleifknoten und Sicherungsschlag

Der Schleifknoten dient zur Fixierung des Seils, vor allem bei Halbmastwurfsicherung. Er ist die erste Maßnahme, die man nach einem Sturz mit möglichen Verletzungen ergreift und grundlegend wichtig für alle Techniken der behelfsmäßigen Bergrettung. Deshalb wurde vom Bergwacht-Ausbilder Toni Freudig für die Einheit von Schleifknoten und Sicherungsschlag die Bezeichnung »Bergrettungsknoten« vorgeschlagen.
Er ist im Prinzip eine (Häkel-)Luftmasche, die um das Seil herum geknüpft wird.

Praxistipp:

• Erst ein Sicherungs-Kreuzschlag über das Seil oder das Einhängen eines Karabiners in die Schlaufe des Schleifknotens macht die Fixierung verlässlich.

Gardaknoten

Der Gardaknoten ist ein spezieller Absicherungsknoten, der das Seil in einer Richtung durchlässt, in der anderen blockiert. Er wird beim Flaschenzug und zur Selbstseilrolle nach Spaltensturz benötigt.

Praxistipp:

• Für optimale Klemmwirkung müssen zwei gleich geformte Karabiner verwendet werden, die sinnvollerweise gemeinsam in eine Expressschlinge gehängt werden können.

Anseilen

Zum Anseilen im Hochgebirge ist die Kombination von Hüft- und Brustgurt Standard. Komplett-Anseilgurte (Kombigurte) haben Nachteile in punkto Sturzhaltung, Hängekomfort und beim Aus- oder Anziehen von Klei-

Legen des Gardaknotens

dungsstücken. Das im Sportklettern häufige Anseilen nur mit Hüftgurt birgt im Hochgebirge wegen des meist sturzunfreundlichen Geländes, weiter Sicherungsabstände und des Rucksacks unkalkulierbare Verletzungsrisiken.

Praxistipp:
- Für leichte Gletschertouren genügen Gurte extrem leichter Bauart, etwa Wettkampf-Hüftgurte und ein Brustgurt in Achterform.

Die übliche Methode zur Verbindung von Hüft- und Brustgurt ist das »Achterband«. Ein etwa 1 1/2 Meter langes offenes Schlauchband (Mindestbruchkraft 20 kN) wird in die Einbindeschlaufe des Hüftgurts gefädelt, ausgemittelt und mit Kreuzschlag verknüpft. Die freien Enden werden durch je eine Schlaufe des Brustgurts gezogen und wieder mit Kreuzschlag verknüpft.

Praxistipps:
- Die Achterschlinge bildet zwei »Ringe« einer Acht. Beim Einbinden oder Einhängen eines Karabiners müssen beide Schlaufen durchfädelt sein. Das so genutzte Achterband wird im folgenden auch als Anseilpunkt bezeichnet.
- Mit einem Hängetest ermittelt man die optimale Höhe des mittleren Knotens: er soll beim Hängen knapp unterhalb des Brustbeins sein und eine aufrechte, bequeme Hängeposition erlauben. Dieser Knoten kann mitsamt der Schlinge im Hüftgurt bleiben.

Beim Begehen von Gletschern (s. u.) bindet man sich mit Sackstich und Verschlusskarabiner im Achterband ein.
Beim Sichern in Seilschaft muss direkt eingebunden werden. Dazu knüpft man einen gesteckten Achterknoten im Achterband, eventuell auch einen gesteckten Sackstich mit Sicherungsschlag.

Kombinierte Anseilmethode, Anseilpunkt zwischen Nabel und unterem Ansatz des Brustbeins

Firnhaken im Einsatz

Praxistipp:

● Ohne Achterband erlaubt die folgende Methode das direkte Einbinden in Hüft- und Brustgurt: Das Seil wird mit langem Seilschwanz (1–1$^1/_2$ Meter) und gestecktem Sackstich im Hüftgurt eingebunden, der Knoten noch nicht festgezogen. Das freie Seilende wird durch beide Schlaufen des Brustgurts gezogen und durch den gesteckten Sackstich gesteckt. Der gesteckte Sackstich wird festgezogen, mit dem freien Seilende wird unterhalb ein Kreuzschlag geknüpft und eng angezogen.

● Quer zur gewünschten Zugrichtung wird ein Schlitz gegraben, der so lang wie der zu vergrabende Pickel und bei festem Firn mindestens 30 Zentimeter tief sein muss, bei weichem Schnee wesentlich tiefer.

● Im Schwerpunkt (Balancepunkt) des zu vergrabenden Pickels wird eine möglichst lange Bandschlinge mit Ankerstich befestigt. Dann wird der Pickel mit der Haue nach unten in den Schlitz gelegt.

● Rechtwinklig zum ersten Schlitz wird in Zugrichtung ein schwach ansteigender Schlitz gegraben, durch den die Bandschlinge zur Oberfläche geführt wird.

● Der Pickel wird noch tiefer in den Schlitz hineingetreten. Von hinten her werden die Schlitze mit Schnee gefüllt und sorgfältig festgetreten, bei weichem oder pulvrigem Schnee sukzessiv in dünnen Schichten.

Sicherungsmittel und Fixpunkte

Zur Standplatzsicherung, als Zwischensicherung und für Fixpunkte zur Bergrettung stehen für unterschiedliches Gelände verschiedene Sicherungsmittel zur Verfügung. Manche sind nur in einer Richtung (Zugrichtung) belastbar. Zum Sichern am Standplatz benötigt man Fixpunkte, die in alle möglichen Zugrichtungen halten.

Sicherungsmittel für Firn und Schnee

T-Anker

Der T-Anker oder Tote Mann ist das beste Sicherungsmittel in Firn und Schnee. Er wird normalerweise mit einem Pickel gebaut; als Notbehelf können jedoch auch große Steinbrocken, Ski oder der Rucksack verwendet werden. Der T-Anker hält nur in die Zugrichtung, für die er gebaut wurde.

T-Anker mit Pickel

● Wichtig für die Haltekraft des T-Ankers ist die Solidität seiner Vorderwand. Deshalb beim Graben möglichst wenig darauf herumtreten.

● Bei weicherem Schnee sollte der vergrabene Gegenstand möglichst groß sein.

Firnanker/Firnhaken

Firnanker gibt es in Form gewinkelter Schaufelblätter oder aus langen, breiten Alu-Winkelschienen. Ihr Halt selbst in festem Firn darf nicht überschätzt werden, so dass sie auf Alpentouren wenig sinnvolle Sicherungsmittel darstellen. Auf Expeditionen jedoch, wo sie wochenlang als Aufhängung für Fixseile fungieren und im Firn richtig festfrieren, sind sie ein brauchbarer – und oft der einzig praxistaugliche – Fixpunkt.

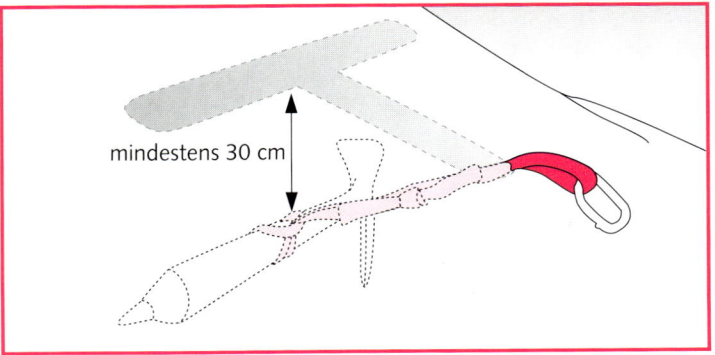

mindestens 30 cm

Sicherungsmittel für Eis

Im Eis sind Sicherungsmittel leichter und solider zu setzen als im Schnee, dennoch ist einiges an Erfahrung nötig, um die Qualität des Eises richtig einzuschätzen. Die Eisstelle, in der gesichert werden soll, sollte möglichst dick, homogen und rissfrei sein. Mürbes Oberflächeneis muss weggekratzt werden.

Eisschrauben

Eisschrauben sind das universellste Sicherungsmittel im Eis. Moderne Modelle lassen sich auch in hartem Eis von Hand setzen; besonders gut funktionieren solche aus Edelstahl. Kurbeln – integriert oder als Extragerät – erleichtern das Eindrehen, der Pickel als Drehhilfe ist ziemlich sperrig. Für eine Zwischensicherung sollte die Nutzlänge der Schraube mindestens 15–17 Zentimeter betragen, in luftdurchsetztem Eis bis 25 Zentimeter. Lässt sich die Schraube nicht komplett eindrehen, muss sie abgebunden werden, indem man an der Stelle, wo sie aus dem Eis ragt, eine Bandschlinge mit Ankerstich über den Schaft legt.

- Setzen: Mürbes Oberflächeneis wird abgekratzt. Mit dem Eisgerät oder der Schraube wird ein kleines Loch gepickt. Darin wird die Schraube senkrecht zur Oberfläche angesetzt und mit ständigem Druck (ältere Modelle mit leichten Pickelschlägen anklopfen) eingedreht. Sobald sie »zieht«, kann der Druck nachlassen.

Praxistipps:

- Der optimale Setzwinkel für Eisschrauben ist rechtwinklig zur Oberfläche. Schrauben mit breitem Gewinde bringen evtl. noch höhere Haltekräfte, wenn sie leicht nach unten zeigend gesetzt werden.
- Beim Steileisklettern kann man die Schraube am besten einhändig kraftvoll ansetzen, wenn man sie auf Hüfthöhe eindreht.
- Schrauben, die länger im Eis bleiben (Toprope-Umlenkung) sollten mit Eis oder Schnee abgedeckt werden, um das Ausschmelzen zu verlangsamen.
- Kann die Sturzbelastung nach unten oder oben kommen (etwa am Standplatz), soll die Lasche in 9- oder 3-Uhr-Stellung zur Seite zeigen.

Snargs

Snargs sind Eishaken mit Feingewinde, die eingeschlagen und herausgedreht werden. Weil man zum Setzen zwei Hände und einen Hammer braucht, sind sie etwas aus der Mode gekommen. In knallhartem Wintereis sind sie jedoch manchmal das einzige, was »reingeht«.

Praxistipp:

- Der Setzwinkel von Snargs sollte keinesfalls »nach unten« zeigen, eher mit einem kleinen Tick nach oben.

Abalakov-Eissanduhr

Mit einer Eissanduhr kann ein sehr sicherer Fixpunkt geschaffen werden, etwa zum materialsparenden Abseilen oder als ausschmelzsichere Toprope-Umlenkung. Ihr Prinzip ist, mit Eisschrauben zwei Löcher ins Eis zu bohren, die sich innen treffen und das Durchfädeln einer Reepschnur erlauben wie eine Sanduhr im Fels. Je größer der »Stamm« der Sanduhr und je härter das Eis, desto sicherer ist der Fixpunkt. Lange und dickere Eisschrauben sind besonders günstig, um große Eissanduhren zu schaffen.

Bei der klassischen Eissanduhr werden die Eisschrauben etwa im 60-Grad-Winkel ins Eis gesetzt und bilden ungefähr ein gleichseitiges Dreieck. Bei einer alternativen Konstruktion wird ein unteres Loch waagerecht ins Eis gebohrt und dann mit der zweiten Schraube von oben erreicht. So kann man die Reepschnur leichter durchziehen; allerdings sollten die Seiten, von denen geschraubt wird, eben ausgepickt werden, damit viel Eis umfasst wird.

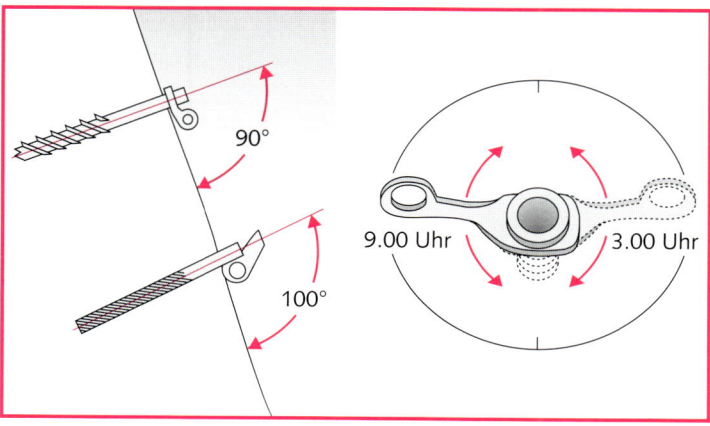

Richtige Setzwinkel für Schraube und Snarg

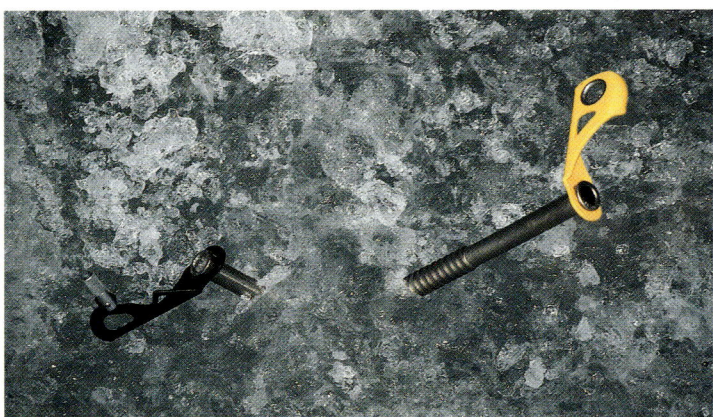

Die halb heraus-gedrehte Schraube hilft beim Zielen für die Abalakov-Eissanduhr

Sicherungsmittel für Fels

Jedem Sicherungsmittel, das man im Fels vorfindet, ist mit einem gewissen Misstrauen zu begegnen. Man weiß nicht, wie gut es gesetzt wurde und ob das Metall korrodiert oder der Fels erodiert ist. Kann man die Bruchkraft eines vorgefundenen Hakens oder Klemmkeils nicht sicher einschätzen, ist es empfehlenswert, selbst ein Sicherungsmittel anzubringen oder mit Sicherheitsreserve zu klettern.

Bohrhaken

In vielen klassischen Routen, aber auch in modernen Extremanstiegen, werden Bohrhaken gesetzt. Unterschiedliche Modelle aus verschiedenen Entwicklungsgenerationen kann man grob in zwei Kategorien einteilen:

- Relativ gute Sicherheitschancen bieten geklebte und betonierte Bohrhaken (AV-Haken, Bühlerhaken), Longlifehaken mit Einschlagstift und Schwerlastanker, die man am aus dem Fels stehenden Gewinde erkennt, auf dem eine Mutter sitzt.
- Vorsicht angebracht ist bei allen Modellen, bei denen die Hakenlasche mit einer Schraube befestigt ist. Der dazugehörige Dübel im Fels kann falsch gesetzt oder korrodiert sein.

Praxistipps:
- Zum besseren Zielen kann man eine Eisschraube halb herausgedreht im Eis stecken lassen und dann mit einer zweiten Schraube das ergänzende Loch bohren.
- Mit etwas Feingefühl spürt man, wenn die zweite Bohrung ins erste Loch mündet. Dann nicht mehr weiterdrehen.
- Die Reepschnur wird ins zweite Loch eingeführt. Zum Durchziehen hilft ein dickes Drahtstück mit gebogener Spitze.

Sonstige Eis-Sicherungsmittel

Alles, was nicht hohl ist, hält im Eis nicht. Diese Erkenntnis gilt vor allem für früher weithin gebräuchliche Sicherungsmittel wie Eisspiralen oder Spiralzahnhaken, die keine ausreichenden Haltekräfte erreichen. Aber auch die von amerikanischen Wasserfallkletterern oft verwendeten modernen Eisfiffis (z. B. Modell »Spectre«) bringen nur minimale Ausreißwerte und taugen nicht als Zwischensicherung, höchstens zur »moralischen« Unterstützung.

Normalhaken

Vorgefundenen Normalhaken sollte man prinzipiell misstrauen. Die Haltekraft kann selbst von Experten optisch nicht eingeschätzt werden. Ein prüfender Schlag mit dem Hammer kann etwas mehr Aufschluss geben.

Es gibt Hartstahl- und Weichstahlhaken. Hartstahlhaken haben höhere Bruchkräfte, verklemmen besser im Fels und lassen sich öfter wieder verwenden; sie sollten das Grundgerüst des Hakensortiments sein. Weichstahlhaken dringen leichter in gewundene Risse ein, halten aber auch weniger und sind weniger bruchfest. Im weniger harten Kalk können sie als Ergänzung des Sortiments dennoch sinnvoll sein.

Nach der Stellung der Öse zum Schaft werden Längs-, Quer-, Diagonal- (Universal-) und Ringhaken unterschieden. Sie sollten so gewählt werden, dass der Sturzzug ein Aufkanten der Öse bewirkt: Längshaken in horizontale, Querhaken in vertikale Risse. Für breite

Horizontale Abalakov-Eissanduhr, mit Seil gefädelt

Verschiedene mobile Sicherungsmittel für Fels: zwei Rocks, zwei Hexentrics, Tricam, Friend und verschiedene Felshaken (von links nach rechts)

Risse gibt es Profilhaken in Z-, U- oder V-Form.

Der Haken soll zu einem (Weichstahl, Kalk) oder zwei Dritteln (Hartstahl, Granit) in den Riss gesteckt werden können. Ein vibrierender, heller werdender Klang (»Singen«) beim Einschlagen ist Indiz für soliden Halt. Eine Fangschnur schützt den Haken vor Verlust. Kann der Haken nicht bis zur Öse eingeschlagen werden, muss man ihn mit einer Ankerstichschlinge abbinden.

Zum Entfernen schlägt man abwechselnd von oben und unten auf den Hakenkopf, solange er sich in die jeweilige Richtung bewegt. Gelockerte Haken kann man mit einer Karabinerkette oder einer Reepschnur im Hammerkopf herausreißen.

Praxistipp:
● Auf großen hochalpinen Fels- und Kombirouten gehört ein Sortiment mit mindestens einer Handvoll Hartstahlhaken zur Standardausrüstung.

Klemmkeile

Klemmkeile – in vielerlei Formvarianten – sind konisch geformte Aluminiumklötze, die in Rissverengungen passen und in diese Richtung halten. Keile mit geschwungenen Seiten lassen sich meist besser dem Fels anpassen. Am einfachsten zu legen und am weitesten verbreitet sind die doppelseitig konischen Stopper oder Rocks. Die sechsflächigen Hexentric-Varianten haben drei Paare konischer Seiten und taugen vor allem für breite Kalkrisse. Andere Klemmkeilformen wie Tricams bieten erweiterte oder spezielle Anwendungsmöglichkeiten (etwa in Löchern), erfordern aber eine gewisse Einarbeitung in ihre Legetechnik. Außerdem gibt es keilähnliche Klemmgeräte mit beweglichen oder verschiebbaren Segmenten (Sliders, Ball Nuts) für Sondersituationen. Jeder Klemmkeil muss nach dem Legen durch einen leichten Zug oder Ruck im Riss fixiert werden. Eingenähte Bandschlingen oder Drahtkabel haben die höchsten Reißkraftwerte. Klemmkeile sollen nur in Risse im massiven Fels gelegt werden. Durch die Konizität der Seiten wirkt auf die Risswände eine viel höhere Kraft als die am Keil ziehende, so dass zu dünne Schuppen oder brüchiger Fels leicht weggesprengt werden können.

Praxistipps:
● Klemmkeile nicht zu tief im Riss legen, sonst kann das Entfernen schwierig werden. Ein Klemmkeilentferner kann oft hilfreich sein.
● Bei Keilen mit Drahtkabel sollte man eine Expressschlinge einhängen, damit die Seil-

bewegung sie nicht aus dem Riss wedeln kann. Schlingen oder Reepschnur nur mit Karabiner ins Drahtkabel einhängen, nicht direkt einfädeln (Abschergefahr)!

- Klemmkeile halten nur in eine definierte Zugrichtung. Um ein Herausreißen nach oben zu vermeiden, kann man sie nach unten abspannen (für Zwischensicherungen) oder verspannen (für Standplatzbau).

Klemmkeile und andere Sicherungsmittel verspannen

Für den Standplatzbau braucht man einen Fixpunkt, der nach unten und oben hält. Hat man nur Sicherungsmittel mit nur einer Zugrichtung zur Verfügung, wie Klemmkeile, Friends oder Zackenschlingen, muss man sie auf Zug gegeneinander verspannen.

- Man benötigt zwei Sicherungsmittel mit entgegengesetzten Zugrichtungen (oben – unten, rechts – links oder diagonal entgegengesetzt). In jedes wird ein Karabiner eingehängt. Bei textilen Klemmkeilschlingen kann man auf den Karabiner verzichten.
- Eine lange Reepschnur (Prusikschlinge) oder offene Bandschlinge wird in einen Karabiner mit Sackstich eingehängt. Noch effektiver ist der »Bauernflaschenzug«: Sackstichschlinge am Ende, Reepschnur in beide Karabiner einfach einhängen, freies Ende durch den Sackstich ziehen, so dass sich eine Zugschlinge bildet.

»Bauern-flaschenzug« zur Klemmkeil-Verspannung

- Nun wird das freie Ende kreisförmig abwechselnd durch den einen, dann den anderen Karabiner geführt. Dabei wird ständig möglichst großer Zug auf der Konstruktion aufrechterhalten.
- Nach mindestens drei vollen Rundtouren (Bandschlinge: eineinhalb Runden) wird das freie Ende mit Mastwurf fixiert.
- Ein Karabiner wird so in die Verspannung eingehängt, dass er in einem Karabiner und im »Kreis« der Reepschnur eingehängt ist, alternativ in einer Klemmkeilschlinge und dem Karabiner.

Friends und ähnliche Klemmgeräte

Verschiedene Formen von Klemmgeräten funktionieren nach dem Kniehebelprinzip: Drei oder vier bewegliche Kreissegmente verklemmen durch Zug an der zentralen Achse auch in parallelwandigen oder nach außen offenen Rissen. Alle Segmente müssen sauber an der Risswand anliegen. Die besten Haltekräfte werden bei mittleren Arbeitswinkeln der Segmente erreicht (Gebrauchsanweisung beachten). Klemmgeräte mit flexibler Drahtkabelachse können auch in Querrissen problemlos verwendet werden.

Praxistipps:

- Legen: Am Öffnungshebel leicht ziehen, Klemmgerät in den Riss einführen und exakt platzieren. Nicht hineinstoßen (Verklemmgefahr).
- Entfernen: Öffnungshebel halten, Gerät leicht in den Riss drücken, dabei Öffnungshebel leicht ziehen, Gerät herausnehmen.
- Die Achse sollte in die erwartete Zugrichtung zeigen. Ein Drehen bei Belastung kann das Klemmgerät lösen. Einhängen einer Expressschlinge verhindert »Wandern« des Gerätes in den Rissgrund durch Seilbewegung (Gefahr von Lösen oder Verklemmen).
- Auch Klemmgeräte müssen verspannt werden, wenn sie Belastung nach oben und unten halten sollen.

Knotenschlingen

Als Notbehelf bei Materialmangel oder -verlust können Knotenschlingen wie Klemmkeile verwendet werden. Unterschiedliche Schlin-

Sinnvolles Einhängen des Karabiners in die Klemmkeil-Verspannung (links)

Friend in Felsloch (rechts)

gendicken und Knotenarten passen zu verschiedenen Rissbreiten. Wichtig ist das Festziehen des Knotens mit aller Kraft und sein präzise formschlüssiger Sitz in der Rissverengung. Die Stärke des Schlingenmaterials limitiert die Bruchkraft.

Sanduhrschlingen

Sanduhren im Fels können mit Reepschnur- oder Bandschlingen gefädelt werden. Dabei sollte die Belastung auf die Basis der Sanduhr kommen: Dazu Schlinge einbinden (mit Sackstich/Kreuzschlag) oder doppelt genommene Schlinge durchziehen und mit Karabiner zum Ring schließen. Eine Sanduhr zur Standplatzbereitung sollte in solidem Kalk mindestens Oberarmdicke haben und rissfrei sein, eine beindicke Sanduhr in verlässlichem Fels kann als alleiniger Fixpunkt am Stand ausreichend sein.

Praxistipp:

- Horizontale Sanduhren ungleichmäßiger Dicke kann man mit Ankerstich abbinden und so die Belastung auf die solideste Stelle konzentrieren; der Ankerstich verhindert das Wandern der Schlinge.

Zapfen- und Blockschlingen

Zapfen und Blöcke sind die häufigste Möglichkeit zur natürlichen Sicherung vor allem an Urgesteins-Blockgraten, die häufig am Gipfelaufbau von Hochtouren zu bewältigen sind. Bandschlingen sind dafür wegen der besseren Auflagefläche und des höheren Kantenarbeitsvermögens (mehr Reißkraft) besser geeignet. Zapfen- und Blockschlingen halten im Normalfall nur nach unten; um sie gegen Weglüpfen nach oben zu sichern, können sie nach unten abgespannt werden wie Klemmkeile. Relativ

Verschiedene Sanduhrschlingen

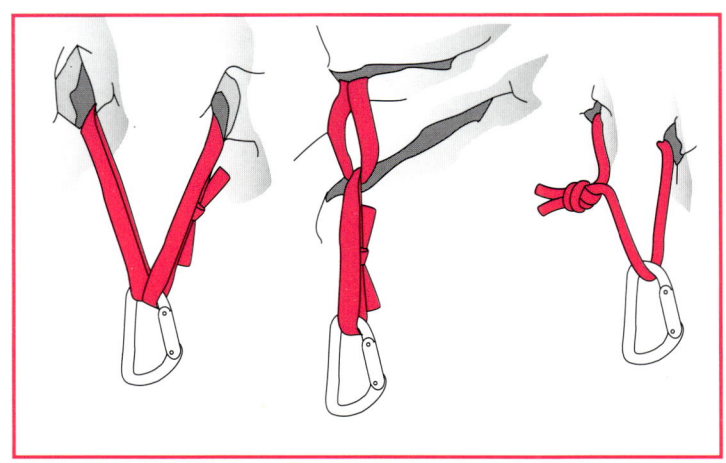

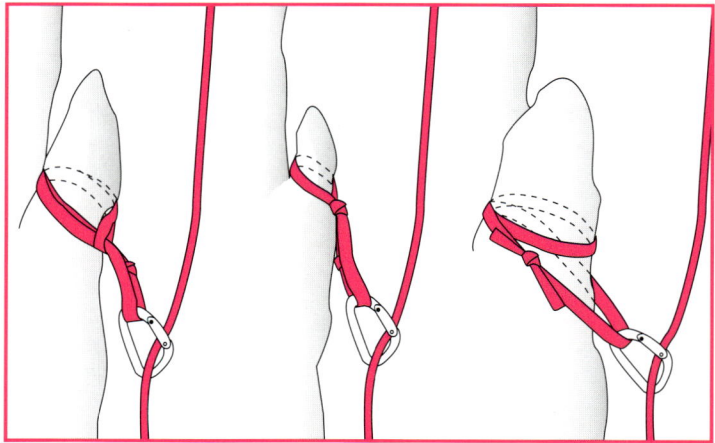

SICHERUNGSTECHNIK AM GLETSCHER

Anseilen am Gletscher

Auf sanft geneigten Gletschern ohne Absturz- gefahr geht man gleichzeitig am Seil mit so großen Abständen, dass man genug Brems- weg zum Halten eines Spaltensturzes hat und nicht mit in die Spalte gerissen werden kann. Dieser Bremsweg muss umso größer sein, je steiler das Gelände ist und je weniger Mitglie- der die Seilschaft hat. Der Abstand sollte des- halb nicht kleiner als sieben bis acht Meter sein und zwischen allen Seilschaftsmitgliedern be- stehen. Außerdem soll an den Enden noch ein ähnlich langer Seilrest bleiben, den man als Seilreserve für die Spaltenbergung mit der losen Rolle benötigt; er wird zur Puppe aufge- schossen und unter der Deckeltasche des Rucksacks verstaut. Aus den Sicherheitsab- ständen ergibt sich eine empfehlenswerte Seillänge von mindestens 50 Metern. Das Seil wird von der Mitte ausgehend aufgeteilt, zum Einbinden dient ein Sackstich- oder Achterkno- ten, der mit Schraubkarabiner (nicht Twistlock, kann sich aushängen!) im Anseilpunkt einge- hängt wird. Sicherheitsfanatiker hängen noch einen zweiten Karabiner mit dazu.

Prusikschlingen für die Spaltenbergung kön- nen gleich eingeknüpft – eine in jeden Strang, der zu einem Partner führt – oder griffbereit am Gurt getragen werden.

Zapfenschlingen

sicher vor dem Abheben sind Ankerstich- oder Schleifknotenschlingen an Verjüngungsstellen von Zapfen oder unter riesigen Blöcken.

Praxistipp:

- Bei überschlagender Gehweise kann mit dem Kletterseil als Blockschlinge Stand ge- macht werden: Seil um Block legen, Sack- stich knüpfen, mit Verschlusskarabiner und Mastwurf zum Ring schließen; die Sack- stichschlinge ist der Zentralpunkt (s. S. 107).

Praxistipps:

- Bei Zweier-, unter Umständen auch Dreier- seilschaften und in etwas steilerem Gelände machen Bremsknoten im Seil das Halten des Sturzes leichter. Sie werden wie ein Achterknoten geknüpft, aber mit mehr Umwicklungen des Seils, oder man macht Mastwürfe mit eingehängten Karabinern. Alle 1–1$\frac{1}{2}$ Meter sollte ein Bremsknoten geknüpft werden.
- Zweierseilschaften sollten wegen der Schwierigkeiten beim Halten von Stürzen und der Spaltenbergung nur bei Könnern vorkommen; mehr als fünf Personen ma- chen eine Seilschaft schwerfällig.

Einhängen am Gletscher mit Achterknoten in Karabiner im Achterband

**Seilabstände bei einem 50-Meter-Seil
(Anhaltswerte)**

Seil-schaft	Abstände	Seilrest (jedes Ende)	Brems-knoten
2er	15–30 m	Rest, halbiert	ja
3er	10–13 m	12–15 m	eventuell
4er	9–10 m	9–10 m	nicht nötig
5er	7–8 m	7–8 m	nein

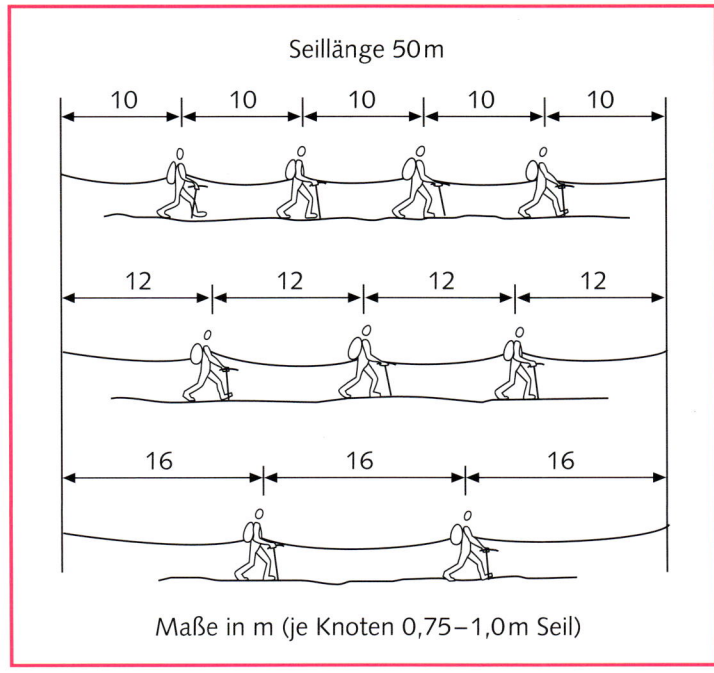

Maße in m (je Knoten 0,75–1,0 m Seil)

Gehen und sichern am Gletscher

Das gleichzeitige Gehen am Seil mit Gletscherabständen ist die Standardmethode auf wenig steilen Gletschern. Das Seil muss zwischen den Seilschaftsmitgliedern stets straff gehalten werden; es darf nicht am Boden schleifen. Besonders in vermutlichen Spaltenzonen (Geländeknicke, Randzonen) und vor allem im Abstieg ist das wichtig. Der Abstand wird auch bei kurzen Halten (Foto, Eincremen) gewahrt; nur in spaltenfreien Zonen sammelt sich die Seilschaft bei Pausen.

Die Spur sollte rechtwinklig zur wahrscheinlichen Verlaufsrichtung der Spalten gelegt werden. Bei Einsenkungen und dunkler gefärbten Schneestreifen kann der Erste mit dem Pickelschaft sondieren, ob es sich um eine verschneite Spalte handelt und die Festigkeit der Schneebrücke prüfen. Bei dubiosen Passagen halten alle Seilschaftsmitglieder das Seil besonders straff und gehen in Bereitschaft, sich nach hinten zu werfen, um den Sturz zu halten. Dann geht der Erste ohne Zögern oder Verweilen über die Spalte. Einen Spaltensturz hält man, indem man sich entgegen der Zugrichtung längs in den Schnee wirft und die Füße kräftig in den Schnee drückt wie beim Bremsen eines Sturzes im Firn.

Muss eine Spalte übersprungen werden, schließt der Hintermann ein Stück auf, so dass der Springende ein wenig Schlappseil erhält. An breiten, dubiosen Schneebrücken kann für kleine Seilschaften sichern sinnvoll sein. Auf spaltenreichen Gletschern können sich zwei Dreierseilschaften zusammentun; mehr als sechs Personen sollten aber nicht gemeinsam gehen, weil das schwer zu koordinieren ist.

Besonders steile Spaltenzonen, Eisbrüche oder absturzgefährdete Blankeisgletscher sichert man seillängenweise mit soliden Ständen (T-Anker oder Eisschrauben). Gruppen überwinden solche Passagen günstiger am Fixseil.

Gletscher-Seilaufteilung

Praxistipp:
● Die Sicherungstechnik am Gletscher richtet sich nach den Fragen: Kann die Seilschaft einen Spaltensturz des stärksten Mitglieds halten? Besteht wegen Steilheit oder Blankeis Absturzgefahr für die ganze Gruppe?

Unterwegs am spaltigen Gletscher

SICHERUNGSTECHNIK IN ABSTURZGEFÄHRDETEM GELÄNDE

Ein hohes Maß an Beurteilungsfähigkeit, ein ausgeprägtes Gefahren- und Sicherheitsbewusstsein sowie Flexibilität sind wichtige Voraussetzungen, um in absturzgefährdetem Gelände unnötige Risiken zu vermeiden. Die situationsangepasste Anwendung der Sicherungstechniken und die handwerklichen Fertigkeiten sollten mit einem Minimum an Aufwand (Material und Zeit) beherrscht werden. Jeder muss immer bestrebt sein, die Sicherungstechniken und deren Handhabung zu optimieren. Da oftmals widrige Verhältnisse und nasse oder gefrorene Seile das Seilhandling erschweren, ist es überaus wichtig, übersichtlich und »sauber« zu arbeiten. Seilverzicht und seilfreies Gehen kann nur erfahrenen, gleichstarken oder gleichwertigen Partnern empfohlen werden und wenn, dann mit ganzer Konsequenz.

Es gibt mehrere Möglichkeiten, sich in absturzgefährdetem Gelände zu bewegen:
- in Seilschaft mit Standplatzsicherung
- das Gehen am Fixseil
- das Gehen am »kurzen Seil«
- das seilfreie Gehen

Eine detaillierte Beurteilung der Situation muss die Grundlage sein, für welche Art man sich entscheidet. Dabei müssen folgende Faktoren berücksichtigt werden:
- die technische Schwierigkeit und Länge der Passage
- die Verhältnisse
- die objektiven Gefahren
- die Witterungseinflüsse
- die Ausrüstung
- die Anzahl der Teilnehmer
- die persönlichen Voraussetzungen der Teilnehmer
- der Zeitfaktor

Anseilen in alpinem Gelände

Grundsätzlich bleibt jedem freigestellt, mit welcher Methode er sich anseilt. Jedoch sollte jeder die Gefahren und Risiken der Methoden kennen und nach eingehender Beurteilung die Entscheidung treffen.

Es gibt zwei Alternativen sich anzuseilen:
- nur mit Hüftgurt
- mit Hüft- und Sitzgurt (kombinierte Anseilmethode, siehe Foto S. 93)

Die kombinierte Anseilmethode ist zu empfehlen:
- bei alpinen Klettertouren in nicht durchgehend senkrechtem Gelände (alpine Felstouren, Eisflanken, Eisfälle), also wenn die Gefahr von unkontrollierten Stürzen und daraus folgend die Gefahr von Schleudertraumen, die Gefahr von Lendenwirbelverletzungen und/oder die Gefahr des Hängens mit dem Kopf nach unten auftreten
- auf Klettersteigen
- auf Gletschertouren
- wenn Rucksacklasten die aufrechte Hängeposition wesentlich erschweren oder unmöglich machen
- wenn der einwandfreie Sitz des Hüftgurtes nicht gewährleistet ist

Versorgung der Ausrüstung

Die Kletterausrüstung sollte so versorgt werden, dass alles, was unmittelbar benötigt wird greifbar ist und alles andere im Rucksack verstaut ist.

Praxistipps:
- Karabiner, Eisschrauben und weitere Utensilien am Gurt oder an einer Schlinge mit System sortieren
- Eisschrauben können in Köchern getragen werden
- Lange Schlingen haben am Gurt nichts verloren. Die Gefahr des Verhakens mit den Steigeisen ist sehr groß. Sie werden diagonal über die Schulter gehängt, so dass sie nicht behindern.

- Lange Schlingen doppelt um die Schulter schlingen und mit Karabiner zum Ring schließen.

Klettern in der Seilschaft

Die Methode, von Standplatz zu Standplatz zu sichern, ist zweifellos die sicherste Art, sich in absturzgefährdetem Gelände zu bewegen. Bei langen Touren mit so genanntem Westalpencharakter bedeutet die Zeit auch Sicherheit, und man sollte in leichten Passagen eingehend beurteilen, ob diese Methode für die spezielle Situation auch sinnvoll ist und der Aufwand in einer vernünftigen Relation zur erwarteten Sicherheit steht. Zwingt sich diese Sicherungsart auf, dann müssen solide Standplätze und konsequentes Sichern die Basis bilden.

Einrichten von Standplätzen

Beim Einrichten eines Standplatzes gilt es, einen zentralen Sicherungspunkt zu schaffen, an dem in der Regel die Selbst- und die Kameradensicherung hängt.
Eine Beurteilung der Situation sollte entscheiden, wie der Stand eingerichtet und dimensioniert wird. Er muss einerseits den Sicherheitsansprüchen gerecht werden, andererseits sollte sich der Aufwand an Zeit und Material in Grenzen halten. Hierzu ist Erfahrung, das Beherrschen der technischen Fertigkeiten und ein ausgeprägtes Beurteilungsvermögen zielführend. Kann im Fels ein bereits vorhandener Standplatz genutzt werden, dann nur nach eingehender Beurteilung.

Kriterien der Beurteilung:
Allgemeine Sicherheit
- Ist der Ort sicher vor objektiven Gefahren?
- Kann in der Ortswahl variiert werden?
Anforderungen an den Standplatz
- Welchen Belastungen muss er standhalten?
- In welche Richtungen muss er belastbar sein?
Beurteilung der Verhältnisse
- Härte und Mächtigkeit der Schneeauflage
- Eis- oder Felsqualität
Ausrüstung
- Welche Ausrüstung habe ich zur Verfügung?
- Wie kann notfalls improvisiert werden?

Standplatzbereitung im Firn

Ist es gelände- und situationsbedingt notwendig, im Firn oder im Schnee zu sichern, ist auch hier ein solider Standplatz erforderlich. In Eisflanken mit Firnauflage ist zu beurteilen, ob es nicht besser ist, diese Schicht zu durchgraben und Schrauben zu setzen.
Es gibt verschiedene Fixpunkte, die sich bei bestimmten Verhältnissen für den Standplatz eignen. Da jedoch einige in ihrer Wirkung umstritten und schlecht beurteilbar sind, beschränken wir uns hier auf den T-Anker und den modifizierten Rammpickel.

Standplatz am T-Anker
Die sicherste Möglichkeit bietet der T-Anker. Da es bei Schneearten, die sich schlecht verfestigen lassen, oft sehr schwierig sein kann, die Qualität dieses Fixpunktes einzuschätzen, sollte vorher beurteilt werden, ob es günstiger ist, am Fixpunkt oder am Körper zu sichern. Der T-Anker kann zum Sichern im Nach- und Vorstieg sowie zum Ablassen verwendet werden.
- Selbstsicherung am T-Anker
- Kameradensicherung am Körper, wenn die Qualität des T-Ankers schlecht beurteilbar ist, sonst am Fixpunkt (Zentralpunkt)
- Wenn am Körper gesichert wird, ist mit den Füßen ein gutes Widerlager zu schaffen; der Körper nimmt eine stabile Position ein.

Praxistipp:
- Beim Sichern im Vorstieg sollte sehr dynamisch gesichert werden.

Standplatz am
T-Anker mit
Körpersicherung

Modifizierter Rammpickel mit Abknien

am Schaft (direkt unter dem Pickelkopf) befestigen.
- Pickel senkrecht mit der Haue quer zur Hangrichtung in die Schneedecke einrammen.
- Auf den Pickelkopf setzen; die Beine sind leicht gespreizt; die Füße schaffen sich ein Widerlager.
- Die Schlinge wird zwischen den Beinen durchgeführt und mit einem Karabiner in die Anseilschlaufe des Hüftgurtes eingehängt.
- In diese Schlinge, sie fungiert als Ausgleichsverankerung, wird die Kameradensicherung (HMS oder Achter) eingehängt.

Praxistipps:
- Statt Abzusitzen, kann auch ein Fuß vor den Pickel gestellt werden. Das Knie wird gebeugt, während das andere Bein den Körper gegen die Zugrichtung abstützt.
- Die Variante mit dem Absitzen ermöglicht meist ein einfacheres Seilhandling.
- Bei weicherem Schnee- und Firn kann der Pickel wieder etwas herausgezogen werden (ca. 10 Zentimeter). Man setzt sich direkt vor den Pickel und stützt diesen mit dem Rücken ab.
- Beide Möglichkeiten sind ausschließlich zum Nachsichern und Ablassen zu verwenden. Für das Sichern im Vorstieg ist diese Methode nicht geeignet!

Standplatz am modifizierten Rammpickel

Das Sichern am eingerammten Pickel war die erste Art, im Firn zu sichern. Aufgrund der geringen Haltekräfte wird vom Einsatz dieser »klassischen« Möglichkeit dringendst abgeraten. Wird dieser Rammpickel jedoch zusätzlich mit dem Körper abgesichert und belastet, kann er zum Nachsichern des Partners verwendet werden.
- Der Firn ist vor dem Einrammen des Pickels mit den Füssen zu verfestigen.
- Eine ca. 50 Zentimeter lange Schlinge im Loch des Pickelkopfes oder mit Ankerstich

Modifizierter Rammpickel mit Absitzen

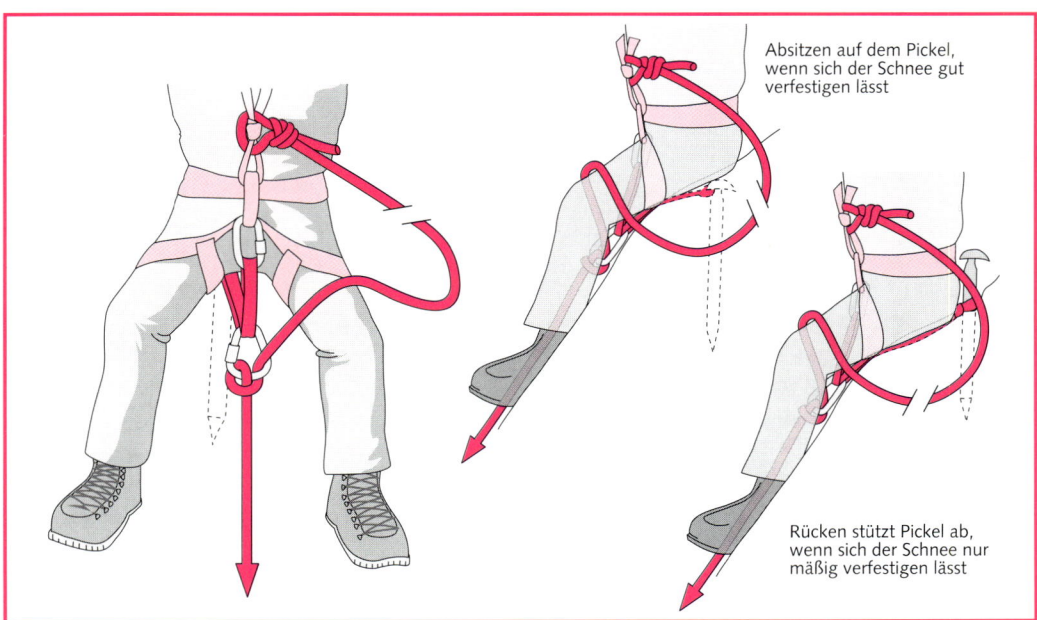

Absitzen auf dem Pickel, wenn sich der Schnee gut verfestigen lässt

Rücken stützt Pickel ab, wenn sich der Schnee nur mäßig verfestigen lässt

Standplatzbereitung im Eis

Die Ausgleichsverankerung in geneigtem Gelände

Der Standplatz mit dem derzeit höchsten Sicherheitsstandard ist die Ausgleichsverankerung mit abgebundenem Kräftedreieck an zwei Eisschrauben. Mit dem Kräftedreieck werden auftretende Kräfte gleichmäßig auf beide Fixpunkte verteilt.

Vorgehensweise:

- Setzen der ersten Eisschraube (untere Schraube).
- Seil zur Selbstsicherung einhängen.
- Falls nötig, wird eine kleine Standstufe aus dem Eis geschlagen (Vorsicht, keine großen Eisstücke auspickeln).
- Setzen der zweiten Schraube, ca. 50 Zentimeter oberhalb und ca. 10 Zentimeter seitlich versetzt zur unteren Schraube (je nach Qualität des Eises).
- Die Bandschlinge wird nach etwa $1/3$ Länge mit einem Sackstich abgebunden.
- Die Schlinge wird in die Karabiner der Fixpunkte eingehängt. Die beiden Stränge werden zusammengefasst, wobei ein Strang um 180° verdreht und ein Verschlusskarabiner eingehängt wird. Wird der Strang nicht verdreht, rutscht der Karabiner bei Ausbruch einer Schraube aus der Schlinge.
- HMS-Karabiner (Sicherungskarabiner) in den Zentralkarabiner einhängen.
- Seil mit Halbmastwurf-Knoten in den Sicherungskarabiner einlegen.

Standplatz in Reihenschaltung mit Kletterseil

Die Reihenschaltung mit Eisschraube und Eisgerät

Wenn es nach der Beurteilung der Situation und nach dem Setzen einer sicheren Schraube vertretbar ist, auf eine weitere Schraube und auf eine Ausgleichsverankerung zu verzichten, kann der Stand mittels Reihenschaltung (Schraube plus Eisgerät) eingerichtet werden.

Vorgehensweise mit Kletterseil:
- Setzen der Eisschraube.
- Karabiner mit Verschlusssicherung (Zentralkarabiner) in die Schraube einhängen.

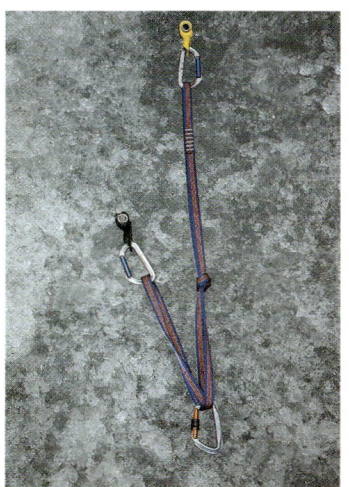

Stand mit abgebundenem Kräftedreieck und Zentralkarabiner

- Seil zur Selbstsicherung mit Karabiner in den Zentralkarabiner einhängen.
- Falls nötig, Schlagen einer kleinen Standstufe.
- Setzen eines Eisgerätes ca. 50 Zentimeter über der Schraube.
- Verbinden von Schraube und Eisgerät mit dem Kletterseil.
- HMS-Karabiner (Sicherungskarabiner) in den Zentralkarabiner einhängen.
- HMS-Knoten in den Sicherungskarabiner einlegen.

Standplatz mit separater Körperfixierung

Würde das Körpergewicht in sehr steilem Eis die Schrauben der Sicherung stark belasten, wird der Körper separat fixiert.

Diese Technik verhindert das Lockern der Schrauben durch eine Druckschmelzung. Sie sollte angewandt werden, wenn – gerade bei schwierigen Passagen – der Stand relativ lange genutzt wird, außerdem bei weicherem Eis, wärmeren Temperaturen und/oder direkter Sonneneinstrahlung.

Praxistipps:
Während der Standplatzbereitung im Eis besteht bis zur Selbstsicherung ein erhöhtes Risikopotenzial.

- Seillänge nicht ganz ausgehen, eine Seilreserve zur dynamischen Sicherung sollte bleiben.
- Sind die Eisgeräte nicht am Körper fixiert, erreicht man eine provisorische Selbstsicherung, wenn das Seil über die Haue eines gesetzten Gerätes gelegt wird.

Standplatzbereitung im Fels

Der Standplatz im Fels kann je nach Situation mit einem oder mehreren Fixpunkten ausgestattet sein. In alpinem Gelände wird der Standplatz mit mehreren Fixpunkten die Regel sein.

Standplatz an einem Fixpunkt

Wird nur ein Fixpunkt zum Standplatzbau verwendet, müssen folgende Grundsätze beachtet werden:

- Neben geklebten bzw. einzementierten Sicherheitsstandhaken sind nur rissfreie großdimensionierte Sanduhren oder solide Felsköpfel vertretbar.
- Die Felsköpfel werden bei einer möglichen Belastung nach oben nach unten verspannt.

Standplatz an mehreren Fixpunkten

Werden mehrere Fixpunkte zum Standplatzbau verwendet, sind diese je nach Position zueinander mit einer der folgenden Methoden zu verbinden.

Standplatz mit Kräftedreieck

Wenn die vermutlich gleich guten Fixpunkte relativ nahe beieinander liegen, eignet sich das Kräftedreieck. Wie im Eis werden auch hier auftretende Kräfte gleichmäßig auf beide Fixpunkte verteilt.

Folgende Punkte sollten beachtet werden:
- Die Verbindungsschlinge sollte nicht unnötig lang sein (ca. doppelter Fixpunktabstand).
- Der Öffnungswinkel des Dreiecks soll kleiner als 90° sein.
- Der Knoten der Schlinge sollte den seitlichen Bewegungsspielraum des Zentralkarabiners nicht stören. Er sollte sich nahe bei einem Fixpunkt befinden.

Die Bandschlinge wird einfach in die Karabiner der Fixpunkte eingehängt. Die beiden Stränge

werden zusammengefasst, ein Strang um 180° verdreht und ein Verschlusskarabiner eingehängt, in diesen der HMS-Karabiner und die Selbstsicherung.

Praxistipp:
- Wenn in bestimmten Situationen (z. B. Stand unter Überhängen und Dächern) verhindert werden soll, dass das Kräftedreieck mit dem Körper bei einem Sturzzug nach oben gezogen wird (Anschlaggefahr), kann es nach unten abgesichert und verspannt werden.

Standplatz an einem Felskopf mit Seil

Kräftedreieck an zwei Fixpunkten (links)

Standplatz mit Kräftedreieck (rechts)

SICHERUNGSTECHNIK

Kräftedreieck
nach unten
verspannt

Diese Selbstsicherung sollte eine Länge von $1/2$ Meter nicht überschreiten.

- Das Kletterseil wird mit Mastwurf und einem weiteren Karabiner in den oberen Fixpunkt eingehängt und verspannt. Durch diese Verspannung der beiden Fixpunkte wird eine Lastübertragung erreicht. Je nach Qualität der Fixpunkte kann die Last durch die Längenverstellung der Verbindungsschlinge auf den oberen oder unteren Fixpunkt gelegt werden.
- In die Sackstichschlinge am unteren Fixpunkt wird der HMS-Karabiner eingehängt.

Praxistipps:
- Die Reihenschaltung sollte nur dann mit dem Kletterseil gebaut werden, wenn in Wechselführung geklettert wird. Der Stand kann nicht »übernommen« werden!
- Die Verbindung zum oberen Fixpunkt kann auch mit einer Zusatzschlinge erfolgen.
- Wird eine Reihenschaltung mit zwei horizontal liegenden Fixpunkten eingerichtet, wird an dem Fixpunkt gesichert, der die beste Qualität verspricht. Der zweite Fixpunkt dient zur Hintersicherung.

Standplatz mit Reihenschaltung

Wenn die Qualität der Fixpunkte unterschiedlich beurteilt wird oder wenn sie weit auseinander liegen, ist die Reihenschaltung dem Kräftedreieck vorzuziehen.

Vorgehensweise mit Kletterseil:
- In das Kletterseil wird eine Sackstichschlinge geknüpft und mit einem Karabiner in den unteren Fixpunkt eingehängt (wenn die Fixpunkte vertikal übereinander liegen).

Standplatz mit
vertikaler
Reihenschaltung
(rechts)

Standplatz mit
horizontaler
Reihenschaltung
(links)

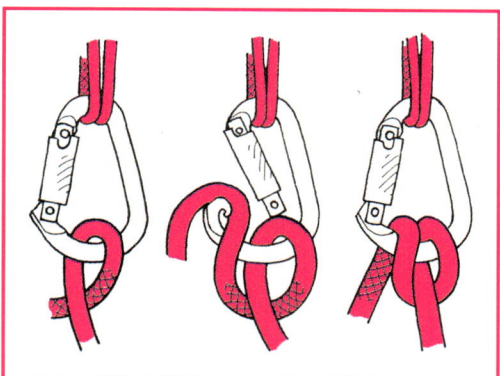

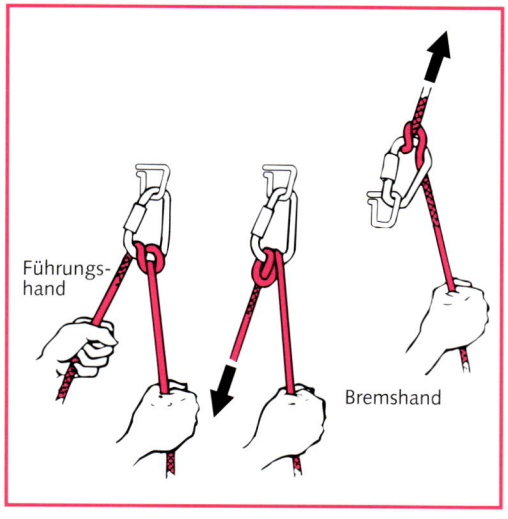

Kameradensicherung

Zum Sichern in alpinem Gelände eignet sich besonders die Halbmastwurfsicherung. Sie zeichnet sich durch ihre hohe Sicherheit und durch die einfache Handhabung aus. Daneben gibt es weitere Sicherungsgeräte, die sich für die Kameradensicherung eignen. Grundsätzlich gilt, dass das Bremsverhalten und die speziellen Eigenheiten des verwendeten Systems bekannt sein müssen und das Handling eingehend geübt werden muss.

Bei der Verwendung der Halbmastwurfsicherung ist zu beachten:

- Das Bremsseil (Seil das nicht zum Kletternden führt) wird mit der »Bremshand« gehalten und darf nie losgelassen werden. Ein Sturz kann nur mit der »Bremshand« gehalten werden!
- Die »Führungshand« gibt das Sicherungsseil (Seil zum Kletternden) aus oder zieht es ein.
- Unnötiges Schlappseil ist zu vermeiden.
- Das Bremsseil sollte immer gegenläufig parallel zum Sicherungsseil gehalten werden (verhindert auch beim Ablassen ein »Krangeln«).

Sicherung der Dreierseilschaft

Werden in der Dreierseilschaft zwei Seile benutzt, werden folgende Kameradensicherungen angewendet:

- Der Vorsteiger wird an beiden Seilsträngen mit HMS gesichert.
- Beide Nachsteiger kommen, je an einem Seil gesichert, bei etwa gleichem Tempo nach; Abstand etwa 4–5 Meter.

- Der Seilerste sichert die Nachsteiger mit einer Sicherungsplatte nach. Diese ermöglicht ein voneinander unabhängiges Bedienen der Seile.

Zwischensicherungen

Zwischensicherungen sind ein wichtiger Bestandteil der Sicherungskette. Bei einem Sturz des Seilersten reduzieren sie die Sturzhöhe und

Sicherung der beiden Nachsteiger

zu den Nachsteigern

Sicherung des Vorsteigers

Setzen einer Zwischensicherung im steilen Eis

verringern den Fangstoß. Zwischensicherungen sollten nicht nur in schwierigem Gelände angebracht werden, sondern auch in relativ leichten Seillängen in regelmäßigen Abständen.

Zwischensicherungen im Eis

Zur Zwischensicherung im Eis werden in der Regel Eisschrauben gesetzt. Bei eingeschränkter Bewegungsfreiheit oder bei überaus hartem Eis können Snargs vorteilhaft sein.

Hierbei ist zu beachten:

- Nach einer Beurteilung des Umfeldes die günstigste Stelle wählen.
- Wenn nötig provisorische Selbstsicherung beim Setzen der Schraube, indem z. B. das Seil über die Haue eines gesetzten Eisgerätes gelegt wird.
- Morsche und körnige Oberflächenschicht des Eises entfernen.
- Schraube gefühlvoll und möglichst vollständig eindrehen.
- Expressschlinge und Seil einhängen.

Eine sehr effektive Möglichkeit Zwischensicherungen zu setzen bietet sich, wenn die Schraube bereits vorher mit einer Schlinge versehen wurde:

- Expressschlinge auf den gewindefreien Teil der Schraube aufstecken und mit Karabiner versehen (kann bereits so am Gurt hängen).
- Beim Setzen kann das Seil bereits eingehängt werden.

Zwischensicherung mit bereits aufgesteckter Schlinge

- Beim Entfernen der Schraube kann diese noch am Seil eingehängt herausgedreht werden.

Die Vorteile sind erkennbar: Die Schrauben sind fast immer gegen Verlust gesichert; man ist sehr schnell selbstgesichert; es wird pro Sicherung nur ein Karabiner benötigt.

Praxistipp:
- Es ist darauf zu achten, dass das gesamte Gewinde der Schraube ins Eis gedreht wird. Die Gefahr, dass die Öse der Schlinge von den scharfen Gewindekanten durchschnitten werden kann, ist nicht zu unterschätzen!

Zwischensicherungen im Fels

Zum Anbringen von Zwischensicherungen im Fels werden natürliche Felsformationen und technische Hilfsmittel genutzt. Erfahrung und ein guter Blick für das Gelände machen den Einsatz von Schlingen, Klemmkeilen, Klemmgeräten und Haken effizient.

Für das Anbringen von Zwischensicherungen im Eis und Fels gelten folgende Grundsätze:

- Setzen der Zwischensicherung vor und nicht erst in einer schwierigen Passage.
- Erste Sicherung spätestens ca. 5 Meter nach dem Standplatz. Im Eis sollte sie wenn möglich außerhalb der Falllinie liegen.
- Je nach Beurteilung der Situation werden entsprechend weitere Sicherungen gesetzt.
- Die Sicherungen sollten so angebracht werden, dass das Seil nicht über scharfe Kanten läuft.
- Sie sollten so angebracht oder mit Schlingen verlängert werden, dass das Seil nicht im Zickzack läuft.
- Das Seil sollte, auch bei der Verwendung von Expressschlingen, unverdreht eingehängt werden (von der Wand weg durch den Karabiner laufen).
- Beim Weiterklettern, nach dem Einhängen der Zwischensicherung, ist auf die korrekte Seilführung zu achten. Das Seil muss so laufen, dass sich bei einem Sturz kein Bein verhängen und sich der Körper nicht überschlagen kann.

Seilschaft in Aktion

Eine gute und funktionierende Seilschaft zeichnet sich dadurch aus, dass sich die Partner gegenseitig unterstützen. Weiterhin sollten möglichst alle Seilschaftsmitglieder über wichtige und sicherheitsrelevante Aktionen und Entwicklungen informiert sein.

Seilschaftsgrößen
Zweierseilschaft

- In schwierigem Gelände sollte die Zweierseilschaft grundsätzlich angestrebt werden. In der Regel wird durch sie der geringste sicherungstechnische Aufwand und die größtmögliche Flexibilität erreicht.

- Die Zweierseilschaft erfordert auch den geringsten Zeitaufwand.

Dreierseilschaft

- Bei langen Touren ist eine Dreierseilschaft nur dann sinnvoll, wenn beide Nachsteiger gleichzeitig klettern können und sich somit der Zeitaufwand nicht übermäßig erhöht. Bei überaus »harten« Touren kann jedoch die Dreierseilschaft taktisch sinnvoll sein.
- Die Anseilart einer Dreierseilschaft sollte nach dem Gelände und dem persönlichen Können der Nachsteiger gewählt werden. Am Einfachseil mit Weiche sollte nur dann angeseilt werden, wenn beide Nachsteiger deutlich unter ihrer Leistungsgrenze klettern können.

Dreierseilschaft am Einfachseil mit Weiche

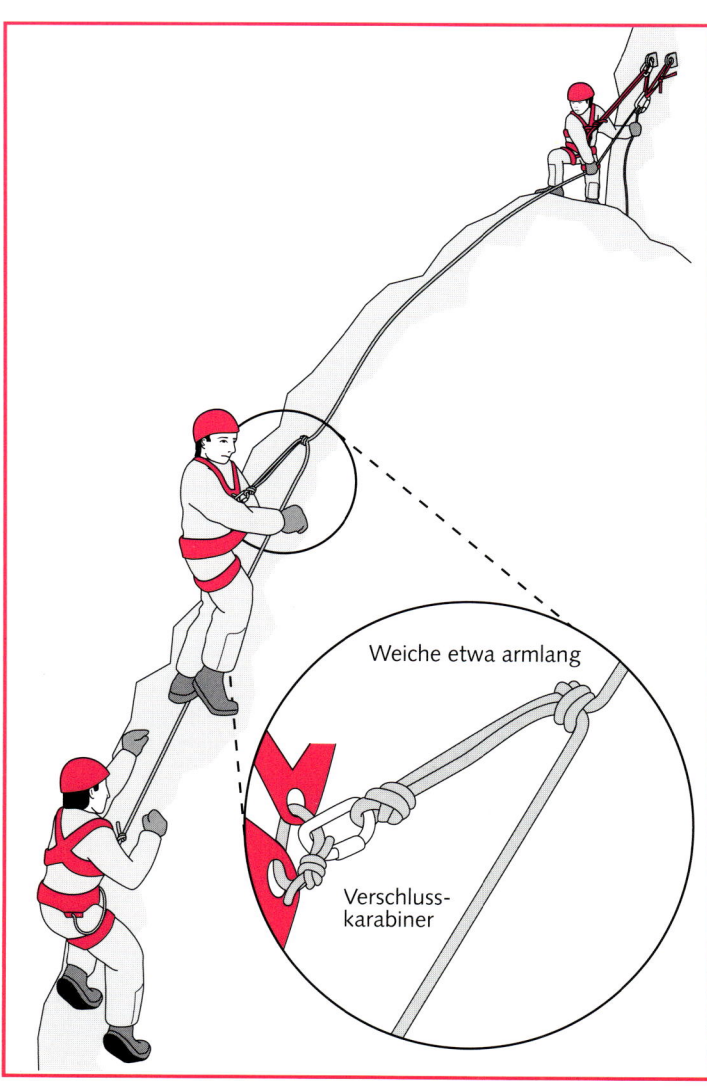

Weiche etwa armlang

Verschlusskarabiner

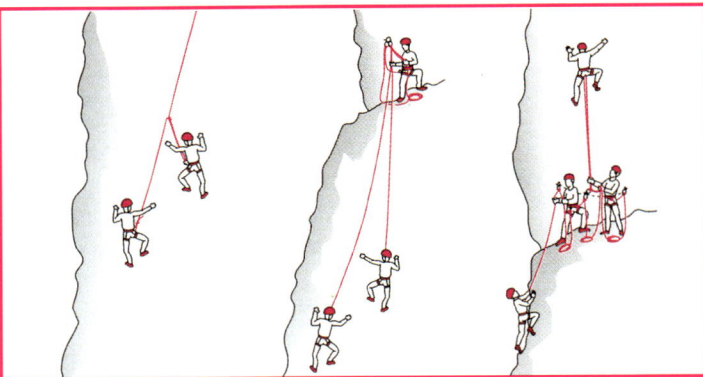

Am Doppelseil, jeder am separaten Seil, wird angeseilt, wenn die Nachsteiger im Bereich ihrer Leistungsgrenze klettern. In anspruchsvollem Gelände, das sicherungstechnisch eine hohe Flexibilität und Aktionsspielräume verlangt, sollte das Doppelseil die Regel sein.

Viererseilschaft

- Die Viererseilschaft sollte die absolute Ausnahme darstellen. Sie kann sicherungstaktisch effektiv sein, wenn sich zwei Zweierseilschaften in kritischer Situation zusammenschließen.
- Der Führende klettert am Doppelseil voraus. Zwei Nachsteiger sind an einem Seil angeseilt, davon einer mit Weiche, der dritte (schwächstes Seilschaftsmitglied) ist am zweiten Seil angeseilt.
Wenn aufgrund der klettertechnischen Schwierigkeiten diese Form nicht sinnvoll ist, wird jeder Nachsteiger an einem separaten Seil gesichert.

Seilkommandos

Der Grundsatz, dass immer ein Partner am Standplatz fixiert ist, muss stets beachtet werden. Klare Seilkommandos vermeiden hierbei risikoträchtige Missverständnisse.

Praxistipps:

- Zusätzlich gibt der Seilzweite dem Vorsteiger weitere Informationen, z. B. »Seilmitte« oder »noch 5 Meter«.
- Um bei mehreren Seilschaften Missverständnisse zu vermeiden, wird vor dem Seilkommando der Name des Partners gerufen.

Situation	Kommando
Seilerster ist am Stand angekommen und hat Stand gemacht (selbstgesichert)	»Stand«
Seilzweiter hat die Kameradensicherung ausgehängt	»Seil ein«
Seilerster zieht das Restseil ein; sobald es zu Ende ist, meldet der Seilzweite	»Seil aus«
Seilerster hat die Kameradensicherung eingehängt	»Nachkommen«
Seilzweiter beginnt zu klettern	»Ich komme«

- Bei schlechter akustischer Verständigung sollten andere Zeichen vereinbart werden, z. B. dreimaliges Ziehen am Seil bedeutet Stand oder jeweils ein Kommando.

Begehen von Seilversicherungen

Das Absichern von Geländepassagen mit Fixseilen ist dann sinnvoll, wenn bei einer Gruppentour das einzelne Nachsichern zu zeitraubend oder zu aufwendig wäre. Diese Technik ist ebenfalls von Vorteil, wenn Passagen öfter im Auf- und Abstieg begangen werden müssen (z. B. bei Touren im Expeditionsstil).

Anbringen von Fixseilen

Beim Anbringen von Fixseilen und Einrichten von Seilversicherungen ist auf sichere und solide Fixpunkte zu achten. Hierzu können natürliche oder künstliche Verankerungen verwendet werden. Das Gelände ist entscheidend, in welchen Abständen, neben den Endpunkten, weitere Fixpunkte angebracht werden. Je nach Situation kann es vorteilhaft sein, das Seil straff zu fixieren und zu spannen oder aber ein Schlappseil zu lassen. Grundsätzlich muss das untere Seilende fixiert und abgesichert sein; freie und lose Seilenden bedeuten ein großes und unnötiges Gefahrenpotenzial.

Das Begehen von Fixseilen

Das Begehen von Fixseilen sollte so organisiert werden, dass immer und überall die Sicherheit für jede Person gewährleistet ist und man sich gegenseitig nicht behindert. Dies bedeutet z. B., dass sich zwischen zwei Fixpunkten nur eine Person befindet.

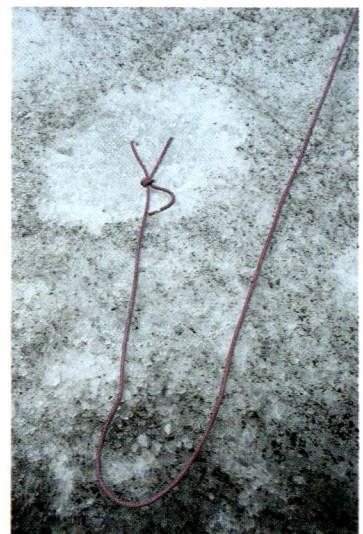

- Selbstsicherung mit armlanger Schlinge und Kurzprusik- oder Bandschlingenklemmknoten mit Karabiner.
- Aufstiegshilfe mit armlanger Schlinge und Seil- oder Steigklemme. Eine zweite Schlinge ist zur Selbstsicherung mit Karabiner unter der Klemme im Seil eingehängt (für steile Passagen).

Unteres Seilende als »Schlappseil« fixiert (oben links)

Seilverbindung bei Fixpunkt mit »Schlappseil« (oben rechts)

Gehen am Fixseil in der Südwand des Dhaulagiri VII (ganz links)

Die Selbstsicherung

Die Schwierigkeit des Geländes, die Verhältnisse, die objektiven Gefahren und die persönlichen Voraussetzungen entscheiden, wie gesichert wird.

- Selbstsicherung mit armlanger Schlinge, Verschlusskarabiner im Seil eingehängt (in flacheren, horizontalen und leichteren Passagen). Auch für den Abstieg geeignet.

Selbstsicherung mit armlanger Schlinge

SICHERUNGSTECHNIK

Selbstsicherung mit Prusik-schlinge und Karabiner (links)

Schlinge mit Steigklemme, 2. Schlinge darunter eingehängt (rechts)

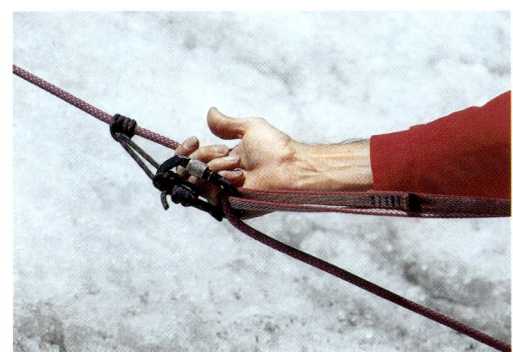

- Wenn am Seil über sehr steile, senkrechte und überhängende Wandstufen aufgestiegen werden muss, eignen sich ausschließlich Steigklemmen mit Griff (funktioneller und besseres Handling). Je nach Technik werden ein oder zwei Trittschlingen benutzt.

Für den steileren Abstieg eignen sich folgende Techniken:

- Selbstsicherung mit Kurzprusik oder Bandschlingenklemmknoten.
- Eine Steigklemme mit Griff kann in Abstiegsrichtung (Griff nach oben) ins Fixseil eingehängt werden. Bei Belastung dreht sich die Klemme nach unten und blockiert. Voraussetzung dafür ist, dass das Fixseil locker und nicht gespannt ist. Eine zweite Sicherungsschlinge ist mittels Karabiner im Seil einzuhängen.
- Ist das Gelände für ein Absteigen zu steil, wird abgeseilt. Dabei ist ausschlaggebend, dass das Fixseil an der unteren Verankerung als Schlappseil fixiert ist. Es kann, je nach benötigter Bremskraft, mit verschiedenen Methoden abgeseilt werden (Körper- oder externe Bremse). Grundsätzlich müssen zum Abseilen Bremsen verwendet werden, die ein Krangeln des Seiles ausschließen. Eine Schlinge zur Selbstsicherung ist zu empfehlen. Wenn es die Situation erfordert, kann zusätzlich mit Kurzprusik gesichert werden.

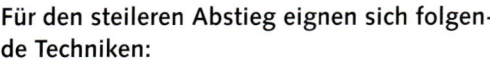

Senkrechter Aufstieg am Fixseil in der Manaslu-Südwand

Gehen am »kurzen Seil«

Das gleichzeitige Gehen am »kurzen Seil« ist zweifellos die Methode mit dem größten Risikofaktor. Die Mitreißunfälle und die Versuche des DAV-Sicherheitskreises über das Mitreißen am Seil (Tätigkeitsbericht 1980–1983) belegen diese Aussage eindeutig. Aufgrund dieser Tatsache wird das Gehen am »kurzen Seil« mit Sicherungsfunktion ausschließlich in der Ausbildung für Berg- und Skiführer gelehrt und entsprechend trainiert. Diese Methode hier umfassend vorzustellen und zu behandeln, würde dem Verantwortungsbewusstsein der Autoren widersprechen.

Zur Überbrückung leichter Geländepassagen

Im Gehgelände ohne Absturzgefahr und zur Überbrückung von leichten Geländeabschnitten ist es vorteilhaft, das Seil aufzunehmen und gleichzeitig zu steigen. Das Seil hat dabei keine Sicherungsfunktion.

Abseilen mit Abseilachter verlängert

Seilschaft am »kurzen Seil«

SICHERUNGSTECHNIK

Seilbund über
die Schulter auf-
genommen und
abgebunden

Gleichzeitiges Gehen am »kurzen Seil«

Das gleichzeitige Gehen am »kurzen Seil« sollte sich auf Passagen beschränken, die bei einem Sturz des Seilpartners Maßnahmen zulassen, einen Seilschaftssturz zu verhindern. In den meisten Fällen kann ein Mitreißunfall nur dadurch verhindert werden, dass der Seilpartner auf die andere Seite des Grates springt.

Absolute Voraussetzungen hierfür:
- Es muss unmittelbar an oder auf der Gratschneide gegangen werden.
- Reserveschlingen schaffen den nötigen Aktionsspielraum.
- Beim Gehen ist vollste Konzentration notwendig.

Anseilen:
- Wie oben beschrieben Seil in Schlingen am Körper aufgenommen und entsprechend abgebunden.
- Das ablaufende Seil wird mit Schraubkarabiner und Halbmastwurf möglichst tief zusätzlich am Hüftsitzgurt fixiert.

Anseilen und Seilversorgung
- Mit dem Seilende bindet man sich am Anseilpunkt ein.
- Das Seil wird in Schlingen über die Schulter aufgenommen und mit einer Seilschlaufe, den gesamten Bund und den Anseilpunkt des Gurtes zusammenfassend, abgebunden (Sackstich).

Gehabstand
- Der Gehabstand zwischen den Partnern sollte ca. 2 Meter betragen.
- Um in der Bewegung flexibel zu sein, können 2–3 Schlingen in die Hand genommen werden.

Gehen auf Firngraten

Seil aufge-
nommen,
tief fixiert,
in der Hand
Reserve-
schlingen

Um Schnee-, Firn- oder Eisgrate sicher begehen zu können, ist viel Erfahrung und Beurteilungsvermögen erforderlich. Flexibilität in der Wahl der Geh- und Sicherungstechniken sowie absolute Konsequenz bei der Anwendung können das Risiko minimieren. Äußerste Vorsicht fordern überwechtete Grate oder durch Schneebretter gefährdete Passagen. Oft ist dann Umkehr die einzig richtige und vernünftige Entscheidung.

- Es werden ca. 12 Meter Seil in Schlingen in einer Hand aufgenommen. Diese Reserveschlingen trägt entweder der Seilschaftsführer oder sie werden auf beide Partner aufgeteilt.
- Gehabstand zwischen den Seilschaftspartnern 2–3 Meter.

Praxistipp:
- Geh- und Seilabstand: So lang wie nötig und so kurz wie möglich!
- Müsste aufgrund der Wechtenausmaße der Gehabstand erheblich vergrößert werden, ist vom Gehen am »kurzen Seil« dringend abzuraten.

Wenn es das Gelände und die Verhältnisse zulassen, geht ein Partner links, einer rechts der Gratschneide. Dabei werden keine Reserveschlingen in die Hand genommen.

Gleichzeitiges Gehen mit Zwischensicherung

Das gleichzeitige Gehen am langen Seil mit Zwischensicherungen stellt zwar einen Kompromiss dar, kann aber sehr effektiv sein. Diese Technik darf jedoch nur dann angewendet werden, wenn solide und verlässliche Zwischensicherungen einen Seilschaftssturz ausschließen können.

Technik:
- Ein sicherer Fixpunkt als Zwischensicherung wird angebracht und das Seil mittels Expressschlinge eingehängt.
- Beide Partner gehen gleichzeitig und zwischengesichert, bis der Seilschaftszweite den Fixpunkt erreicht hat.
- Der Seilschaftserste setzt eine weitere Zwischensicherung, während der Partner am Seilende den Fixpunkt entfernt.
- Je nach Gelände und Material können auch in kürzeren Abständen Zwischensicherungen angebracht werden.

Praxistipps:
- Zur zusätzlichen Sicherung kann das Seil an der Zwischensicherung durch eine Seilklemme geführt werden (Rücklaufsicherung).

- Ist es aufgrund des Risikos nicht mehr vertretbar, am »kurzen Seil« oder gleichzeitig mit Zwischensicherung zu gehen, muss von Stand zu Stand gesichert werden.

Abseilen

Ist situationsbedingt ein Absteigen oder Abklettern nicht mehr sinnvoll, wird abgeseilt. Beim Abseilen im Eis sollte man sich auf mögliche negative Faktoren einstellen. Nasse oder vereiste Seile erschweren das Seilhandling und können beim Abseilen (wechselndes Bremsverhalten) oder Abziehen ernste Probleme bereiten.

Einrichten von Abseilstellen im Eis

In der Regel müssen die Abseilstellen immer selbst eingerichtet werden. Ausnahmen gibt es z. B., wenn »eingerichtete« Couloirs oder Routen zum Abseilen genutzt werden können. Solide Verankerungen und sparsamer Materialverbrauch sollten die Grundlage für das Einrichten der Abseilstellen sein.

Mit Eissanduhr
In der Eissanduhr als Fixpunkt sind viele Vorteile vereint. Im kompakten Eis lässt sich ohne

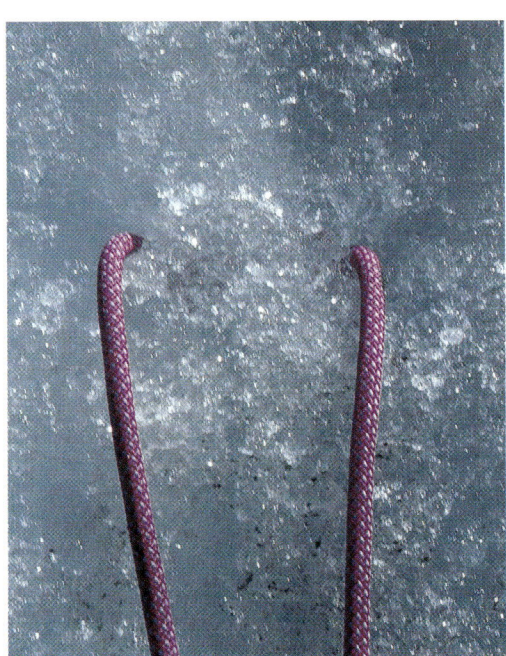

Eissanduhr mit gefädeltem Seil

SICHERUNGSTECHNIK

Aufbau der
selbstaus-
drehenden
Eisschraube

großen Aufwand immer eine sichere Eissanduhr schaffen. Wird das Seil direkt gefädelt, was
auch leichter geht als mit einer dünnen
Reepschnur, hat man keinen Materialverlust.

Mit Eisschrauben
Mit Eisschrauben kann zwar schnell eine solide
Abseilstelle geschaffen werden; das hat aber
den Nachteil, dass entweder die letzte Person
abklettern muss oder die Schraube zurück
bleibt. Werden zwei Eisschrauben verwendet,
dann in Reihenschaltung.

Mit selbstausdrehender Eisschraube
Diese Technik bietet die Möglichkeit, ohne
Materialverlust an einer Eisschraube abzuseilen.
- Expressschlinge bis zum gewindelosen Bereich der Eisschraube aufstecken; in die
  freie Lasche der Schlinge Karabiner klicken.
- Eisschraube bis auf ca. 3–4 Zentimeter in
  das Eis eindrehen, ein paar Mal aus- und
  eindrehen.
- Dünne Reepschnur in die Lasche der
  Schraube binden und straff durch Eindrehen der Schraube um das Rohr wickeln,
  danach noch 2–3 Windungen zusätzlich.
- Seil in den Karabiner der Expressschlinge
  einhängen.
- Kleine Sackstichschlinge in das Seil knüpfen
  und mit der Reepschnur verbinden; Reepschnur muss locker sein.

- Wird nach dem Abseilen an dem Seilstrang
  mit der fixierten Reepschnur gezogen,
  dreht sich die Schraube aus dem Eis.
- Der richtige Seilstrang ist zu markieren,
  z. B. durch Knoten am Seilende.

Praxistipp:
- Ist nach einer Abseillänge eine neue Abseilstelle einzurichten, sollte dies spätestens ca.
  3 Meter vor dem Seilende geschehen. Seilt
  man bis zum Seilende ab, besteht nach dem
  Aushängen des Seiles aus der Bremse die
  Gefahr, dass dieses aufgrund der vorherigen
  Dehnung hochgezogen und nicht mehr erreicht wird.

Einrichten von Abseilstellen im Fels

Führt der Abstieg über eine eingerichtete Ab-
seilpiste, werden die Abseilstellen nach einer
Qualitätsbeurteilung verwendet. Findet man
keine Abseilstellen vor, müssen diese wie im Eis
selbst eingerichtet werden.

Beim Einrichten sollten folgende Punkte Be-
achtung finden:
- Als alleiniger Fixpunkt eignen sich neben
  geklebten oder einzementierten Sicher-
  heitsbohrhaken nur absolut sichere Fixpunkte wie solide Sanduhren oder Felsköpfel, die man mit einer Reepschnur- oder
  Bandschlinge versieht.

- Wird das Seil direkt um einen Felszacken gelegt, ist vor dem Abseilen zu prüfen, ob sich das Seil auch abziehen lässt, die Reibung nicht zu stark ist oder es sich verklemmen kann.
- Verbindet man zwei Fixpunkte, z. B. zwei geschlagene Haken, so knotet man eine ausreichend lange Schlinge in die Haken und bindet beide Stränge gemeinsam mit einem Sackstich ab. In die Schlinge kann zusätzlich ein Abseilring eingeknotet werden, was das Abziehen des Seils erleichtert.

Praxistipp:
- In Gelände mit Schnee- oder Eisauflage bei Verwendung von Felszacken als Abseilstelle unbedingt prüfen, ob diese »gewachsen« oder nur eingeschneit sind und sich lockern können.

Selbstsicherung an der Abseilstelle

Grundsätzlich ist eine Selbstsicherung zu empfehlen, da bereits eine kleine Unachtsamkeit oder äußere Einwirkungen einen Absturz verursachen können. Eine Selbstsicherungsschlinge, etwas über Armlänge, wird mit Ankerstich

in die Anseilschlaufe geknüpft. Mit einem Verschlusskarabiner wird die Schlinge zur Selbstsicherung eingehängt.

Praxistipp:
- Die Schlinge sollte so lang sein, dass sie bei Nichtgebrauch über die Schulter gehängt und versorgt werden kann. Oder sie wird in den Seilstrang eingehängt, an dem das Seil abgezogen wird (Merkhilfe).

Vorbereitung der Seile

In der Regel wird am Doppelseil abgeseilt. Dies kann geschehen, indem ein Seil halbiert wird oder zwei Seile verbunden werden.

Folgende Punkte sind zu beachten:
- Wird ein Seil benutzt, wird der halbe Strang (bis zur Seilmitte) in die Aufhängung der Abseilstelle gefädelt.
- Werden zwei getrennte Seile benutzt, wird ein Seilende durch die Aufhängung gefädelt und die beiden Seilenden mit kräftig festgezogenem Sackstich verknüpft (Seilüberstand ca. 20 Zentimeter).

Abseilstelle an zwei Fixpunkten

Selbstsicherung an der Abseilstelle

- Die Seilenden werden mit einem Knoten abgesichert. Da nasse und vereiste Seile Bereiche mit sehr unterschiedlicher Reibung haben können, ist es zwingend notwendig, durch Verknüpfen beider Seilenden mit Sackstich ein Durchlaufen eines Stranges zu verhindern.
- Beide Seilstränge werden sorgsam miteinander aufgenommen und in weitem Bogen nach unten geworfen. Befinden sich Personen unterhalb, sollte vor dem Abwurf mit dem Ruf »Achtung Seil« gewarnt werden.
- Vor dem Abseilen ist zu kontrollieren, ob sich das Seil nicht verhängt hat und wie weit es reicht.

Praxistipp:

- In gestuftem oder unübersichtlichem Gelände ist es oft günstiger, den Partner mit beiden Seilenden abzulassen, so kann sich nichts verhängen und der Abgelassene hat beide Hände frei, um den nächsten Abseilpunkt zu schaffen. Rufverbindung ist notwendig.

Abseilen mit Abseilachter und Kurzprusik zur Selbstsicherung

Abseilmethode

Im Eis ist es vorteilhaft, mit einer Bremse abzuseilen, die ein Krangeln der Seile möglichst ausschließt (z. B. Abseilachter). Beide Seilstränge werden durch die große Öse des Abseilachters geschoben, um die kleine Öse herumgeführt und am Hals des Achters angelegt. Mittels Verschlusskarabiner, in der kleinen Öse eingehängt, wird der Achter in den Sackstich des Achterbandes (Verbindung Hüft- und Brustgurt) oder in die Anseilschlaufe des Hüftgurtes eingehängt.

Praxistipps:

- Beim Abseilen mit schwerem Rucksack ist es vorteilhaft, wenn die Bremse im Sackstich des Achterbandes eingehängt wird. Durch den höheren Aufhängepunkt wird der Oberkörper besser aufrecht gehalten und stabilisiert.
- Beim Abseilen mit HMS kann ein Krangeln vermieden werden, indem man die Seile parallel von oben einführt.

Selbstsicherung beim Abseilen

Ist es situationsbedingt ratsam mit einer Selbstsicherung abzuseilen, eignet sich hierfür ein Kurzprusik.
Eine kurze Prusikschlinge wird unterhalb des Abseilachters um beide Seilstränge geknüpft. Der Kurzprusik wird mit einem Karabiner möglichst tief, z. B. in die Beinschlaufen am Hüftgurt, eingehängt.
Während des Abseilens wird der Kurzprusik mit der Bremshand locker gehalten und mitgeführt.

Praxistipps:

- Die Länge des Kurzprusiks muss so eingestellt sein, dass er während des Abseilens nicht in die Bremse gezogen wird. Dies ist grundsätzlich vor dem Abseilen zu kontrollieren!
- Zieht sich der Kurzprusik fest (z. B. an der Mittenmarkierung), kann er durch Anheben der Hüfte (Hohlkreuz) entlastet werden. Bei freiem Hängen hebt man ein Bein, wickelt das Seil mehrfach um den Fuß und entlastet durch Aufstehen per Beinstreckung.

Einrichten einer Toprope-Umlenkung im Eis

Beim Einrichten einer Toprope-Umlenkung im Eis ist das Risiko einer Druckschmelzung einzubeziehen. Wenn eine Umlenkung lange und intensiv genutzt wird, relativ warme Temperaturen vorherrschen oder die Schrauben in weichem Eis verankert sind, können sie sich schnell lockern. Beim Einrichten mit Eisschrauben ist hier die Reihenschaltung der Ausgleichsverankerung vorzuziehen, so dass immer nur ein Fixpunkt belastet ist. Die wohl sicherste Möglichkeit bietet eine solide Eissanduhr, die eventuell hintersichert wird.

Folgendes ist zu beachten:
- Zur Seilumlenkung muss ein Verschlusskarabiner verwendet werden.
- Die Aufhängung sollte so lang sein, dass der Umlenkkarabiner über die Kante hängt.

Praxistipps:
- Wenn es möglich ist, sind die Fixpunkte mit Schnee oder Eis abzudecken.
- Nach jedem Kletterdurchlauf sollten die Fixpunkte kontrolliert werden.

Robert Jasper in Aktion (rechts)

Toprope-Umlenkung in Reihenschaltung

Theoretische Grundlagen

THEORETISCHE GRUNDLAGEN

Neben den praxisbezogenen Fähigkeiten Bewegung, Sicherung und Taktik sind auch theoretische Kenntnisse zur sicheren Durchführung von Touren im Hochgebirge nötig. Entsprechend dem Konzept der Alpin-Lehrplanreihe muss sich die Darstellung auf Grundlagen beschränken, die aber immerhin ein solides, praxisbezogenes Rüstzeug auf aktuellstem Stand bedeuten. Aufmerksam aufgenommen, verarbeitet und in der Praxis mit wachen Sinnen angewendet, ermöglichen sie bereits das verantwortliche, selbständige Unterwegssein. Wer beim Durcharbeiten dieser Theoriebasis Lust auf mehr Details und Spezialthemen bekommt, findet in der Fachliteratur reiche Nahrung.

SPIELFORMEN DES HOCHTOURENGEHENS UND EISKLETTERNS

Bergsteigen im Hochgebirge ist fast immer eine Kombination von Eisgehen mit Felsanteilen. Deshalb sind die folgenden Spielformen oft miteinander vermischt, etwa wenn nach der Begehung einer Eiswand der Abstieg über einen kombinierten Normalweg folgt. Dennoch ist eine Trennung der Spielformen sinnvoll, denn jede stellt andere Anforderungen an Technik, Kondition und Ausrüstung.

Gletschertouren

Manche hohen Gipfel, etwa der Großvenediger oder das Zermatter Breithorn, lassen sich ohne Felsberührung vollständig über Eis und Schnee erreichen. An Gipfeln über 3000 Meter Höhe wird man dabei meistens über Gletscher aufsteigen. Die sanft geneigten Hänge stellen kaum große technische Anforderungen, die konditionelle Belastung und der Einfluss der Höhe dürfen aber bei höheren Gipfeln nicht unterschätzt werden. Seil, Pickel und Steigeisen sollten immer mitgeführt und richtig angewendet werden, um der Spaltengefahr zu begegnen.

Klassische Hochtouren

Sobald Fels oder ein steilerer Abschnitt in Schnee oder Eis begangen werden muss, kann man nicht mehr von einfachen Gletschertouren reden. Bei klassischen Hochtouren verschiedener Schwierigkeiten wie etwa Groß-

Gletschertour: Monte Rosa von Süden

glockner, Ortler, Jungfrau (anspruchsvoll), Matterhorn, Weißhorn oder Biancograt (schwierig) müssen die Techniken in Fels, Schnee und Eis gut bis sehr gut beherrscht werden, die konditionellen Anforderungen liegen meist deutlich höher als bei Gletschertouren. Die technische Ausrüstung muss um mobile Sicherungsmittel für Fels und Eis ergänzt werden.

Klassisches Eisklettern

Darunter ist das Begehen gleichmäßiger Eiswände mit einer Steilheit bis maximal 60° zu verstehen, wie etwa Pallavicinirinne, Wildspitze-Nordwand oder Brenvaflanke. Ausgereifte Eistechnik ist notwendig, um dieses Gelände kraftsparend und sicher zu bewältigen. Ein zweites Handgerät mittlerer Länge macht den Aufstieg bequemer und sicherer. Entscheidend für flottes Vorwärtskommen sind eine ausgezeichnete Kondition und vor allem starke Beinmuskulatur. Oft sind im Verlauf der Tour, bei Zu- oder Abstieg Felspassagen zu begehen, die entsprechende Ausrüstung erfordern. Die Menge und Qualität des Eises ändert sich im Jahresablauf sehr stark, zwischen Tiefschnee und Blankeis; manche klassischen Eiswände sind im Sommer großenteils ausgeapert. Deshalb müssen sie mit überlegter Taktik und möglichst guter Information über die Verhältnisse angegangen werden.

Steileisklettern

Durch die Weiterentwicklung der Eisgeräte, vor allem der Handgeräte und Eisschrauben, ist es heute entscheidend leichter, auch steilstes Eis (60–90°) frei zu erklettern. Eine frühe Blüte erlebte diese Disziplin in den Gullies (enge, eisgefüllte Steilrinnen) der schottischen Berge, heute ist Chamonix das Mekka der Steileisfreunde. In Routen wie dem Chèré-Couloir oder der Droites-Nordwand ähnelt die Fortbewegung und Belastung eher dem Felsklettern: Die Arme müssen mehr Haltearbeit leisten. Ganzkörperkondition, perfekte Eistechnik, aber auch Bewegungsmuster des Felskletterns sind Voraussetzung für den Erfolg. Ein gutes Sortiment an Sicherungsmitteln für Fels und Eis gehört genauso zur Ausrüstung wie zwei kürzere Handgeräte mit Steileishauen und guter Handschlaufe.

Große kombinierte Touren

Routen wie Walkerpfeiler, Eiger-Nordwand oder Dru-Couloir gehören zu der anspruchsvollsten Sorte von Unternehmungen in den Alpen. Sie stellen sehr komplexe und vielfältige Anforderungen an ihre Begeher. Ausgefeilte Technik in Fels und Eis, kluge Taktik, zügige Sicherungstechnik sowie reiche Erfahrung in jeder Art von Gelände sind Voraussetzung, um

lerweise das Bergsteigen in den Hochgebirgen Asiens und Amerikas, es erscheint aber sinnvoll, damit allgemein bergsteigerische Unternehmungen zu bezeichnen, die außerhalb von Gebieten mit fester Infrastruktur (Hütten) stattfinden und mehrere Tage bis Wochen dauern. Die technischen Anforderungen können das gesamte Spektrum der oben genannten Spielformen umfassen, von der Gletschertour (Mustagh Ata) bis zur großen kombinierten Tour (Nuptse-Westwand). Bei hohen Gipfeln (ab 5500 Meter) ist eine gute Akklimatisation besonders wichtig. Verschiedene Stile zur Begehung der Route haben sich herausgebildet.

Klassischer Expeditionsstil

Zwischen Basislager und Gipfel wird eine Route angelegt: Fixseile oder Leitern sichern schwierige oder gefährliche Stellen, bei längeren Routen werden Hochlager eingerichtet, im Himalaja helfen oft Träger, Material in diese Lager zu bringen. Wenn alles vorbereitet ist und das Wetter mitspielt, wird versucht, mit mehr oder weniger Übernachtungen in den Lagern den Gipfel zu erreichen.

Westalpen-/Alpinstil

Zuerst werden Akklimatisationstouren unternommen. Dann versucht man, ohne Fixseil- und Lagerkette den Gipfel vom Basislager aus in einem Zug zu erreichen. Das Material für die Übernachtung(en) und die Verpflegung trägt man dabei im Rucksack mit. Dieser Stil, im Englischen als »super-alpinism« bezeichnet, wird als der hochwertigste betrachtet. Je besser Technik und Kondition sind, desto anspruchsvollere Routen können damit bewältigt werden (z. B. Changabang-Nordwand). Bei schwierigsten Kletterein oder unsicherem Wetter setzt das Gewicht von Verpflegung oder Ausrüstung den Tourenmöglichkeiten ein Limit.

Klassische Eiswand: die Nordwand des Gran Paradiso

mit den oft schnell wechselnden Verhältnissen klar zu kommen. Es kann vorkommen, dass hohe Felsschwierigkeiten mit Steigeisen geklettert werden müssen, dünne Eisglasuren können den Fels überziehen und heikle Eiskletterei verlangen. Oft ist bei großen Unternehmungen mindestens ein Biwak nötig; die dafür mitzuführende Ausrüstung steigert das Rucksackgewicht und damit die konditionelle Belastung weiter.

Expeditionsbergsteigen

Auch wenn es kaum noch echte »Expeditionen« (= »Forschungsreise«) gibt, hat sich dieser Begriff doch gegenüber dem Wort »Höhenbergsteigen« erhalten. Er bezeichnet norma-

Bigwallstil

Bei langen, schwierigen Kletterrouten (z. B. Ogre-Südwestpfeiler) können die Schwierigkeiten nicht mehr mit dem Alpinstil-Rucksack geklettert werden. Hier steigt der Seilerste ohne Rucksack vor und zieht das Gepäck hinterher, während der Zweite mit Steigklemmen am fixierten Seil nachsteigt. In steilem Felsgelände sind zum Übernachten meist Portaledges nötig, Klappliegen zum Aufhängen mit zeltartigem Überdach.

Kapselstil

Eine neue Variante der Bigwalltechnik in extrem schwerem Gelände: Von einem Lagerplatz (eventuell mit Portaledges) wird die Route erschlossen und mit Fixseilen ausgerüstet. Wenn wieder ein brauchbarer Lagerplatz erreicht ist oder die Fixseile verbraucht sind, wird das Lager nach oben verlegt und das Spiel wiederholt sich. Diese Technik wird oft bei Erstbegehungen in Regionen mit besonders miesem Wetter angewandt, etwa in Baffin Island oder Patagonien.

Wasserfallklettern

Als Spiel- und Trainingsform aus dem Steileisklettern entwickelt, hat das Wasserfallklettern in den letzten Jahren einen echten Boom erlebt. Die modernen Handgeräte und leicht setzbaren Eisschrauben ermöglichen das Erklettern gefrorener Wasserfälle und frei hängender Eiszapfen. Die Länge der Routen variiert von einer 20-Meter-Seillänge bis zum 500-Meter-Wasserfall. Die technischen und konditionellen Anforderungen ähneln denen des Sportkletterns, das fragile Material fordert aber eine starke Psyche und ein geschultes Einschätzungsvermögen für die Eisqualität. In manchen Gebieten existieren für beliebte Wasserfälle fixe Sicherungen im Fels (Haken oder Bohrhaken). Oft unterschätzt wird die Lawinengefahr bei diesem Hochwintersport. Die Ethik hat sich gewandelt: Früher war es üblich, sich zum Setzen von Zwischensicherungen in die Eisgeräte zu hängen und dabei die Arme auszuruhen. Heute gilt der »Rotpunkt«-Stil als erstrebenswert, bei dem die Eisschrauben aus der Kletterstellung gesetzt werden; die ganze Seillänge soll ohne Ruhen im Gerät durchstiegen werden. Profis verzichten heute sogar auf Handschlaufen.

Mixedklettern

Kombiniertes Klettern in Eis und Fels ist bei vielen der oben genannten Spielformen gefordert. Aber es hat auch eine eigenständige Bedeutung. In Schottland etwa sind manche Wände nur begehbar, wenn Moos und Gras gefroren sind und den Eisgeräten Halt bieten –

Expeditionsbergsteigen: am Nuptse-Westgrat

Wasserfall-
klettern –
»Mega Route X«,
Ben Nevis,
Schottland

dann sind auch keine ökologischen Probleme zu erwarten. Andere Wände aus brüchigem Fels werden erst zu lohnenden Kletterzielen, wenn sie unter Firn und Eis zusammengefroren sind. Bei uns wenig beliebt ist die schottische Spielform »snowed-up rock« (verschneiter Fels), bei der eingeschneite Felsrouten mit den Eisgeräten »geputzt« und dann erklettert werden. Das Begehen klassischer alpiner Felsrouten im Winter (z. B. Jubiläumsgrat) ist eine sanfte Variante des Mixedkletterns, am scharfen Ende der Skala finden sich extrem dünne, unsolide Eisglasuren auf steilem Fels, die kaum abzusichern sind. Da die Verhältnisse extrem unterschiedlich sein können (manche Mixedrouten sind nur in besonderen Jahren kletterbar), ist eine objektive Schwierigkeitsbewertung schwer. Auf jeden Fall sollten anspruchsvolle Mixedprojekte nur mit gewiefter Technik und stabiler Psyche angegangen werden.

Dry Tooling

Mixedklettern:
Winter in der
Jochberg-
Nordwand

Die jüngste Spielform des Eiskletterns, das auf die Spitze getriebene Mixedklettern, hat mit dem Eisklettern fast nur die Geräte (tools) gemeinsam: Man steigt mit ihnen über eisfreien (dry) Fels auf, oft durch überhängendes Gelände oder Dächer, um Eiszapfen oder Eisglasuren zu erreichen, über die der weitere Anstieg verläuft. Meist sind diese Routen, die in der Belastung extremen Sportkletterein ähneln, nur 15–50 Meter lang, gelegentlich gibt es Mehrseillängenrouten. Im Prinzip aber können solche Stellen auch in langen alpinen Routen geklettert werden, eine solide Psyche und viel Erfahrung vorausgesetzt (Tomaž Humar hat es in der Dhaulagiri-Südwand gezeigt). Heftig diskutiert wird, ob zur Absicherung Bohrhaken oder nur normale Haken verwendet werden dürfen und ob die Route »von oben« (abseilend) oder »von unten« (im Vorstieg) eingerichtet werden soll. Unumstritten wird eine Onsight-Begehung höher bewertet als eine Begehung nach Üben. Zur Einschätzung der psychischen Anforderungen scheint Robert Jaspers Vorschlag sinnvoll, die derzeit verwendete M-Skala für die Schwierigkeitsbewertung mit einer E-Bewertung zu ergänzen (siehe Seite 86/87).

AUSRÜSTUNG FÜR DAS HOCHTOURENGEHEN UND EISKLETTERN

Eis ist rutschig – ohne spezielle Ausrüstung kommt man bei Eistouren nicht weit. Im Folgenden sollen die grundlegende Allgemeinausrüstung für Touren in Hochgebirge und die eisspezifischen Ausrüstungteile je nach Anwendungsgebiet vorgestellt werden, mit Tipps zur Auswahl beim Kauf. Zur Anwendung sei auf die Kapitel Bewegungs- und Sicherungstechnik verwiesen, zu sicherheitstechnischen Details (Bruchkräfte, Normen) auf den Alpin-Lehrplan Band 5, Sicherheit am Berg.

Allgemeine Ausrüstung

Bekleidung

Die Bekleidung für hochalpine Touren sollte leicht, komfortabel, funktional und vielseitig modifizierbar sein. Mehrere dünne Schichten bieten bessere Möglichkeiten zur abgestimmten Temperaturregulation. Elastische Fasern vor allem bei Hosen schaffen mehr Bewegungsfreiheit. Kunststofffasern leiten Schweiß von der Haut weg, Naturstoffe saugen sich voll und müssen dann gewechselt werden; persönliche Vorlieben beim Tragekomfort sind für die Wahl entscheidend. Als Außenschicht ist ein wasserresistenter und möglichst schweißdurchlässiger Anorak Grundausrüstung, für steileres Eisklettern empfiehlt sich auch dringend eine Überhose.

Als Handschuhe bieten relativ dünne Fingerhandschuhe, etwa Langlaufhandschuhe oder spezielle Eiskletterermodelle, das beste Greifgefühl bei technisch anspruchsvollen Touren. Für kalte Verhältnisse sind moderne Doppelkonstruktionen mit Polypropylen-Unterziehern und GoreTex-Überhandschuhen empfehlenswert, für Extremfälle dienen Fäustlinge. Eine Schildmütze schützt bei sonnigen Aufstiegen vor Sonnenschäden, für die Kälte sollte eine warme Mütze, bei extremen Temperaturen sogar eine Gesichtsmaske (Neopren) dabeisein.

Schuhe

Erster Grundsatz: Schuhe müssen passen! Nach der Ära der Plastikschuhe, die Wasserdichtigkeit auch in feuchtem Schnee versprachen, erleben derzeit Lederstiefel ein Comeback. Sie bieten meist besseren Gehkomfort, mehr Feingefühl im Fels und sind etwas leichter. Kombiniert mit Komplett-Übergamaschen oder dank integrierten Gamaschen bei modernen Spezialmodellen sind sie den Plastikstiefeln in punkto Wasserdichtigkeit nicht unbedingt unterlegen.

Rucksack

Der Rucksack sollte gerade so groß sein, dass das Nötige hineingeht – zu große Säcke verleiten zum Mitnehmen von Zusatzballast, bei zu kleinen muss man Material verlustgefährdet außen anhängen wie im Jahrmarktladen – für unterschiedlich lange Touren braucht man mehrere Säcke. Angenehm ist ein komfortables Tragesystem mit belüftetem Rücken, für schwierigere Touren sollte der Rucksack schön am Körper anliegen. Außenbefestigungen für Pickel und Steigeisen sind praktisch, eleganter und weniger verletzungsgefährdend ist allerdings der Transport der Eisgeräte im Rucksack. Großen Praxiswert haben ein sauber schließender Deckel mit ausreichend langen Riemen und eine große, auch bei vollem Rucksack gut zugängliche Deckeltasche.

Sonnenschutz

Textiler Schutz durch Tücher und Kleidungsstücke (Halstuch, Mütze) ist am wirksamsten. Für freibleibende Hautpartien empfiehlt sich wasserfeste Sonnenschutzcreme mit hohem Lichtschutzfaktor (mindestens 20), die vor dem Aufbruch aufgetragen werden soll; Nachcremen ist nur bei starkem Schwitzen oder häufigem Naseputzen sinnvoll. Auch die Lippen müssen mit Sunblockercreme oder Abdeckcreme geschützt werden. Herpesanfällige sollten eine Herpessalbe dabei haben.

Gletscherbrille
mit seitlichem
Lichtschutz

Gletscherbrille

Eine gute Gletscherbrille muss 100 % Absorption auf allen UV-Wellenlängen, eine starke Absorption des sichtbaren Lichts (über 90 %) und eine Abdeckung gegen seitlichen Lichteinfall bieten. Billige Brillen können zwar ausreichenden Schutz haben, aber oft optisch schlechte Gläser, die durch Verzerrungen die Augen anstrengen und Konzentration kosten.

Orientierungsmittel

Karte und Höhenmesser sollten im Hochgebirge immer dabei sein. In Armbanduhren integrierte Höhenmesser können ausreichende Genauigkeit liefern; Billigmodelle muss man besonders häufig richtig stellen. Bei weitläufigem Gelände und Gefahr von schlechter Sicht kann ein Kompass sinnvoll sein; GPS-Geräte sind in den Alpen am ehesten in großflächigen Gebieten nützlich. Ein Fernglas kann zum Routenstudium nützlich sein.

Orientierungs-
mittel:
Fernglas,
Kompass,
Höhenmesser

Stirnlampe

Bei frühem Aufbruch ist eine Stirnlampe hilfreich zum Anziehen, Packen und Wegfinden. Je nach Batteriegröße ist die Brenndauer unterschiedlich, Ersatzbatterien sollten immer dabeisein, vielleicht auch eine Ersatzbirne. Konstruktionen, bei denen die Batterie am Körper getragen wird, haben Vorteile bei großer Kälte. Halogen-Glühbirnen leuchten heller, saugen aber Batterien unglaublich schnell leer. Modern und energiesparend sind Leuchtdioden-Taschenlampen. Standardkonstruktionen vereinen Lampe, Batterie und Tragebänder in einem Ensemble, man kann aber auch leistungsfähige Ministabtaschenlampen mit speziellen Stirnbändern tragen.

Getränkeflasche

Für ein angenehm warmes Getränk auf dem kalten Gletscher sind Stahl-Thermosflaschen trotz ihres Gewichts die beste Empfehlung. Für kalte Getränke die billigste Lösung sind Mehrweg-PET-Flaschen von Limo oder Sprudel; sie wiegen wenig und können bei Verschmutzung einfach zurückgegeben werden. Getränkebeutel (»Liquipak«) nehmen nach dem Leertrinken nur noch wenig Platz ein.

Biwaksack

Ein Biwaksack hilft beim Notbiwak und kann bei Regen zum Unterstand verbaut werden. Gore-Tex-Säcke produzieren weniger Kondenswasser, in normalen Nylon-Biwaksäcken sollte man mit Anorak und Überhose schlafen. Als Notbehelf für ein Biwak kann eine Rettungsdecke dienen.

Erste-Hilfe-Material

Ein kleines Erste-Hilfe-Set gehört auf jeder Tour in den Rucksack, ergänzt um persönliche Medikamente zur regelmäßigen Einnahme oder für häufig auftretende Beschwerden. Für außeralpine Fahrten sollte man sich vom Arzt eine Expeditionsapotheke zusammenstellen lassen. Ein Taschenmesser oder Universalwerkzeug, vielleicht auch etwas Draht, helfen bei kleinen Reparaturen.

Handy

Ein Mobiltelefon kann zur Alarmierung bei Unfällen sehr nützlich sein. Allerdings sind nicht alle Gebiete der Alpen vollständig von Mobilfunknetzen abgedeckt und Geländeformen können den Empfang erschweren – nicht rückhaltlos aufs Handy verlassen!

Grundausrüstung für das Begehen von Gletschern

Hüft- und Brustgurt

Der Kombination von Hüft- und Brustgurt ist der Vorzug vor Komplettgurten zu geben, denen sie beim Trage- und Hängekomfort weit voraus ist. Auf den Brustgurt sollte nicht verzichtet werden, da das freie Hängen in der Spalte nur im Hüftgurt mit einem Rucksack sehr unangenehm werden kann. Für einfache Gletschertouren eignen sich Leichtkonstruktionen (etwa Wettkampf-Hüftgurte).

Seil

Wegen der geringen Sturzenergien bei einem Spaltensturz ist für Gletscherbegehungen ein

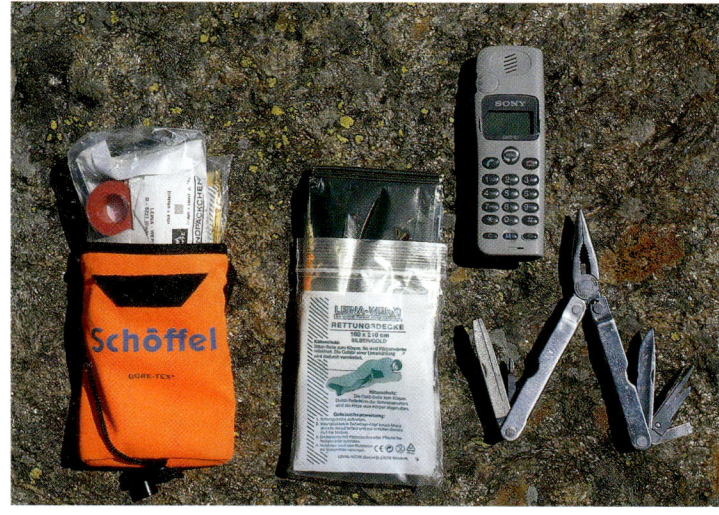

Halbseil (9 Millimeter) ausreichend. In Felszonen, etwa beim Gipfelanstieg, muss es im Doppelstrang als Zwillingsseil verwendet werden. Da dann nur die halbe Seillänge verfügbar ist, und um für die Spaltenbergung genügend Seil zu haben, empfiehlt sich eine Länge nicht unter 50 Metern. Für alle Anwendungen in Schnee und Eis sind imprägnierte Seile (»Everdry«) dringend zu empfehlen.

Das Notfallset – Erste-Hilfe-Pack, Rettungsdecke, Handy, Universalwerkzeug

Karabiner

Zum Einbinden sollte ein Schraubkarabiner verwendet werden; Karabiner mit anderen Verschlussmechanismen können sich in ungünstigen Fällen öffnen. Weiter sollten noch ein bis zwei Verschlusskarabiner und zwei bis drei normale Karabiner pro Person dabeisein.

Doppelseil (links)

Verschiedene Karabinerformen

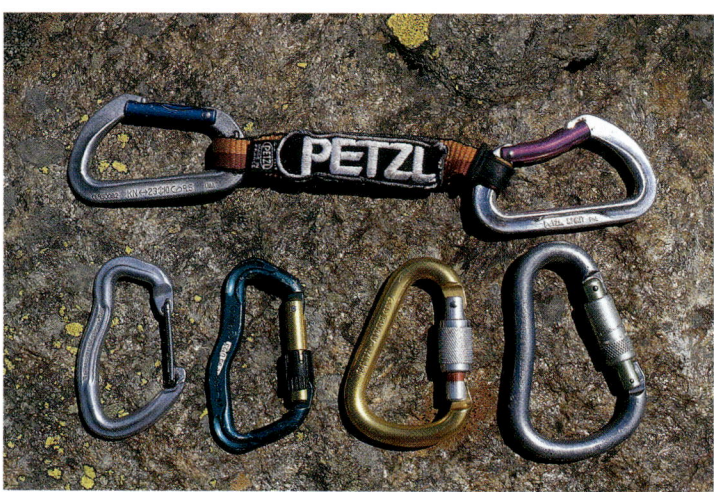

Dünne und dicke Reep-schnur (Prusik-schlinge), Band-schlinge offen und vernäht (Dyneema/Flachband) (links)

Pickel für Gletscher- und leichte Hochtouren (rechts)

Dünne und dicke Reep-schnur (Prusik-schlinge), Band-schlinge offen und vernäht (Dyneema/Flachband) (links)

Pickel für Gletscher- und leichte Hochtouren (rechts)

Schlingen

Als Prusikschlingen benötigt jeder zwei Reep-schnüre mit 5–7 Millimeter Durchmesser, ein-mal körperlang, einmal doppelt körperlang (Anhaltswert). Für den T-Anker und als Köpfl-schlinge bei Felspassagen ist eine genähte Bandschlinge von 1,20 Meter günstig. Eine Ex-pressschlinge kann beim Aufbau des Garda-knotens nützlich sein.

Steigeisen

Auf einfachen Gletschertouren darf dem Leichtgewicht Priorität eingeräumt werden. Leichtsteigeisen aus Aluminium, eventuell so-

Steigeisen für Gletscher- und leichte Hochtouren

gar nur mit acht oder zehn Zacken, genügen für nicht allzu steile Anstiege. Kipphebelbin-dungen sind wegen des schnellen Anziehens prinzipiell zu empfehlen, eignen sich aber nur für Schuhe mit ausgeprägtem Rand (Schuhe zum Eisenkauf mitnehmen).

Pickel

Auch hier genügen Leichtmodelle aus Alumi-nium oder Kunststoff; allerdings sollte sicher-gestellt sein, dass der Schaft der Belastung als T-Anker standhält. Die Haue kann gerade bis leicht gerundet sein und ohne scharfe Zah-nung. Bei lang hängendem Arm soll die Pickel-spitze knapp über dem Boden sein. Der Pickel muss immer griffbereit sein, selbst wenn man mit Skistöcken geht, da man ihn zum T-Anker-Bau benötigt. Wer sich selbst nicht traut, kann den Pickel mit Handschlaufe oder Fangschnur gegen Verlust schützen.

Eisschrauben

Zum Bau eines Fixpunktes für die Spaltenber-gung sollte jede Seilschaft zwei bis drei Eis-schrauben dabei haben, verteilt auf die Mit-glieder, die damit umgehen können. Leicht

eindrehbare Standardmodelle mit 17–19 Zentimeter Nutzlänge und eher dickem Durchmesser sind günstig für Gletschereis.

Seilklemmen

Mechanische Seilklemmen wie Jümar, Magic Plate, Ropeman oder T-Bloc erleichtern die Techniken der Spaltenbergung.

Zusatzausrüstung für das Begehen von Firn- und Eisflanken und von Eiswänden

Seil und Gurt

Zum Sichern bei Absturzgefahr genügt ein Gletscherseil nicht mehr. Man benötigt ein Einfachseil oder – besser, wegen Sicherheitsreserve und scharfkantigem Fels – ein Doppel- oder Zwillingsseil. 50–60 Meter Seillänge ist Standard, in gleichförmigen Eisflanken können noch längere Seile helfen, durch selteneren Standplatzbau Zeit zu sparen. Der Hüftgurt sollte für schwierigere Touren vier Materialschlaufen haben, damit man die Sicherungsmittel sauber verstauen kann.

Schutzhelm

Für alle steileren Anstiege und in kombiniertem Gelände ist ein Helm zum Schutz vor Stein- und Eisschlag dringend anzuraten. Wichtig sind gute Anpassbarkeit auf die Kopfgröße, schnelle Verstellung (mit/ohne Mütze), gute Belüftung, solider Sitz und geringes Gewicht sowie die Möglichkeit, eine Stirnlampe zu befestigen.

Eisgeräte und Steigeisen

Je steiler das Eis, desto steiler geneigt und bissiger gezahnt muss die Haue des Eisgerätes sein. Die empfohlene Länge reduziert sich auf 50–60 Zentimeter. Bei steileren Flanken sind zwei Geräte angenehm. Steigeisen sollten auf jeden Fall ein Frontalzackenpaar und eine verwindungssteife Konstruktion haben.

Eisschrauben

Für Standplatzbau und Zwischensicherung sollten Seilschaften im steilen Eis und großen

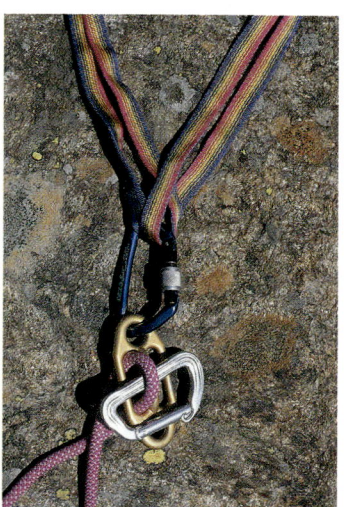

Seilklemmen: Jümar mit und ohne Griff (links)

Seilklemmen: von oben Ropeman, T-Bloc, Shunt (Mitte)

Seilklemmen: Magic Plate (rechts)

133

Wänden mindestens 6–8 Eisschrauben dabei haben; Standarddurchmesser, Nutzlänge um 17 Zentimeter.

Weiteres Sicherungsmaterial

Zum Standplatzbau nützlich sind eine (am besten genähte) Bandschlinge von 60 oder 120 Zentimetern und zwei einzelne Karabiner. Zum Sichern braucht man einen HMS-Karabiner (Schraub- oder Bajonettverschluss ist sicherer als Twistlock), dazu mehrere Expressschlingen für Zwischensicherungen.

Eisgeräte für extremes Eisklettern

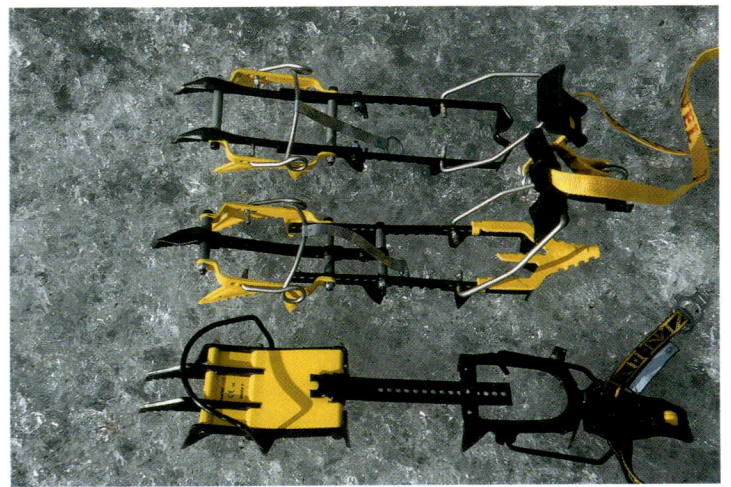

Starre Steigeisen für steiles Eis, in der Mitte mit Monozacken

Zusatzausrüstung für das Klettern an gefrorenen Wasserfällen und in kombinierten Routen

Eisgeräte und Steigeisen

Als Handgeräte werden spezielle Steileisgeräte verwendet. Die Hauen sind bananenförmig gekrümmt, stark nach unten gezogen und profitieren von exaktem Schliff; auch Halbrundhauen werden verwendet. Gewinkelte Schaftformen haben sich bewährt, da sich damit auch bei unregelmäßigem Eisaufbau wirkungsvoll und fingerschonend schlagen lässt. Moderne Handschlaufenkonstruktionen bieten ausgezeichneten Halt und geben trotzdem die Hand schnell frei zum Arbeiten, sind allerdings unter puristischen Extremen in grenzwertigen Mixedrouten wegen ihres kraftsparenden Effektes verpönt.

Als Steigeisen sollten starre Modelle verwendet werden, je nach Vorliebe mit Frontalzackenpaar oder Monozacken. Für extremstes Steileis gibt es zusätzliche Fersendorne für Heelhooks (Einhaken der Ferse über dem Kopf). Steileis-Experten bevorzugen für extreme Anstiege Lederschuhe mit relativ guter Beweglichkeit im Sprunggelenk.

Bei großen ernsten Routen hilft eine Ersatzhaue bei Hauenbruch aus der Verlegenheit; mancher nimmt sogar ein Ersatzsteigeisen und -eisgerät mit.

Eisschrauben

Die Möglichkeit des einhändigen Schraubensetzens ist bei steilen Wasserfallkletereien mit entscheidend für den Rotpunkt-Erfolg. Dafür sind die schärfsten, leichtgängigsten Schrauben, möglichst mit Kurbel als Drehhilfe, gerade gut genug. Für lange schwere Seillängen sind 8–10 Eisschrauben als Zwischensicherung nicht übertrieben. Zur griffbereiten Befestigung am Gurt gibt es Spezialkarabiner, Klemmvorrichtungen und Köcher. Einige kürzere Schrauben sind als zumindest psychologische Sicherung bei dünnem Eis und in kombiniertem Gelände empfehlenswert.

Weitere Sicherungsmittel

Genähte Bandschlingen von 60 oder 120 Zentimeter Länge dienen zum Sichern um (möglichst mindestens beindicke) Eiszapfen. Fels ist bei dubiosem Eis als Sicherheitsbasis sehr willkommen, weswegen beim Wasserfallklettern immer ein Sortiment Haken, Keile und Friends dabei sein sollte. Bei Mixedrouten und großen kombinierten Unternehmungen muss dieses Sortiment noch umfangreicher sein. Eine entsprechend erhöhte Anzahl von Expressschlingen und Karabinern gehört dann auch dazu, einige Meter Reepschnurmaterial können als Abseilschlingen bei einem Rückzug helfen. Moderne Karabiner mit Federstahlbügel sind weniger anfällig für Vereisung.

ALPINE GEFAHREN

In früheren Zeiten wurden die Gefahren des Gebirges als unvermeidlich angesehen, Bergtod galt als Schicksal, oft als Heldentum. Heute weiß man, dass man mit verantwortlichem Verhalten die Gefahren bei üblichen Touren bis auf ein kleines, unvermeidbares Restrisiko reduzieren kann. Berge und Menschen haben ihre Eigenschaften, etwa Kälte oder eine »Bürostuhl-Kondition«. Aus der Begegnung der beiden entstehen (potenzielle) Gefahren für den Menschen – zu erfrieren oder der Erschöpfungstod.

Das persönliche Risiko kann jeder Bergsteiger durch sein Verhalten – warme Kleidung, Training – beeinflussen. Dazu gehört eine ehrliche und treffende Situationsanalyse und die richtige Einschätzung der »Verhältnismäßigkeit der Mittel«.

Ursachen für Bergunfälle laut DAV-Unfallstatistik 1998 und 1999 – fast drei Viertel sind selbst verschuldet

Praxistipp:
● Falsche Einschätzungen der subjektiven und objektiven Gefahren werden oft durch Ehrgeiz, Konkurrenz oder Gruppendruck

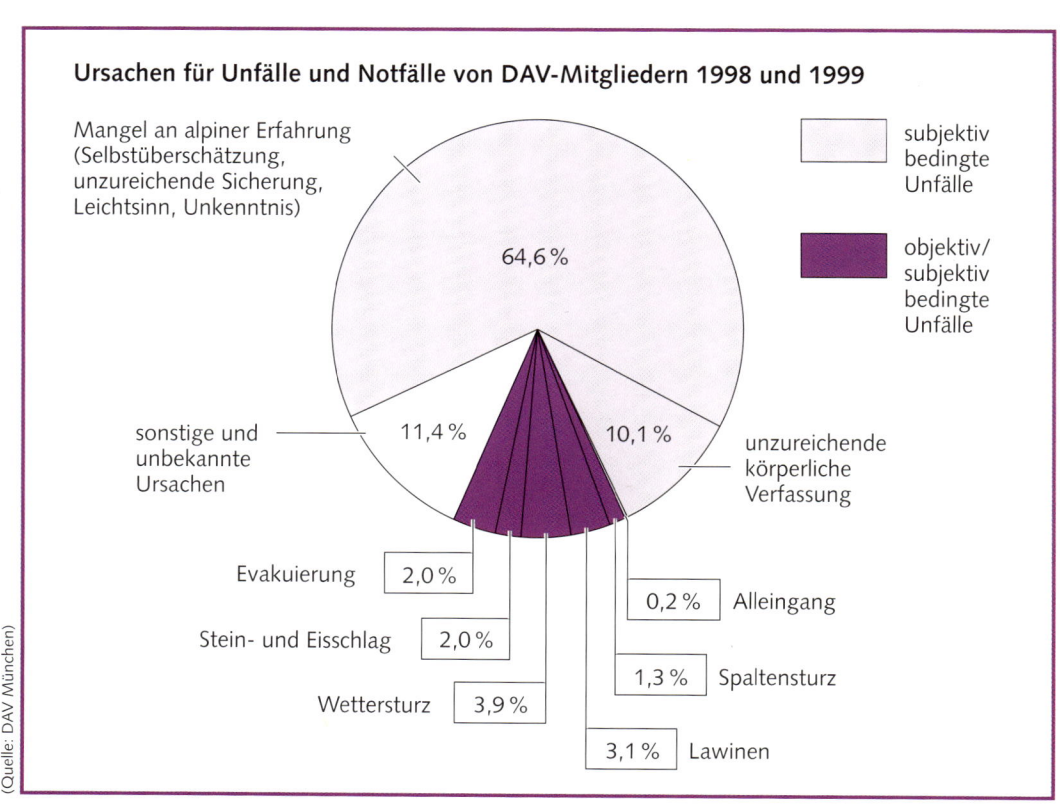

Ursachen für Unfälle und Notfälle von DAV-Mitgliedern 1998 und 1999

Mangel an alpiner Erfahrung (Selbstüberschätzung, unzureichende Sicherung, Leichtsinn, Unkenntnis)

subjektiv bedingte Unfälle

objektiv/ subjektiv bedingte Unfälle

64,6 %

sonstige und unbekannte Ursachen — 11,4 %

10,1 % unzureichende körperliche Verfassung

Evakuierung 2,0 %

0,2 % Alleingang

Stein- und Eisschlag 2,0 %

1,3 % Spaltensturz

Wettersturz 3,9 %

3,1 % Lawinen

erzeugt oder überdeckt. Um den Traumberg zu erreichen, oder weil die Stimmung gerade so gut ist, wird dann ein zu hohes Risiko eingegangen. Dagegen helfen eine Gruppenatmosphäre, die es erlaubt, Angst einzugestehen, und die Bereitschaft, auf das Ziel zu verzichten.

Subjektive Gefahren

Die meisten Bergunfälle gehen auf so genannte subjektive Gefahren zurück: Gefahren, die von der handelnden Person, dem Bergsteiger, ausgehen. Meist sind nicht die persönlichen Eigenschaften an sich die Gefahr, sondern die falsche Einschätzung, welche Tour man mit seinem Können oder seiner Kondition beherrscht. Um dies einschätzen zu können, ist exakte Information über die Anforderungen der gewünschten Tour nötig und – vor allem bei der ersten Tour der Saison – genaues Wissen um die eigene derzeitige Verfassung. Bedenkt man, dass der DAV rund drei Viertel aller Bergunfälle auf subjektive Ursachen zurückführt, wird klar, dass in der Persönlichkeit und im Verhalten jedes Bergsteigers das größte Potenzial zur Steigerung der alpinen Sicherheit liegt.

Falsche Einschätzung der körperlichen Belastbarkeit

Eine Herzschwäche ist an sich kein Gesundheitsrisiko – sie wird es, wenn man auf den Montblanc steigen will. Die gewählte Tour sollte mit dem aktuellen Konditions-, Gesundheits- und Akklimatisationszustand problemlos und mit Sicherheitsreserve durchgeführt werden können.

Falsche Einschätzung von Können und Erfahrung

Die persönliche Bewegungstechnik und Sicherungstechnik sollten so geschult und ausgereift sein, dass die Anforderungen der geplanten Tour mit einem guten Sicherheitsspielraum für schlechte Verhältnisse und etwaige Notfälle souverän beherrscht werden. Eine umfassende Erfahrung sollte garantieren, dass diese Einschätzung auch stimmt.

Falsche oder mangelhafte Ausrüstung

Die Ausrüstung sollte den aktuellen Verhältnissen der Tour angepasst sein und – vor allem bei größeren Unternehmungen – auch Sicher-

Steinschlag en gros: Bergsturz an der Knotenspitze

heit für Ungeplantes (Rückzug, Biwak) bieten. Dabei ist vor allem die Veränderung der Eis- und Schneeverhältnisse im Jahreslauf zu beachten: Firnhänge können zu Blankeis werden, brüchige Felsen ausapern, Spaltenbrücken zusammenbrechen.

Objektive Gefahren

Gefahren, die vom »Objekt«, dem Berg, ausgehen, ergeben sich aus geologischen und meteorologischen Zusammenhängen. Wer in die Berge geht, sollte diese Zusammenhänge kennen und verstehen. Dann kann er erkennen, wo und wie diese Gefahren entstehen und kann versuchen, ihnen durch angepasstes Verhalten zu entgehen. Dieses Verhalten kann von der Wahl des Begehungszeitpunktes über lokale Ausweichmanöver bis zur rechtzeitigen Umkehr oder zum völligen Verzicht auf besonders gefährdete Touren gehen.

Steinschlag

Steinschlag kann durch andere Bergsteiger oder Tiere (Gämsen) ausgelöst werden, vom Nachtfrost gesprengte Blöcke können bei Erwärmung freischmelzen und herunterfallen, gelegentlich brechen ganze Bergteile ab (Bergsturz), weil der Permafrost schmilzt oder als Folge der geologischen Vorgänge. Oft sind klassische Steinschlagzonen bekannt; sie können weiträumig umgangen oder frühmorgens begangen werden, wenn der Nachtfrost die Blöcke zusammenhält. Durch Beobachtung anderer Bergsteiger und Tiere kann man versuchen, sich in brüchigem Gelände möglichst nicht in ihrer Falllinie aufzuhalten. Eine Gruppe sollte in Bruchzonen eng zusammenbleiben, damit gelöste Steine nicht allzuviel Fahrt aufnehmen können. Ein Helm schützt den empfindlichsten Teil des Körpers und ist manchmal auch auf Wanderwegen angebracht.

Eisschlag

Unter Eisschlag versteht man das Abbrechen und Herunterfallen von Eistürmen (Séracs) oder riesigen Eisteilen in Eisbrüchen und Hängegletschern. Gletscher kalben, wenn ihre Eis-

massen aufgrund der Fließbewegung unstabil werden oder zu weit über eine Geländekante hinausragen. Dieser Zeitpunkt ist unvorhersagbar und kaum von der Temperatur abhängig – Eisschlag gibt es auch nachts. Trümmer früherer Eislawinen sind Warnsignale. Sie zeigen auch, wie weit der Eisschlag reichen kann und wie weiträumig man Hängegletscher mit senkrechter oder steilerer Vorderfront umgehen sollte. Gegen einen stürzenden Eisberg nützt ein Helm herzlich wenig.

Eisschlag am Piz Palü

Gletscherspalten

Fließt ein Gletscher über unebenes Gelände, reißt das Eis auf. Der Winterschnee bildet normalerweise Schneebrücken über die Spalten, die dann im Laufe des Sommers dünner werden oder ganz zusammenbrechen. Auf einem aperen Gletscher sind die Spalten erkennbar und können meist problemlos umgangen oder übersprungen werden. Sobald Schnee liegt, vor allem in fortgeschrittener Jahreszeit, ist Vorsicht angesagt, auf unbekannten Gletschern und bei schlechter Sicht erst recht. Seilsicherung, möglichst in Dreier- oder Viererseilschaft, bietet Sicherheit, Sondieren mit dem Pickel hilft, die Tragfähigkeit von Schneebrücken einzuschätzen, praxisbereite Kenntnisse in der Spaltenbergung sind im Fall der Fälle wichtig.

Sonderfälle von Spalten sind die Randkluft und der Bergschrund, die sich durch Temperaturunterschiede oder Bewegung zwischen Schnee oder Eis und Fels (Randkluft) oder Eiswänden (Bergschrund) bilden. Beim Übergang von Schnee auf Fels oder vom Gletscher in die Eiswand ist also damit zu rechnen, dass eventuell eine zugeschneite Kluft zu überwinden ist. Randklüfte zwischen Schnee und Fels können wegen der Wärme der Felsen oft viele Dutzend Meter tief sein.

Firnfelder

Die Gefährlichkeit steiler, hartgefrorener Firnfelder wird oft unterschätzt. Vor allem im Frühsommer können sonst apere Passagen von Firn bedeckt sein, der frühmorgens hart gefroren ist. Nach einem warmen Sommer können sich harmlose Schneefelder nahezu in Eis verwandelt haben. Solche Passagen kann man oft ohne Steigeisen kaum begehen, ein

Ausrutscher ist extrem schwer zu bremsen und die Fallgeschwindigkeit ähnelt der des freien Falls. Steigeisen, Pickel und Seilsicherung können dann auch auf sonst harmlosen Firntouren nötig werden. Verwendet man ein Seil, muss man seillängenweise sichern; bei gleichzeitigem Gehen ist es praktisch unmöglich, einen ausrutschenden Seilpartner zu halten.

Besonders heimtückisch ist die Ausschmelzung oder Unterhöhlung. Um (relativ warme) Felsblöcke herum taut der Schnee schneller ab, ein Hohlraum bildet sich, in den man einbrechen und sich das Bein brechen kann. Abfließendes Schmelzwasser oder Bäche unter Schneefeldern können es unterhöhlen und eine Todesfalle mit der Gefahr des Ertrinkens bilden.

Lawinen

Schnee in Steilgelände kann Lawinen bilden. Eine typische Gefahrensituation im Sommer ist es, wenn auf harten Firn große Mengen Neuschnee fallen und dann durch das eigene Gewicht oder erst bei Erwärmung abrutschen. Starker Wind verfrachtet den Neuschnee in Windschattenhänge und erhöht dort die Lawinengefahr. Im frühen Sommer können hartgefrorene Schneehänge, die von der Sonne aufgeweicht werden, unter Umständen abrutschen. Abtauender Schnee in Felszonen, der von weit oben herabrutscht, kann Bergsteiger

Bergschrund unter der Gran-Paradiso-Nordwand

**Harte Firnfelder
sind gefährliche
Rutschbahnen**

aus dem Stand reißen und löst oft Steinschlag aus.

Beim Bergsteigen in der Wintersaison ist die Lawinengefahr ein fast allgegenwärtiger Begleiter. Der Lawinenlagebericht gibt Auskunft über die Gefahrensituation, ihn abzuhören ist erste Sorgfaltspflicht. Vor allem in schattigen Nordwänden ist mit abbruchgefährdeten Triebschneeansammlungen zu rechnen, deren Brisanz durch die Kälte lange konserviert werden kann. Gefrorene Wasserfälle bilden sich oft in Abflüssen von Geländekesseln oder Karen, die abrutschenden Schnee kanalisieren. Für weiterführende Information seien Winterbergsteiger auf spezielle Lehrbücher über Lawinengefahr verwiesen.

Wechten

Schneewechten bilden sich auf der windabgewandten Seite exponierter Grate und können mehrere Meter überhängen. Sie können durch

**Die Nordflanke
der Weißsee-
spitze als
Gefahrensamm-
lung – Spalten,
Eisbrüche,
Neuschnee-
rutsche**

ihr Eigengewicht abbrechen, durch Erwärmung oder wenn man drauftritt – und in jedem Fall ohne Vorwarnung. Die Abrisslinie liegt dabei nicht etwa senkrecht über der Gratschneide, sondern oft mehrere Meter auf der vermeintlich sicheren Seite. Zur groben Abschätzung kann man sich den Hang unterhalb der Wechte nach oben verlängert denken; maximal so weit darf man sich dem Grat nähern. Besser ist es, noch weiteren Abstand zu halten, auch wenn man dafür in steile Flanken ausweichen muss. An gefährlichen Wechtengraten kann man seillängenweise sichern oder am »Sprungseil« gehen: mit einigen Metern Abstand und einigen Seilschlingen in der Hand. Fällt der Partner mit der Wechte, muss man auf die andere Gratseite springen. Die Technik fordert coolen Mut, schnelle Reaktion und Übung.

Wechten bringen auch die Gefahr von Lawinen und Steinschlag, wenn sie über einem abbrechen. Vor allem im Frühsommer fallen die unsoliden Wechten aus Winterschnee herunter und räumen oft noch Schnee und lose Steine aus den Flanken.

Wetter

So vielfältig wie die Erscheinungsformen des Wetters sind seine Gefahren für den Bergsteiger. Tiefhängende Wolken und Nebel verschlechtern die Sicht und erschweren die Orientierung. Niederschläge als Regen oder Schnee machen das Gelände rutschiger, können Steinschlag auslösen und beeinträchtigen Konzentration und Leistungsfähigkeit. Nässe beschleunigt das Auskühlen des Körpers. Wind macht Kälte noch aggresiver, da er die isolierende Lufthülle aus den Kleidern herausbläst. Hohe Konzentrationen von Bodenozon können die Leistungsfähigkeit senken und allergische Reaktionen auslösen.

Eine besondere Gefahr für Hochtouristen stellen Gewitter dar. Kann man ihnen nicht durch frühzeitige Umkehr entgehen, sollte man sie an einem geschützten Platz abwarten. Exponierte Geländestellen (Gipfel, Grate, Abbruchkanten) und stromführende Zonen (Drahtseile, Wasserläufe) sind zu meiden, größere Metallgegenstände sollten abgelegt werden. Überhänge und Höhlen bieten einen gewissen Schutz vor direktem Blitzschlag, sollten aber groß genug sein, damit man nicht von überspringenden Erdströmen getroffen werden kann. Eine isolierende Unterlage, Kauerstellung und rund eine Körperlänge Abstand nach allen Seiten helfen dabei. Sommerliche Wärmegewitter sind normalerweise nach spätestens einer Stunde vorbei; Frontgewitter können stundenlang dauern und Schneefall und gefährliche Abkühlung mit sich bringen.

Berühmt für Wechten – der Gipfelgrat des Piz Palü

Sonne und Hitze

So willkommen schönes, sonniges Wetter ist, es kann auch zuviel werden. Die UV-Strahlung nimmt pro 1000 Höhenmeter um 15–20 Prozent zu, durch Ausdünnung der Ozonschicht im Herbst und Frühjahr kann die Belastung nochmals um 40–60 Prozent ansteigen, reflektierender Schnee kann die Belastung noch verdoppeln. Diese Strahlung dringt auch durch eine dünne Wolkenschicht und durch Nebel. Wiederholte Sonnenbrände steigern das Risiko für Hautkrebs. Eincremen mit höchstmöglichem Lichtschutzfaktor und Kleidung, die die Haut möglichst vollständig bedeckt, schützen. Hitze, Sonnenstrahlung und Flüssigkeitsmangel können zu Verletzungen wie Sonnenstich, Hitzschlag und Hitzeerschöpfung führen. Vorbeugend wirken leichte, luftige Kleidung, viel Trinken, schattseitige Tourenwahl und Rückkehr vor der größten Tageshitze, unter Umständen auch ein Schirm. Besonders in Äquatornähe und weit im Süden (Ozonloch) ist auf UV-Belastung zu achten.

Kälte

Kälte schwächt die Leistungsfähigkeit und die psychische Widerstandskraft. Ihre Wirkung wird verstärkt durch Nässe, die die Haut durch Verdunstungskälte zusätzlich abkühlt, und durch Wind, der das schützende Luftpolster aus der Kleidung bläst – der sogenannte Windchill-Effekt. Wird der ganze Körper gleichmäßig ausgekühlt, etwa in einem kalten Biwak, droht Unterkühlung. Sie äußert sich zuerst in starkem Zittern, dann in zunehmender Apathie. Ab einer Körperkerntemperatur von 28–30 °C droht der Tod. Örtliche Erfrierungen dagegen entstehen, wenn einzelne Körperteile (Finger, Zehen, Nase) extremer Kälte ausgesetzt sind. Sie schmerzen zuerst und werden weiß, später werden sie gefühllos und sterben ab. Erfrierungen sind selten lebensbedrohend, können aber Amputationen zur Folge haben. Das Gelände verändert sich unter Kälteeinfluss ebenfalls: Schnee friert eisenhart, Fels vereist; bei der Kombination von Regen und großer Kälte kann sich eine zentimeterdicke Eisglasur bilden, die selbst mit Steigeisen heikel zu begehen ist.

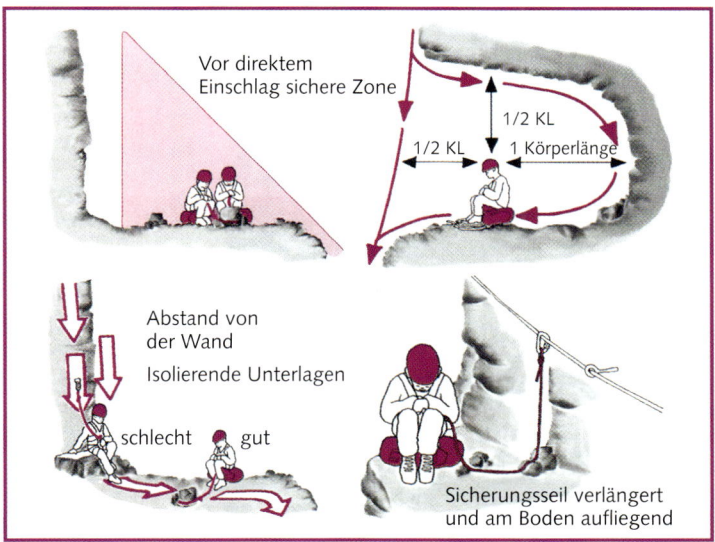

Vor direktem Einschlag sichere Zone

1/2 KL

1/2 KL · 1 Körperlänge

Abstand von der Wand
Isolierende Unterlagen

schlecht · gut

Sicherungsseil verlängert und am Boden aufliegend

Höhe

Verhalten bei Gewitter

Da der Sauerstoffdruck in der Luft mit zunehmender Höhe abnimmt, wird es für den Körper schwieriger, genügend von dem lebenswichtigen Gas aufzunehmen. Der Sauerstoffmangel führt zu den verschiedenen Formen der Höhenkrankheit: der »akuten Höhenkrankheit«, dem »Höhenlungenödem« und dem »Höhenhirnödem«. Bereits bei 1200 Meter macht sich der Sauerstoffmangel im Körper bemerkbar; ab 3000 Meter können echte Höhenbeschwerden auftreten; an Höhen bis zu 5300 Meter kann man sich noch anpassen; über 7500 Meter (Todeszone) kann sich der Mensch nur kurzzeitig aufhalten, unter ständigem Kraftverlust.

Bei Bergtouren in größere Höhen, besonders an außeralpinen Hochgipfeln, sollte man dem Körper Zeit zur Akklimatisation geben. Als Faustformel gilt: pro 1000 Höhenmeter braucht der Körper eine Woche. Eine weitere Regel empfiehlt: »hoch gehen, tief schlafen«, also immer mindestens 500 Höhenmeter unterhalb des höchsten erreichten Punktes übernachten. Und wer den Montblanc oder andere hohe Viertausender besteigen will, sollte vorher eine Höhe von rund 4000 Meter erreicht haben. Medikamente zur »Prophylaxe« der Höhenkrankheit werden an Himalaja-Gipfeln oft Doping-ähnlich missbraucht; sie haben alle gefährliche Nebenwirkungen und können Warnsignale der Höhenkrankheit gefährlich verschleiern.

GLETSCHERKUNDE

Fast jede Hochtour führt über Gletscher. Nur wer deren Eigenschaften kennt, kann eine sinnvolle Spur anlegen und die Gefahren der Gletscher vermeiden oder ihnen sinnvoll begegnen.

Entstehung und Bewegung

Gletscher sind Eisströme, die sehr langsam bergab fließen. Sie entstehen aus Schnee, der in hohen Lagen nicht abschmilzt und sich im Laufe von mindestens drei bis fünf Jahren durch sein Eigengewicht und Temperaturwechsel zu Eis verdichtet. Die Höhenlage, in der die Schneemenge jährlich zunimmt – das »Nährgebiet« des Gletschers –, liegt in den Nordalpen oberhalb von 2500–2700 Meter, in den Zentralalpen über 2800–3200 Meter. Unterhalb dieser »Firngrenze« ist die Massenbilanz negativ, hier beginnt das »Zehrgebiet«. Durch das Gewicht des Gletschers schmilzt das Eis am Gletschergrund ein wenig, es bildet sich eine Gleitschicht wie unter der Kufe eines Schlittschuhs; auf dem schrägen Untergrund

Finster- und Unteraargletscher ziehen mit ihren Moränen zum Grimselpass; vom Gipfel des Finsteraarhorns gesehen

fließt die Eismasse. Alpengletscher erreichen Geschwindigkeiten von 40–200 Meter pro Jahr (je steiler und größer, desto schneller). Große Gletscher wie im Himalaja können viermal so schnell fließen, in der Antarktis wurden schon Geschwindigkeiten bis zu 10 000 Meter im Jahr gemessen. Eine Besonderheit hauptsächlich außeralpiner Gletscher sind schubartige, rasante Vorstöße etwa infolge einer Wasserstauung; bei solchen »Surges« kann das Eis in wenigen Monaten mehrere Kilometer vorpreschen.

Gletscherspalten

Gletschereis verhält sich unter Druck plastisch, auf Zug spröde. Deshalb fließt ein Gletscher in gleichförmigem Gelände ruhig dahin. Überfließt er dagegen Unebenheiten oder muss er seine Richtung ändern, reißt das Eis auf – es bilden sich Gletscherspalten. Über konvexen Geländeformen entstehen V-Spalten, die nach oben breiter werden, über konkaven Stellen bilden sich A-Spalten: Sie sind an der Oberfläche schmal, erweitern sich nach unten und schließen sich wegen der Plastizität des Eises in größerer Tiefe wieder. Die maximale Spalten-

tiefe bei den »temperierten Gletschern« der Alpen beträgt 30–40 Meter. In »kalten Gletschern«, etwa in den Polargebieten, können sie sogar 80–100 Meter tief werden. Je nachdem ob die Geländestrukturen quer, längs oder kreuzweise zur Fließrichtung des Gletschers verlaufen, bilden sich »Quer-«, »Längs-« oder »Kreuzspalten«; besonders abrupte Stufen lassen den Gletscher zu einem »Eisbruch« zerbersten. Am Gletscherrand bilden sich wegen der unterschiedlichen Fließgeschwindigkeit zwischen der schnelleren Gletschermitte und dem langsameren Rand »Randspalten«, die im Winkel von 30–45° entgegen der Fließrichtung zeigen. An der Gletscherzunge, dem vorderen Gletscherende, können »Radialspalten« entstehen, die auf einen gedachten Mittelpunkt der Zunge weisen. Sonderfälle von Spalten sind »Bergschrund« und »Randkluft«: Ein Bergschrund bildet sich an der Abrisskante zwischen Toteis (bewegungslosem Eis, etwa einer Eiswand) und Gletscher. Die Randkluft entsteht durch Abschmelzung zwischen Felszonen und Eis oder Schnee.

Moränen

Der fließende Gletscher transportiert lose Steine talwärts. Dieses Steinmaterial sammelt sich in ruhigeren Zonen und bildet Moränen:

Schuttstreifen, die parallel zum Gletscher verlaufen. Moränen bilden sich vor allem zwischen dem Gletscher und seinem Untergrund (»Untermoräne«), am Rand (»Seitenmoräne«), an seinem Ende (»Stirnmoräne«) oder an der Nahtlinie zweier zusammenfließender Gletscher (»Mittelmoräne«). Die einst viel größeren Gletscher der Eis- und Zwischeneiszeiten haben ebenfalls Moränen hinterlassen; diese Altmoränen heißen »Grund-« (statt Unter-) moräne, »End-« (statt Stirn-) moräne und »Ufer-« (statt Seiten-) moräne. Vor allem die Ufermoränen, die die Alpengletscher bei ihrem letzten Höchststand um 1850 aufgeschoben haben, sind markante Begleiter der heutigen Restvergletscherung. Die losen Schuttmassen von Moränen sind mühsam und heikel zu begehen. Muss ein Gletscher durch Abstieg von der alten Ufermoräne erreicht werden, kann das schwierig und steinschlaggefährdet sein. Bei großen Gletschern ist im Unterlauf das Eis oft völlig von Schutt bedeckt; hier muss man auf den rutschigen Untergrund achten und daran denken, dass sich auch hier Spalten bilden können. Besonders große, einzelne Felsblöcke auf dem Gletscher können »Gletschertische« bilden: Beim Abschmelzen des Gletschers hält sich in ihrem Schatten ein Eissockel, auf dem der Block ruht. Gletschertische können mannshoch werden und sind in Richtung Süden geneigt.

WETTERKUNDE

Neben dem technischen Können ist das Wetter der wohl wichtigste Faktor für Gelingen und Genuss von Eis- und Hochtouren. Während eines sommerlichen Azorenhochs kann man hemdsärmelig auf dem Gipfel des Montblanc die Aussicht genießen – ein Wärmegewitter dagegen kann schon den Abstieg vom Pitztaler Urkund zum lebensbedrohlichen Abenteuer machen. Wind kann an einem heißen Sommertag angenehm kühlen, aber auch dem Körper die wichtige Wärme wegblasen; Sonne und Wärme sind meist angenehm, weichen aber Schneehänge und Brücken über Gletscherspalten gefährlich auf und bringen die Gefahr von Hitzeschäden und Sonnenbrand. Für gute Auswahl, Planung und Durchführung jeder Bergtour ist deswegen ein Grundverständnis für die wichtigsten Wetterabläufe notwendig. Dann kann man die Aussagen des Wetterberichts besser interpretieren und aus eigenen Wetterbeobachtungen vor Ort auf die weitere Entwicklung schließen.

Wetter: Telefonnummern und Internetadressen

Kostenlose Telefondienste

D - 089 / 29 50 70	Alpenverein-Tonbandansage
A - 05 12 / 29 16 00	persönliche Telefon-Wetterberatung des Alpenvereins, Mo–Sa, 13.00–18.00 Uhr
CH - 01 / 162	Schweizer Wetterbericht

Internet-Wetteradressen

www.alpenverein.de	DAV-Wetterservice
www.dwd.de/forecasts	Deutscher Wetterdienst
www.sma.ch	Schweizer Wetterbericht
www.provincia.bz.it/meteo	Provinz Bozen, deutschsprachig
home.t-online.de/home/G.Rampe	verschiedene Alpen-Panoramakameras und weitere Links
i10www.ira.uka.de/~vcg/DAV/wetter.html	Links
www.aacz.ch/meteo/	Link-Sammlung
www.ecmwf.int	Langfrist-Wetterkarten

Praxistipps:

- Das Einholen einer möglichst aktuellen Wettervorhersage gehört zu den grundlegenden Sorgfaltspflichten und Vorsichtsmaßnahmen vor jeder Bergtour.
- Auf Tour kann man sich mit Mobilradio oder Telefon (Handy) aktuelle Wetterinformationen verschaffen.
- Auf längeren Touren ohne technische Kommunikationsmöglichkeiten hilft der Höhenmesser, die Luftdruckentwicklung zu verfolgen.
- Die Beobachtung der Wettererscheinungen Temperatur, Feuchtigkeit, Wind und Wolken sollte zur eingefleischten Gewohnheit werden und bietet gewisse Chancen, eine eigene Wetterprognose aufzustellen.

Grundlegende Zusammenhänge

Die Sonne und die Erddrehung bringen das Wetter in Gang. Die Sonneneinstrahlung auf den Äquator erwärmt dort die Luft stärker als in den Polgebieten. Der Temperaturunterschied muss ausgeglichen werden. Das geschieht in großen Kreisläufen, wie etwa dem Passatkreislauf: Am Äquator aufgeheizte Luft steigt nach oben, wandert polwärts und beginnt nach den Wendekreisen, in etwa 30° Breite, abzusinken, wonach sie als Passatwind zurück zum Äquator strömt. In unseren gemäßigten Breiten (30–60° Nord), wo die Alpen liegen, treffen ständig warme Luftmassen aus dem Süden mit kalten, nördlichen Luftmassen zusammen. Durch ihren temperaturbedingt unterschiedlichen Energiegehalt und den Einfluss der Erddrehung verwirbeln sie sich, bilden Luftmassenfronten und Vermischungszonen, die unterschiedliche Wetterphänomene bewirken. Kennt man einige physikalische Eigenschaften der Luft, ist das Wettergeschehen leichter zu verstehen.

- Warme Luft ist leichter als kalte, sie steigt auf.
- Aufsteigende Luft dehnt sich aus und kühlt dabei ab.
- Warme Luft kann mehr Feuchtigkeit speichern als kalte.
- Druckunterschiede werden ausgeglichen; die Luft strömt am Boden vom Hoch ins Tief.

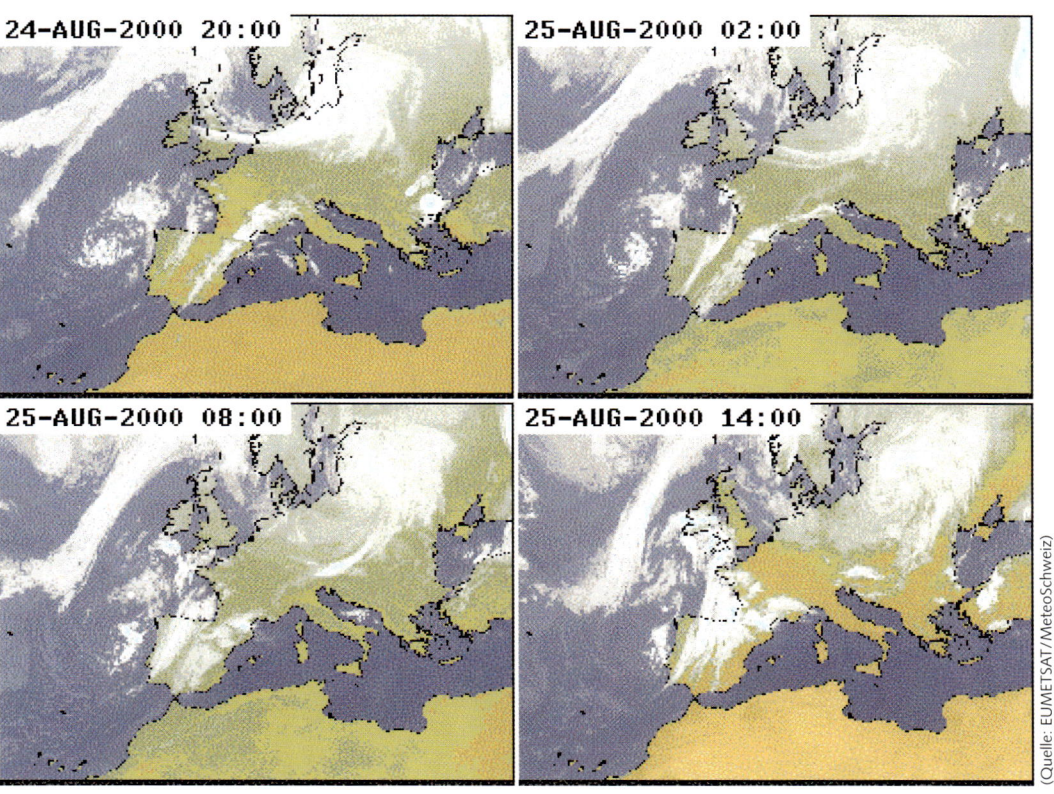

24-AUG-2000 20:00

25-AUG-2000 02:00

25-AUG-2000 08:00

25-AUG-2000 14:00

(Quelle: EUMETSAT/MeteoSchweiz)

Satellitenbild-
folge mit
Wolkenwirbeln

Wetterbestimmende Luftmassen

Je nach Luftströmung und Wetterlage werden unterschiedliche Luftmassen in den Alpenraum geführt. Sie unterscheiden sich in Temperatur und Feuchtigkeit; dementsprechend verschieden wirken sie auf das Wettergeschehen. Tropikluft aus dem Süden ist immer warm; sie kann wüstenhaft trocken sein oder schwülfeucht, wenn sie sich über dem Mittelmeer aufgeladen hat. Aus dem Norden kommt die Polarluft, die wegen ihrer begrenzten Aufnahmefähigkeit für Feuchte recht trocken ist, aber selbst in den gemäßigten Jahreszeiten, vor allem im Frühjahr, starke Temperaturstürze verursachen kann. Die kontinentale Festlandsluft aus dem Osten ist im Winter sibirisch kalt, im Sommer dagegen relativ warm, wenn sich der russische Kontinent aufheizt. Da sie keine Meere überstreicht, ist sie immer trocken. Feucht dagegen ist die Meeresluft aus dem Westen, die wegen der Temperaturpufferung des Atlantiks im Winter wärmer, im Sommer kühler als die kontinentale Luft ist.

Typische Wolkenformen

Wolken werden nach Form und Höhenlage in zehn Familien eingeteilt. Mit dem lateinischen Namen für die Form bezeichnet »Cumulus« eine Haufenwolke, »Stratus« eine ausgedehnte Schichtwolke. »Cirrus« heißt Feder und steht für feder- oder schleierförmige Wolken im obersten Stockwerk (6–12 Kilometer), »Alto-« heißt hoch und kennzeichnet Wolken im mittleren Stockwerk (2–6 Kilometer). »Nimbo« oder »nimbus« steht für Regen.

Cirrus (Ci)

Faserige, haarartige Strähnen, oft die ersten Vorboten einer Warmfront bei Aufzug aus Südwest bis Nordwest.

Cirrostratus (Cs)

Ausgedehnte Cirruswolken, die als feiner Schleier den ganzen Himmel bedecken. Oft bilden sich Nebensonnen und Halos (regenbo-

Wolkenformen
und -höhen

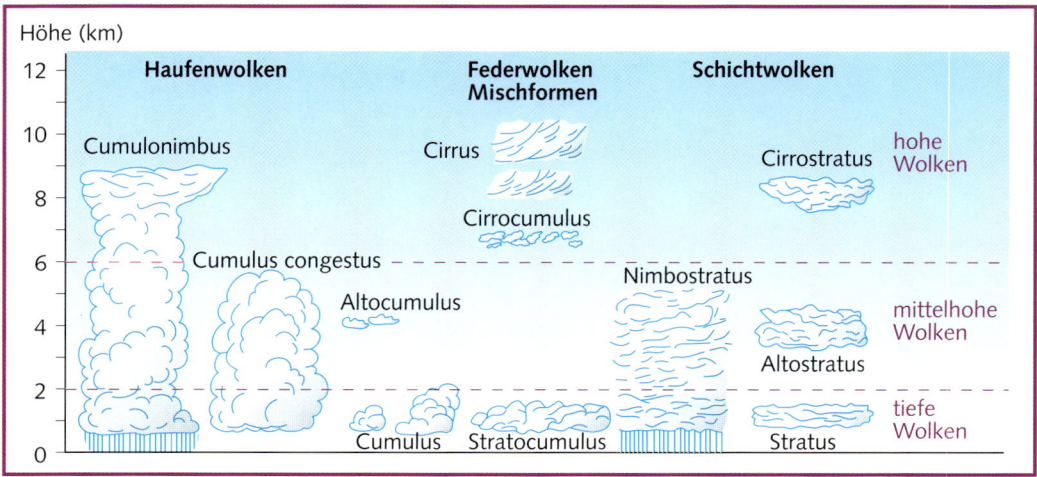

Höhe (km)

| | Haufenwolken | Federwolken Mischformen | Schichtwolken | |

12

10 Cumulonimbus   Cirrus   Cirrostratus   hohe Wolken

8   Cirrocumulus

6 Cumulus congestus

Nimbostratus

Altocumulus   mittelhohe Wolken

4   Altostratus

2

tiefe Wolken

Cumulus   Stratocumulus   Stratus

0

genfarbige Ringe) oder ein Hof um Sonne und Mond. Anzeichen einer nahenden Warmfront mit Niederschlag, wenn gleichzeitig der Luftdruck fällt.

Cirrocumulus (Cc)

Kleine aufgelockerte, zart ausgefranste Haufenwölkchen in großer Höhe. Typische Kalt-

Haufen- (Cirro-cumulus-) und Schichtwolken (Cirrostratus) gemeinsam, dazu eine »Nebensonne« (Halo) – kein gutes Vorzeichen

front-Rückseitenbewölkung, manchmal auch vor Gewittern zu sehen.

Altocumulus (Ac)

Die typische Schäfchenwolke aus der bayerischen Bierwerbung, kissenförmige Haufenwolken in mittlerer Höhe (3000–6000 Meter). Bei stabilem Wetter lösen sich Altocumuli im Lauf des Nachmittags auf. Ballen sie sich stattdessen zusammen und türmen sich hoch auf, muss mit Gewittern gerechnet werden.

Altostratus (As)

Geschlossene Wolkendecke in mittlerer Höhe, die noch nicht bedrückend wirkt und noch Licht durchlässt. Hat sie sich aus Cirrostratus entwickelt und sinkt ihre Untergrenze langsam ab, ist mit einer Warmfront zu rechnen.

Nimbostratus (Ns)

Die Niederschlagsbewölkung der Warmfront. Eine tief hängende, manchmal am Boden aufliegende Wolkendecke, dunkelgrau bis schwarz, aus der lang anhaltender Landregen fällt.

Stratocumulus (Sc)

Unter den niedrigen Wolken (500–2000 Meter) die häufigste, oft am Morgen zu sehen. Kleine Ballen, die den ganzen Himmel bedecken. Falls sie sich zusammenballen und Türme bilden, ist mit Gewitter zu rechnen.

Cumulus (Cu)

Einzeln stehende niedrige Haufenwolke, kräftig weiß bis grau. Ihre Entwicklung (Auflösung oder Auftürmung) ist zu verfolgen.

Cumulus congestus (Cu con)

Aufgetürmte, mehrere Kilometer hohe Haufenwolke. Letztes Zwischenstadium in der Entstehung einer Gewitterwolke.

Cumulonimbus (Cb)

Riesig aufgetürmte, dunkelgraue bis schwarze Gewitterwolke, deren oberer Rand sich ambossförmig ausgebreitet hat. Unregelmäßige Basis, oft wehen schwarze Fetzen nach unten heraus. Gleich geht das Gewitter los.

Praxistipp:
• Bei der Wolkenbeobachtung achtet man auf die Form der Wolken, wie diese sich verändert und in welcher Richtung die Wolken in den verschiedenen Stockwerken ziehen (Windrichtung).

Typische Wettererscheinungen

Hochdruckgebiet

Der Ideal-, leider nicht der Normalfall des Bergsteigerwetters. Unter hohem Druck sinkt die Luft ab und erwärmt sich dabei. Da sie dann mehr Feuchte speichern kann, sinkt die relative Luftfeuchtigkeit, die Luft ist trocken und klar mit brillanter Fernsicht. Im Sommer profitieren die Alpen am ehesten vom Azorenhoch, das allerdings selten länger als wenige Tage anhält. Winterliche russische Festlandhochs dagegen können wochenlang dauern, bringen klirrende Kälte und oft Inversionslagen mit kaltem Talnebel und warmer Luft auf den Bergen. Ein starkes Hoch kann anrückende Tiefdruckwirbel regelrecht wegdrücken.

Praxistipps:
• Die Wärme und Sonneneinstrahlung sommerlicher Hochs bringen Schnee und Eis zum Schmelzen. Man sollte früh aufbrechen und das Aufweichen von Schneehän-

Hochdrucklage – morgendliche Stratocumulus-Felder unter der Gnifettihütte

gen und Spaltenbrücken in der Tourenplanung berücksichtigen.

- Auch die Steinschlaggefahr kann erhöht sein sowie die Gefahr von Sonnen- und Hitzeschäden.
- Durch nächtliche Abstrahlung bei klarem Himmel sind Firnfelder frühmorgens oft gefährlich hart gefroren.

Wärmegewitter

Sonnenbeschienener Boden erwärmt die Luft wie eine Herdplatte. Die warme Luft steigt auf, wobei sie sich abkühlt. In einer gewissen Höhe kann sie die in ihr enthaltene Feuchtigkeit nicht mehr speichern, sie kondensiert, bildet Tröpfchen, eine Wolke entsteht (Kondensationsniveau). Bleibt die Zufuhr feuchtwarmer Luft vom Boden erhalten, bauscht sich die Wolke haufenförmig immer weiter auf. Aus einer kissenförmigen Haufenwolke wird ein mächtiger Turm, der irgendwann oben ambossförmig auseinanderfließt, wenn er in 10–12 Kilometer Höhe an die Grenze der wetteraktiven Atmosphärenschicht stößt. Diese ambossförmige Wolke, der Cumulonimbus, ist das akute Warnzeichen für ein Gewitter. Im Innern der Gewitterwolke wehen rasende

Stürme auf und ab, Wassertropfen können gefrieren und Hagelkörner bilden, durch die Reibung der Tropfen entsteht elektrische Energie, die sich in Blitzen entlädt. Wärmegewitter können in einer halben Stunde vorüber sein, aber auch ein bis zwei Stunden dauern.

Praxistipps:

- An heißen Tagen, vor allem, wenn Wärmegewitter vorhergesagt sind oder »labile Schichtung« herrscht, die Entwicklung der Haufenwolken genau beobachten und sich zum Abbruch der Tour bereithalten.
- Gefahrensignale: kleinere Haufenwolken türmen sich gewaltig auf, der Wolkenturm fasert oben ambossförmig aus, schwarze Wolkenstreifen werden nach unten herausgerissen.
- Zum Verhalten bei Gewittern siehe Seite 140/141 (Alpine Gefahren)

Tiefdruckgebiet (Zyklone)

Tiefdruckgebiete (Zyklone) entstehen aus der Verwirbelung warmer und kalter Luftmassen und drehen sich gegen den Uhrzeigersinn. Es entstehen folgende Wetterphänomene: Die Warmfront, die Vorderseite der warmen Luftmasse, beginnt von oben her auf die vorhandene Luft aufzugleiten. Dabei bilden sich zunächst federförmige Cirruswolken, die sich zu flächiger Cirrostratusbewölkung ausweiten. Mit Vorrücken der Warmfront dehnt sich die Wolkenschicht nach unten aus, wird dichter und dunkler; es bilden sich zunächst mittelhohe Altostratuswolken, zuletzt tief hängende, schwarze Nimbostratuswolken, aus denen lang anhaltender Landregen fällt. Vom Auftreten der ersten Zirren bis zum Einsetzen des Regens kann es einen Tag dauern, der Niederschlag kann einen halben Tag oder länger anhalten. Im Winter können aus einer Warmfront große Schneemengen fallen. Im folgenden Warmsektor beruhigt sich das Wetter für ein paar Stunden, es ist wärmer, die Bewölkung aufgelockert.

Die darauf folgende Kaltfront rückt am Boden an und katapultiert die Warmluft nach oben weg. Durch die rasante Aufwärtsbewegung mit Abkühlung und Kondensation bilden sich Frontgewitter, die stundenlang dauern, extrem

Dicke Cumuli über dem Lisgletscher – die muss man genau beobachten

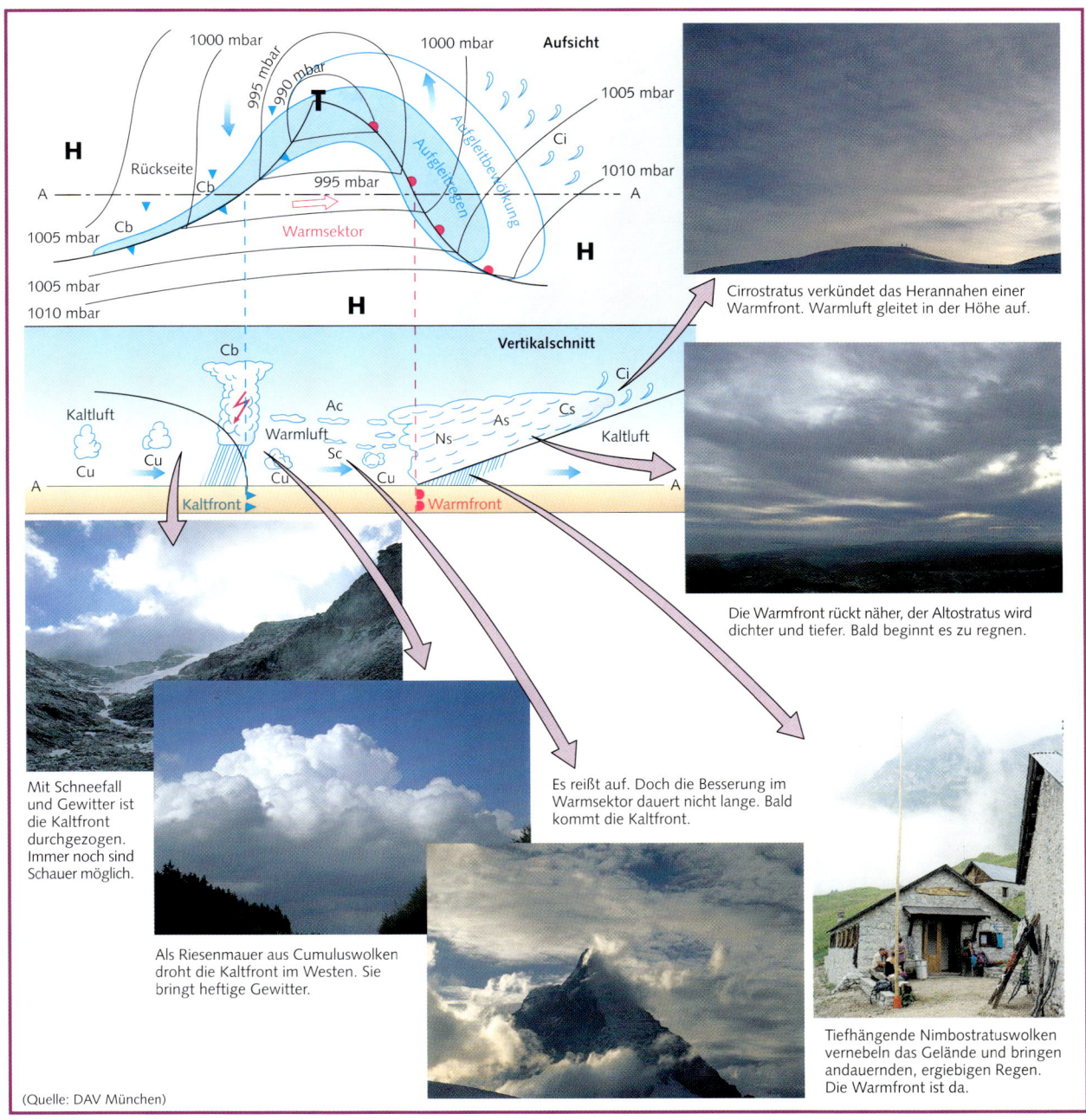

1000 mbar 1000 mbar **Aufsicht**

1005 mbar

Ci

T

H

Rückseite

Cb

1010 mbar

A ———————————————————— A

995 mbar

Cb

Warmsektor

H

1005 mbar

1005 mbar

H

1010 mbar

Aufgleitbewölkung

Aufgleitregen

Cirrostratus verkündet das Herannahen einer Warmfront. Warmluft gleitet in der Höhe auf.

Vertikalschnitt

Cb

Ci

Kaltluft

Ac

Cs

As

Ns

Kaltluft

Cu

Cu

Warmluft

Sc

Cu

Cu

A ———————————————————— A

Kaltfront

Warmfront

Die Warmfront rückt näher, der Altostratus wird dichter und tiefer. Bald beginnt es zu regnen.

Mit Schneefall und Gewitter ist die Kaltfront durchgezogen. Immer noch sind Schauer möglich.

Als Riesenmauer aus Cumuluswolken droht die Kaltfront im Westen. Sie bringt heftige Gewitter.

Es reißt auf. Doch die Besserung im Warmsektor dauert nicht lange. Bald kommt die Kaltfront.

Tiefhängende Nimbostratuswolken vernebeln das Gelände und bringen andauernden, ergiebigen Regen. Die Warmfront ist da.

(Quelle: DAV München)

stark sein und selbst im Sommer Schnee bis unter 2000 Meter bringen können (Wettersturz). Im darauffolgenden Kaltsektor herrscht Rückseitenwetter: kalte Luft, wechselnde Bewölkung, sonnige Abschnitte, einzelne Schauer. Die Kaltluft bewegt sich etwas schneller als die Warmfront; deshalb können sich die Fronten und Luftmassen vorzeitig vermischen und die einzelnen Wettererscheinungen weniger klar getrennt ablaufen als beschrieben.

Praxistipps:

- Aufzug und Verdichtung von Zirrenwolken kann Vorzeichen einer nahenden Warmfront sein.
- Verdichtet sich Zirrenbewölkung und bildet sich mittelhohe Schichtbewölkung (Altostratus), kann noch im Tagesverlauf Regen einsetzen.
- Aufhellungen nach längerem Regen können möglicherweise nur Zeichen des Warmsek-

Eine »ideale« Zyklone (Tiefdruckwirbel) im Wetterkarten-, im Schnittbild und ihre Wolkenformen

tors sein. Auf eine eventuell nachrückende Kaltfront (große Haufenwolken) ist zu achten.

- Wird im Sommer eine Kaltfront vorhergesagt, darf man keine großen Touren planen! Frontgewitter zählen zu den brutalsten Wettererscheinungen im Gebirge. Sie können Schneefall bis in tiefe Lagen bringen und haben schon viele Tode verursacht.
- Im Winter sind die Warmfronten wetterwirksamer, mit oft großen Neuschneemengen und entsprechender Lawinengefahr, im Sommer die Kaltfronten mit den Frontgewittern.

Typische Wetterlagen

Westwetterlage

Diese Wetterlage ist im Sommer besonders häufig. Mit einer westlichen Strömung werden in rascher Folge Tiefdruckgebiete über die Alpen geführt, mit den Wettererscheinungen wie oben beschrieben. Die Zyklonen können allerdings auch direkt aufeinander folgen oder zusammengeschoben sein, so dass die Fronten und Sektoren ineinander übergehen. Auf der

Wetterkarte ist die Westlage erkennbar an den waagerecht verlaufenden Isobaren und den eingelagerten Frontsystemen.

Praxistipps:
- Die wechselhafte, unzuverlässige Witterung der Westlagen erlaubt keine großen, mehrtägigen Touren, bescheidenere Unternehmungen können gehen.
- Oft stellt sich vor einem Tiefdruckgebiet auf der Alpennordseite eine Föhnlage ein; sie kann aber schnell zusammenbrechen.

Stau und Föhn

Luftmassen strömen aus Hochdruckgebieten im Uhrzeigersinn heraus und gegen den Uhrzeigersinn in Tiefdruckgebiete hinein. Liegen Hoch- und Tiefdruckgebiet so, dass die ausgleichende Luftströmung über ein Gebirge hinweg führt, entsteht auf der windzugewandten Seite (Luv) Stau, im Lee Föhn. Die Richtung, aus der der Wind kommt, gibt der Lage den Vornamen. Südstau und Südföhn entstehen z. B., wenn ein Tief über den Britischen Inseln liegt, ein Hoch über dem Balkan. Die Luft, die von Süd nach Nord strömen will, wird an den Alpen zum Aufsteigen gezwungen. Dabei kühlt sie ab, Feuchtigkeit kondensiert und regnet aus – die Südalpen stecken in Stauniederschlägen. Wegen frei werdender Kondensationswärme kühlt sich die Luft nur um 0,5 °C pro 100 Höhenmeter ab. Jenseits des Alpenhauptkammes stürzt sie wieder nach unten und erwärmt sich dabei, nun aber mit der Charakteristik trockener Luft, nämlich um 1 °C pro 100 Meter. So erreicht sie das nördliche Alpenvorland deutlich wärmer bis heiß und (weil abgeregnet) trockener. Südföhnlagen bringen der Alpennordseite brillant klare Luft mit nur ein paar linsenförmigen Wölkchen, den »Föhnfischen«.

Strömt die Luft von Nord nach Süd, etwa infolge eines Tiefs über Osteuropa und eines Hochs über Frankreich, entsteht auf der Alpennordseite Nordstau: lang anhaltender, starker Niederschlag, manchmal mit Schnee bis in tiefe Lagen. Der auf der Südseite entstehende Nordföhn bringt fantastische Sicht, ist aber nicht so lästig heiß, sondern manchmal fast schneidend kalt.

Die Westlage im Wetterkartenbild

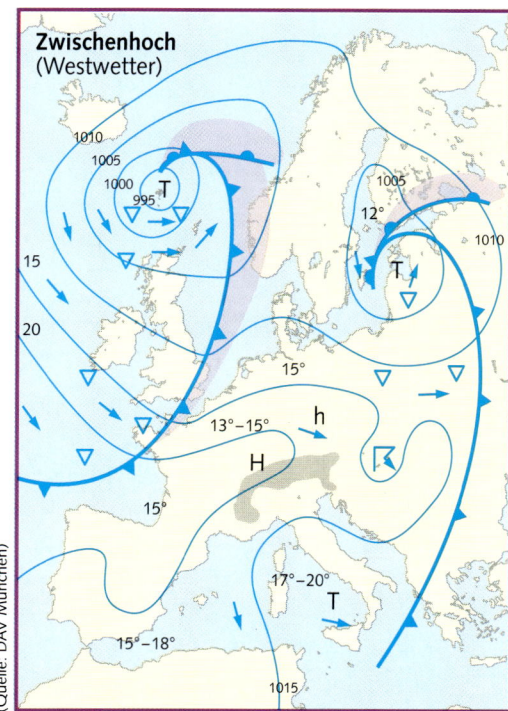

(Quelle: DAV München)

Praxistipps:

- Südföhnlagen können oft ein bis zwei Tage lang anhalten, aber in kürzester Zeit zusammenbrechen; Nordstaulagen können drei bis fünf Tage dauern.
- Bei Stauwetter kann der Wechsel auf die andere Seite des Alpenhauptkammes ins Föhngebiet führen, wo Touren möglich sind.
- Die heißen Winde des Südföhns schmelzen Schnee und Eis und schaffen so größere Gefahr von Stein- und Eisschlag, im Winter können sie große Lawinen auslösen und gefrorene Wasserfälle zum Einsturz bringen.
- Menschen, die auf Föhn mit Kopfschmerz und Schwindel reagieren, sollten bei Bergtouren besonders vorsichtig sein.
- Der starke Wind ist für Gleichgewicht und Konzentration sehr irritierend und kann die Erschöpfung beschleunigen.

Südföhn auf der Alpennordseite

Starkwinde, Schneeverfrachtung

Leewellen = Föhnwolken (Linsenwolken, Cumulus lenticularis)

Höhe in km

Föhnmauer

h = 2800 m
t = −5,8 °C

trockene Luft
Wind ca. 100 km/h

Zufuhr feuchter Luft

Niederschlag

Kondensationshöhe

h = 1000 m
t = 5 °C

h = 500 m
t = 10 °C

h = 500 m
t = 17,2 °C

(Druckunterschied zwischen Süd- und Nordseite bis 30 hPa)

Mittelmeertiefs und flache Druckverteilung

Tiefdruckgebiete mit Zentrum über dem Golf von Genua oder der Adria schaufeln feuchte Meeresluft gegen die Alpen, die sich an der Südseite mit anhaltenden Stauniederschlägen abregnet. Doch bildet sich dabei kein Föhn, sondern die Luftmassen gelangen über die Alpen und stoßen auf der Nordseite mit kälterer Luft zusammen, so dass auch die Nordseite mit Regen oder Schnee beglückt wird. Diese Wetterlagen bieten vor allem für die Ostalpen denkbar schlechte Voraussetzungen zum Bergsteigen, nur gelegentlich lassen Föhneffekte kleine Touren zu.

Unklare Verhältnisse trifft man an, wenn die Druckverteilung »flach« ist, also keine ausge-

Südföhn

Nordföhnsturm am Monte Viso

151

prägten Hoch- oder Tiefdruckgebiete existieren. Dieser Situation begegnet man oft im Sommer. Es ist dann nicht vorhersagbar, ob es im Tourengebiet regnen wird oder nicht, oder ob gar ein Gewitter kommt – Gewitter sind vor allem bei »labiler Schichtung« (Kaltluft in der Höhe) wahrscheinlich. Zurückhaltende Tourenplanung, Beobachtung der Wetterentwicklung und Bereitschaft zur Umkehr sind dann besonders wichtig.

Möglichkeiten zur Bergwetterprognose vor Ort

Nicht immer kann man einen aktuellen Wetterbericht einholen, etwa im Biwak ohne Handy oder auf Expedition. Aber auch zur Anpassung der Vorhersage auf die lokalen Verhältnisse ist es nützlich, selbst das Wetter zu beobachten. Nicht zuletzt lernt man aus der Beziehung der Wetterbilder zu Vorhersage und tatsächlicher Entwicklung viel für die künftige Einschätzung und eigene Prognose. Wichtig bei der Wetterbeobachtung ist, nicht nur Daten zu sammeln, sondern die Beobachtungen als Mosaiksteine des Gesamtbildes zu deuten, sich eine übergreifende Vorstellung vom Wetterablauf zu machen und die Wettererscheinungen als Symptome zu erkennen.

Luftdruck

Für Bergsteiger relativ leicht zu ermitteln ist der Luftdruck: Der Höhenmesser, der auf Hochtouren immer dabei sein sollte, ist ja nichts anderes als ein Barometer. Je nach Höhenlage entsprechen 8–12 angezeigte Höhenmeter etwa einem Hektopascal (hPa, früher: Millibar). Größere Höhenwerte bedeuten Druckfall, niedrigere Anzeigen einen Druckanstieg. Am ehesten aussagekräftig ist der Höhenmesser, wenn zur jeweils gleichen Tageszeit auf dem gleichen Punkt gemessen wird (Hütte, vor Frühstück und Abendessen). Dann kann man direkt die Anzeige des »reduzierten Luftdrucks« (umgerechnet auf Meereshöhe) vergleichen. Untertags kann sich der Druck durch Temperatureffekte um bis zu 5 hPa verändern.

Praxistipps:
- Man sollte langfristige Veränderungen des Luftdrucks beobachten. Eine einmalige Messung eines reduzierten Luftdrucks hat kaum eindeutige Aussagekraft.
- Ändert sich der Druck langsam, wird auch die Wetteränderung langsam verlaufen.
- Rasche Druckveränderungen deuten auf schnelle, aber nicht unbedingt anhaltende Wetterwechsel hin.
- Schneller Druckfall (3–5 hPa in 3 Std.) deutet auf ein Sturmtief hin.

Temperatur

Die Temperatur ändert sich abhängig vom Wetter und bestimmt die Qualität von Schnee und Eis wesentlich mit. Je höher man kommt, desto kälter ist die Luft: Die Temperaturabnahme ruhender Luft beträgt $0{,}65\,°C$ pro 100 Meter. Die »Nullgradgrenze«, die der Wetterbericht meldet, bezieht sich auf die Temperatur der freien Atmosphäre. Am Boden kann es wärmer oder kälter sein: Schnee und Eis speichern mehr Kälte und erwärmen sich auch bei Sonne nicht so schnell wie Gras oder Fels; in klaren Nächten kann sich vor allem eine Schneefläche durch Abstrahlung in den Weltraum viel stärker abkühlen als die Luft. Bei bedecktem Himmel dagegen kann der Firn oft nicht gut durchfrieren, Spaltenbrücken bleiben gefährlich, Schneehänge beschwerlich.

Praxistipps:
- Wasserfalleis ist am besten von 0 bis −5 °C. Darunter wird es hart und spröde, bei höheren Temperaturen verliert es an Solidität.
- Nach kalten Nächten ist bei Temperaturanstieg mit Steinschlag durch das Freischmelzen vom Frost gesprengter Steine zu rechnen.
- Wenn die Temperatur in der Nacht nicht zurückgeht oder sogar ansteigt, die Luft morgens auffällig warm ist, kein Tau oder keine Dunstschicht in den Tälern festzustellen ist, kann das ein Zeichen für eine herannahende Warmfront (Regen) sein.

Luftfeuchtigkeit

An manchen Hütten ist eine Wetterstation angebracht, wo neben Druck und Temperatur auch die relative Luftfeuchtigkeit angezeigt wird. Das ist das Maß dafür, zu wieviel Prozent die Speicherkapazität der Luft ausgereizt ist. Bei Werten von über 50% ist bereits mit erhöhter Niederschlagswahrscheinlichkeit zu rechnen. Dies gilt besonders, wenn warme, feuchte Luft stark abgekühlt wird, da sie dann weniger Feuchtigkeit speichern kann.

Windsysteme

Die Beobachtung der Windrichtung gibt Aufschluss darüber, welche Luftmassen herangeführt werden. Oft kann man daraus Rückschlüsse über die Entwicklung von Temperatur und Feuchte oder über die herrschende Wetterlage ziehen. Der Zugrichtung der hohen Luftschichten überlagern sich aber in Bodennähe lokale Windsysteme, die tiefhängende Wolken bewegen und somit einen falschen Eindruck von der Windrichtung erwecken können. Am bekanntesten ist das Berg- und Talwindsystem: Morgendliche Sonnenstrahlung auf die Berge erwärmt dort die Luft, die aufsteigt und Nachschub aus dem Tal nach oben zieht. Im Lauf des Tages stellt sich eine kräftige Luftströmung in die Bergtäler hinein ein, der Talwind. Am Abend, wenn die Gipfelregionen abkühlen, beginnt sich die Strömung umzukehren, in der Nacht weht der Bergwind von den Hängen herunter und durch die Täler hinaus. Er kann morgendliche Kälte unangenehm verschärfen.

Praxistipps:
- Winde aus westlichen Richtungen wehen auf der Alpennordseite oft bei wechselhaften Wetterlagen.
- Schwacher Wind aus östlichen Richtungen bringt den Nordalpen meist schönes Wetter.
- Auf der Alpensüdseite ist Wind aus Nordwest bis Nord der Schönwetterwind (Stau im Norden, Föhneffekte im Süden).

Sonstige Wetterzeichen

Schlecht:
- geringe Sichtweite durch Dunsttrübung
- »Schönwetter-Cumuli« lösen sich nachmittags nicht auf
- Sonnenauf- und -untergang sind schmutzig gelbrot
- flammendes Morgenrot
- Wolken in mehreren Stockwerken, vor allem tief hängende

Gut:
- geringe Bewölkung, wolkenloser Himmel
- Nebelmeer im Tal
- gute Fernsicht (aber nicht mit Föhn verwechseln!)
- schwache Winde
- »Schönwetter-Cumuli« lösen sich nachmittags auf
- klare, kalte Nächte
- leichtes Abendröten

Flammendes Abendrot mit windgeformten Wolken – kein gutes Vorzeichen

BEHELFSMÄSSIGE BERGRETTUNG UND ERSTE HILFE

Spaltenbergungsverfahren

Angeseilt ist ein Spaltensturz kein großes Unglück. Wenn die Seilpartner aufmerksam genug gehen und schnell reagieren, um den Sturz zu halten – auf den Boden werfen, Füße zur Spalte –, ist der Gestürzte auch schnell wieder geborgen. Voraussetzung dafür ist aber die Ruhe, das nach Seilschaftsgröße und Gelände geeignete Verfahren auszuwählen, und die durch Training gewonnene Sicherheit, es richtig und effektiv durchzuführen.

Praxistipps:

- Bei allen Methoden der Behelfsmäßigen Bergrettung können Seilklemmen (Ropeman, T-Bloc, Magic Plate, Jümar), Seilrollen und Band- statt Reepschnurschlingen helfen, den Aufbau zu beschleunigen, Rei-

bung zu vermindern und lästige Seildehnung zu verringern.
- Sofern vorhanden, bieten Verschlusskarabiner mehr Sicherheit bei allen Bergrettungsmethoden.
- Wo bei den Technikbeschreibungen von »Prusik« die Rede ist, kann immer auch eine Bandschlinge mit Bandschlingenklemmknoten (oder eben ein Klemmgerät) verwendet werden.
- Bergeverfahren sollte man zuerst »trocken« üben, also etwa an einer niedrigen Felsstufe. Bei Praxisübungen an echten Gletscherspalten sollte man den Seilzweiten an einer verlässlichen Sicherung (T-Anker, Eisschraube) hintersichern. Dazu bindet er sich im Hintersicherungsseil direkt ein. Es ist so lang zu bemessen, dass er nicht in die Spalte hineingezogen werden kann.

Mannschaftszug

Bei großen Seilschaften (mehr als vier Personen oder mehrere Gruppen), ansprechbarem Gestürzten und wenig eingeschnittenem Seil kann diese einfachste Methode der Spaltenbergung angewandt werden. Dabei zieht das Team durch einfaches Rückwärtsgehen den Gestürzten aus der Spalte.

Praxistipps:

- Vor dem Ziehen muss sicher sein, dass der Gestürzte bei Bewusstsein ist. Geht das nicht per Zuruf, kann ein Seilschaftsmitglied, mit Prusikschlinge am Seil gesichert, vorsichtig (um nicht durchzubrechen) zum Spaltenrand gehen und Kontakt aufnehmen.
- Wenn der Gestürzte über den verwechteten Spaltenrand gezogen wird, muss man besonders vorsichtig sein, damit er nicht im Schnee verletzt wird oder erstickt.

Lose Rolle

Die Lose Rolle ist die Standardmethode zur Spaltenbergung bei kleineren Seilschaften, wenn der Gestürzte bei Bewusstsein ist. Ihr einfaches Flaschenzugprinzip erbringt ungefähr eine Krafthalbierung, so dass ein starker Partner den Gestürzten bei guten Bedingungen alleine herausziehen kann.

Spaltenbergung mit Loser Rolle: links Seilfixierung, rechts Ziehen

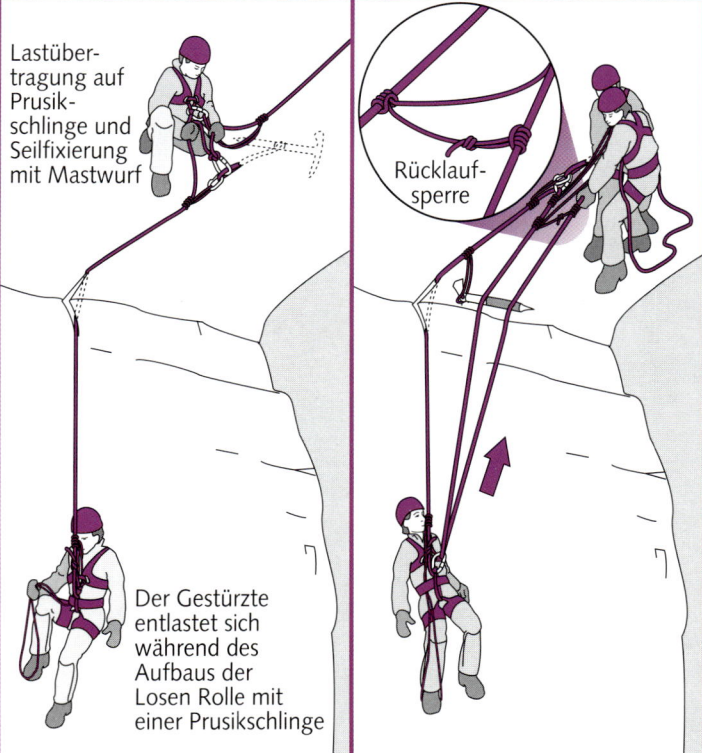

Lastübertragung auf Prusikschlinge und Seilfixierung mit Mastwurf

Rücklaufsperre

Der Gestürzte entlastet sich während des Aufbaus der Losen Rolle mit einer Prusikschlinge

Der Ablauf wird für eine Dreierseilschaft beschrieben, lässt sich aber auf alle Seilschaftsgrößen übertragen.

Ablauf

1) Der Seilpartner, der dem Spaltenrand am nächsten ist, baut einen Fixpunkt (T-Anker oder Eisschraube); währenddessen hält der andere Partner die Hauptlast.
2) Eine mittellange Prusikschlinge wird ins Seil zum Gestürzten geknüpft und im Fixpunkt eingehängt.
3) Langsam verlagert die Seilschaft das Gewicht des Gestürzten auf den Fixpunkt, der währenddessen genau beobachtet wird. Ist die Lastübertragung geglückt, wird das Lastseil mit Mastwurf im Fixpunkt eingehängt, als Basis zur Rettung. Der Seilpartner, der den Fixpunkt gebaut hat, bleibt dort zur Kontrolle. Er sichert sich mit einer langen Prusikschlinge am Seil, so dass er seinen Anseilknoten aushängen kann und mehr Bewegungsfreiheit gewinnt.
4) Der Hintermann legt eine doppelt genommene, offene lange Prusikschlinge um das Seil, das im Fixpunkt fixiert ist, sichert sich an einem Ende der Prusik (etwa armlang) mit Sackstich und Schraubkarabiner und öffnet das Restseil.
5) An der Prusik gesichert, geht er am Fixpunkt vorbei zum Spaltenrand und nimmt Kontakt zum Gestürzten auf.
6) Ist der Gestürzte bei Bewusstsein, lässt er ihm das Restseil doppelt genommen, mit eingehängtem Verschlusskarabiner, hinunter. Der Gestürzte hängt das Seil mit dem Karabiner in seinen Anseilpunkt.
7) Das freie Seilende wird mit dem zweiten Strang der Sicherungsprusik durch einen gesteckten Prusikknoten als Rücklaufsperre gesichert.
8) Nun ziehen alle Partner gemeinsam am freien Seilende den Gestürzten herauf. Nach jedem Hub wird der gesteckte Prusikknoten der Rücklaufsperre am Zugseil nach vorne geschoben.

Praxistipps:

- Damit die beiden Stränge der Losen Rolle nicht zu stark in den Schnee einschneiden, wird am Spaltenrand ein Pickel oder Rucksack unterlegt, den man gegen Absturz sichern sollte.
- Je näher am Spaltenrand man stehen kann, desto geringer ist die Reibung beim Ziehen. Aber vor allem bei weichem Schnee genug Sicherheitsabstand halten!
- Eine Seilrolle in der Losen Rolle vermindert Reibungsverluste.
- Der Gestürzte kann sich während des Aufbaus der Losen Rolle durch Prusik-Trittschlingen eine bequemere Position verschaffen.
- Ist nicht klar, ob die Lose Rolle anwendbar sein oder ein Flaschenzug nötig werden wird, kann man das Seil statt mit Mastwurf mit Gardaknoten im Fixpunkt einhängen und mit einem zusätzlichen Schlag fixieren.

Modifizierte Lose Rolle

Ist der Gestürzte nicht in der Lage, den Karabiner der Losen Rolle selbst in seinen Gurt einzuhängen, kann man sie dennoch anwenden, wenn man eine Seilklemme mitführt.

- Fixierung und Vorbereitung wie unter Punkt 1–5 der Losen Rolle.
- Eine Seilklemme wird in das Seil zum Gestürzten eingehängt: Bewegungsrichtung zum Gestürzten, Zugrichtung nach oben. In der Seilklemme wird mit Schraubkarabiner die Lose Rolle eingehängt. Mit einem Ballastgewicht in der Seilklemme wird sie zum Gestürzten hinuntergelassen, das lose Seilende mit gestecktem Prusik wie unter Punkt 7 der Losen Rolle gesichert.
- Nun kann wie oben gezogen werden.

Modifizierte Lose Rolle: Ablassen der Seilklemme mit einem Ballastgewicht, z. B. Karabiner oder Flasche

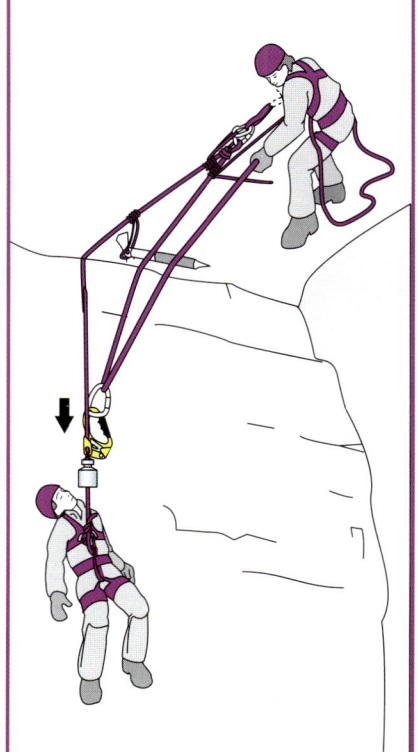

Praxistipp:
- Reicht das Seil nicht aus, um die Lose Rolle ganz bis zum Gestürzten abzulassen, oder steht die Klemme an einem Bremsknoten an, dann wird so weit gezogen wie möglich, dann das locker gewordene Seil zum Gestürzten im Fixpunkt nachgespannt, die Seilklemme gegebenenfalls umgehängt und weiter abgelassen.

Steigbügelverfahren

Eine elegante, für den Retter kraftsparende Methode, die sich vor allem für Zweierseilschaften eignet, wo meist zu wenig Restseil für die Lose Rolle zur Verfügung steht. Voraussetzung ist, dass der Gestürzte voll aktionsfähig ist und die Methode versteht.
- Fixierung des Seils wie unter Punkt 1–3 der Losen Rolle, allerdings mit Gardaknoten. Der Gestürzte knüpft eine Prusikschlinge in sein Seil und steigt mit einem Fuß hinein.
- Das Restseil wird vorbereitet wie unter Punkt 4 und 5 der Losen Rolle. Ins Ende

wird eine Sackstichschlinge geknüpft und zum Gestürzten abgelassen, der mit dem anderen Fuß in diese Schlinge tritt. Dann wird das Seil oben mit Gardaknoten im Fixpunkt gesichert. Am Spaltenrand sollte ein (gesicherter) Pickel unterlegt werden, damit sich das Seil nicht zu weit einschneidet.
- Nun stellt sich der Gestürzte in eines der beiden Seile, das entlastete Seil wird eine Schritthöhe nach oben gezogen, der Gardaknoten nachgezogen, dann steht der Gestürzte in diesem Seil auf. In diesem rhythmischen Wechsel gewinnt der Gestürzte Höhe.

Praxistipp:
- Da durch Seildehnung große Höhenverluste entstehen können, ist eine gute Kommunikation notwendig, um die verfügbaren Bewegungsspielräume vollständig auszunutzen.
- Für einen stabileren Stand kann der Gestürzte Seil und Prusikschlinge hinter seinem Gurt durchführen.
- Sind nicht genug Karabiner für zwei Gardaknoten verfügbar, kann man die Seilstränge auch mit Prusikknoten fixieren; diese sollten aber im Stand mit Mastwurf hintersichert werden.

Schweizer Flaschenzug

Ein Flaschenzug wird notwendig, wenn der Gestürzte nicht bei Bewusstsein ist, nicht genug Seil für die Lose Rolle zur Verfügung steht oder die Zugkraft nicht ausreicht. Die Erfahrung hat gezeigt, dass es sinnvoll ist, gleich einen »doppelten« Flaschenzug zu bauen, da die Zugkraft eines einfachen Flaschenzuges oft nicht ausreicht und ein Umbau Zeit kostet. Als günstigstes Modell hat sich der Schweizer Flaschenzug erwiesen, der wie folgt aufgebaut wird (siehe Grafik S. 163):
- Fixierung des Gestürzten wie unter Punkt 1–3 der Losen Rolle beschrieben. Information über den Zustand des Gestürzten wie unter Punkt 4 und 5 der Losen Rolle.
- Für den Flaschenzug wird das Lastseil nicht mit Mastwurf im Fixpunkt gesichert, sondern mit Gardaknoten.
- Knüpfen einer Kurzprusikschlinge im Seil, das zum Gestürzten führt. In die Kurzprusik wird ein Karabiner eingehängt.

Steigbügel-
verfahren

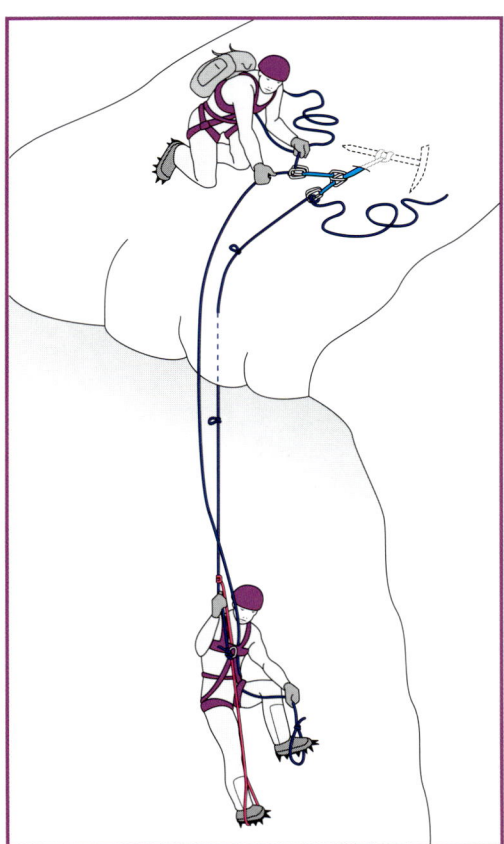

- Eine möglichst lange Bandschlinge wird im Stand mit Ankerstich fixiert, durch den Karabiner in der Kurzprusik gezogen und ein Karabiner wird eingehängt. Dann wird der Prusikknoten so weit nach unten geschoben, dass die Bandschlinge straff ist.
- Das Zugseil, das aus dem Gardaknoten herausläuft, wird in den Karabiner in der Bandschlinge eingehängt.
- Jetzt beginnt man am Zugseil zu ziehen. Sobald die Prusikschlinge, die zur Lastübertragung gedient hatte, locker wird, wird sie entfernt. Nun kann gezogen werden, bis der Karabiner der Bandschlinge am Gardaknoten anschlägt. Dann wird die Kurzprusik gelockert und nach unten geschoben zum nächsten Zug.

Praxistipp:
- Statt einer Bandschlinge kann auch das Seil als Hilfsschlinge verwendet werden. Das macht den Aufbau allerdings unübersichtlicher und bringt mehr Verluste durch Dehnung.
- Je länger die Zugstrecken sind, desto effektiver wird der Flaschenzug. Auf flachen Gletschern ist deshalb ein Fixpunkt weit vom Spaltenrand und der Aufbau mit Hilfsseil günstig.

Selbstrettung

Mit den Selbstrettungsverfahren kann der Gestürzte selbständig aus der Spalte aussteigen. Zumindest der Seilschaftsführer sollte diese Techniken beherrschen, wenn die Gruppe nicht aus eigener Kraft eine Spaltenbergung durchführen kann. Für Zweierseilschaften ist die Selbstrettung oft einfacher als wenn der haltende Partner alleine den Gestürzten hochziehen muss.

Prusiktechnik
Mit der Prusiktechnik steigt man am frei hängenden Seil in breiten Spalten auf.
- Aufbau: Eine ungefähr armlange Prusikschlinge wird ums Seil gelegt und mit Schraubkarabiner im Anseilpunkt eingehängt – die Selbstsicherung. Zum Aufstieg dient eine zweite Prusikschlinge, die unter der ersten gelegt wird und in die man mit

einem oder zwei Füßen steht. Die Länge sollte so bemessen sein (mit Kreuzschlag abknoten), dass die Beine stark gebeugt sind, wenn die Schlinge weitestmöglich nach oben geschoben ist.
- Schritt 1: Man streckt die Beine, stabilisiert sich dabei mit einer Hand am Seil und schiebt mit der anderen den Prusikknoten der Selbstsicherung so weit wie möglich nach oben.
- Schritt 2: Man setzt sich in die Selbstsicherung und schiebt den Knoten der Steigschlinge nach oben. In diesem Wechselspiel gewinnt man Höhe.

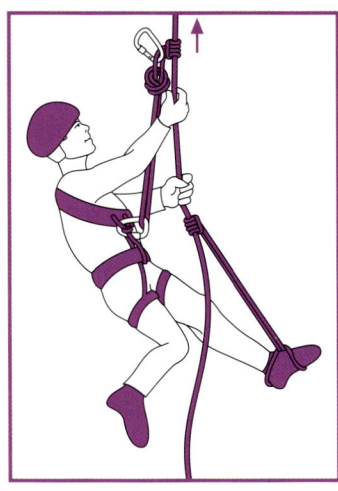

Prusiktechnik

Praxistipps:
- Wenn man die Steigschlinge mit Ankerstich um den Fuß legt, rutscht man weniger leicht heraus.
- Da am Spaltenrand meist die Selbstseilrolle nötig wird, sollte man die Selbstsicherungs-Prusikschlinge direkt unter dem Knoten mit Kreuzschlag abknoten und dort einen Karabiner einhängen.

Selbstseilrolle
Am Spaltenrand ist das Seil meist so tief im Schnee eingeschnitten, dass man die Prusikschlingen nicht weiterschieben kann. Man muss auf die (veraltete) Raupentechnik oder die (bessere) Selbstseilrolle umsteigen.
- Aufbau: Für die Selbstseilrolle macht man mit dem mittlerweile gewonnenen Schlappseil einen Gardaknoten im Anseilpunkt oder (besser) im Anseilring des Hüftgurts. Dann wird die Steig-Prusikschlinge mit Kreuzschlag extrem kurz abgeknotet und dort ein Karabiner eingehängt – besser: man hat, wie bei der Prusiktechnik empfohlen, den Karabiner schon in der abgeknoteten Selbstsicherungsschlinge vorbereitet. Durch diesen wird das aus dem Gardaknoten auslaufende Seil geführt.
- Schritt 1: Man zieht an diesem Seil, stemmt sich dabei mit den Füßen so hoch wie möglich an die Spaltenwand und schiebt die Hüfte nach oben in Hohlkreuzstellung.

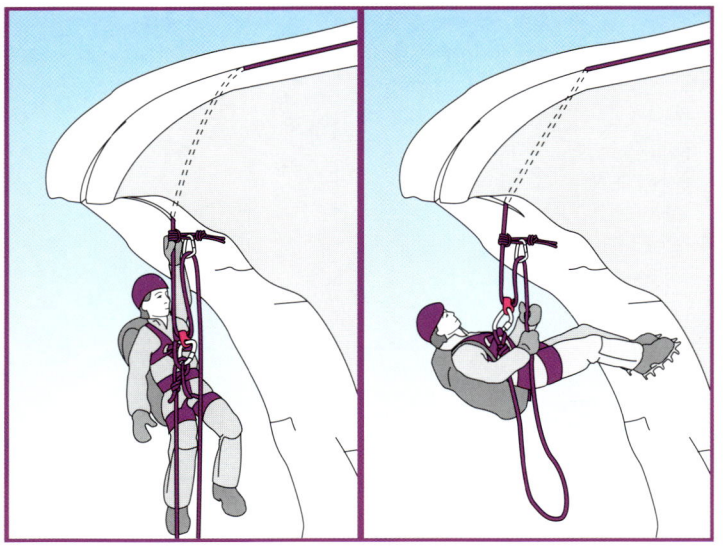

Praxistipp:

- Hat man von vornherein die Selbstsicherungsprusikschlinge als Umlenkung abgeknotet, kann sie als Redundanz im Gurt eingehängt bleiben. Hat man das vergessen und die Umlenkung aus der Trittschlinge bauen müssen, entfernt man die Selbstsicherungsprusik sobald sie locker wird, damit sie nicht stört.
- In ungünstigen Fällen kann sich der Gardaknoten am Hüftgurt aushängen. Deshalb ist hier eine Seilklemme wie der Ropeman vorzuziehen.
- Die Idealkombination mit modernen Seilklemmen ist: T-Bloc am Seil für Selbstsicherungsschlinge und Umlenkung; Ropeman im Gurt.

Selbstseilrolle mit Ropeman im Anseilpunkt
Dabei gewinnt man an Höhe und bewegt das Seil aus dem Schnee.
- Schritt 2: Man setzt sich in den Hüftgurt, richtet den Oberkörper auf und schiebt die abgeknotete Prusikschlinge so weit wie möglich nach oben.

Rückzugsmethode
Wieder bringt das Wechselspiel von Schritt 1 und 2 den Höhengewinn.

Rückzugsmethode

Die Rückzugsmethode ist im Prinzip eine spezielle Abseiltechnik. Sie wird angewandt, wenn etwa wegen Wettersturz ein Rückzug notwendig wird, aber wegen langer Querungen oder überhängender Wandzonen nicht durch normales Abseilen bewältigt werden kann.

Ablauf der Rückzugsmethode

- Partner A wird von Partner B abgelassen; unterwegs hängt er sein Seil in Zwischensicherungen ein, um in der Routenlinie zu bleiben.
- Spätestens bei Seilmitte richtet A einen neuen Stand ein, sichert sich selbst und zieht das Seil ein.
- B lenkt das Seil in einem Karabiner im Stand um. (Der Karabiner bleibt im Stand zurück.)
- B hängt sich mit einer kurzen Schlinge im nach unten führenden Seil ein wie in ein Seilbahnkabel.
- A lässt nun B ab, der nimmt unterwegs die Zwischensicherungen mit.

Praxistipp:

- Die Standplätze müssen absolut zuverlässig sein. Dazu kann es auch nötig sein, Material (Haken, Klemmkeile) zu opfern.

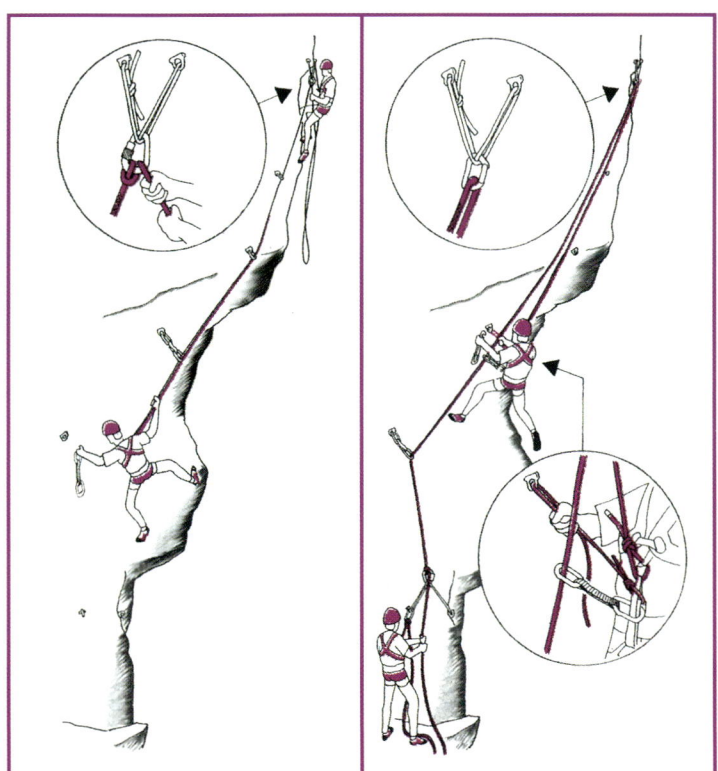

Selbst- und Kameradenrettung bei Eis- und kombinierten Klettertouren

Das alpine Restrisiko kann selbst bei erfahrenen und verantwortungsbewussten Bergsteigern zu Unfällen führen. Nicht immer ist es dann möglich, die organisierte Bergrettung zu alarmieren, und nicht immer kann ein Hubschrauber die Unfallstelle erreichen. In solchen Fällen, unter Zeitdruck, und wenn die Verletzungen nicht allzu gravierend sind, profitiert man von den Techniken der behelfsmäßigen Bergrettung. Sie müssen freilich gründlich erlernt und immer wieder geübt werden. Schwer Verletzte dürfen nicht unnötig bewegt werden, aber aus direkten Gefahrenzonen müssen auch sie herausgeholt werden.

Praxistipps:
- Normalerweise wird die Rettung nach unten, also der Rückzug, die einfachere Methode sein. Die anstrengendere Rettung nach oben lohnt sich nur, wenn ein leichter Abstieg winkt und der Weg nach oben wesentlich kürzer oder weniger gefährlich ist als der nach unten.
- Bei gefährlich scheinenden Verletzungen sollte versucht werden, die organisierte Rettung zu erreichen, statt den Verletzten unnötig zu bewegen.
- Alle Standplätze müssen absolut zuverlässig sein, auch wenn das Materialverlust bedeutet.
- Wenn möglich sollten Fixierungen lösbar (HMS + Schleifknoten) gebaut werden statt mit festen Knoten (Sackstich/Mastwurf) – so bleibt man flexibler für Änderungen.
- In steilerem Gelände hat man am Stand weniger Bewegungsspielraum als bei der Spaltenbergung am Gletscher. Deshalb ist es extrem wichtig, möglichst platzsparend zu arbeiten, andererseits den verfügbaren Raum zum Ziehen möglichst komplett auszunutzen.

Selbstrettung

Nach einem Sturz in überhängendes oder nicht kletterbares Gelände kann man mit den

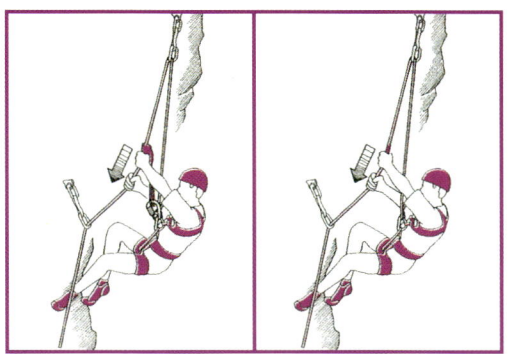

Selbstseilrolle mit Prusiksicherung (links) und ohne (rechts)

Selbstrettungstechniken wieder leichteres Gelände erreichen.

Selbstseilrolle
Kann man nach einem Vorstiegssturz das nach unten laufende Seil noch erreichen, zieht man sich daran zum Umlenkpunkt hoch. Der sichernde Partner zieht das schlapp werdende Seil immer wieder straff. Alternativ dazu kann man sich auch mit einer knapp armlangen Prusikschlinge sichern, die mit Schraubkarabiner im Anseilpunkt eingehängt wird. Sie sichert auch die Verbindung zum nach unten führenden Seil bei sehr schrägem Seilverlauf.

Prusiktechnik
Besteht kein Fels- und Seilkontakt mehr, etwa nach Pendelsturz im Nachstieg, steigt man mit der auf Seite 157 beschriebenen Methode am Seil auf, das der Partner am Stand fixiert.

Kameradenrettung nach unten

Wird ein Seilpartner durch Verletzung, Erschöpfung oder sonstige Gründe in seiner Aktionsfähigkeit eingeschränkt, wird meist ein Rückzug nach unten die beste Lösung sein, sofern nicht eine organisierte Rettung (Stahlseil, Hubschrauber) angebracht ist.

Ablassen
Das Ablassen ist die Methode der Wahl, wenn der Partner nicht mehr aufsteigen kann, aber noch nicht völlig aktionsunfähig ist. Zum Ablassen führt man das Bremsseil Hand über Hand in die HMS-Sicherung; gegenläufig-parallele Seilführung verhindert Krangel. Der Abgelassene bestimmt die Ablassgeschwindigkeit. Am nächsten Stand sichert er sich mit

einer Selbstsicherungsschlinge. Der Retter folgt abseilend. Bei Verwendung eines Einfachseils muss eventuell Zwischenstand gebaut werden. Ist der Verletzte nicht imstande, seine Selbstsicherung selbst einzuhängen oder einen Stand zu bauen, seilt zuerst der Retter ab und lässt dann den Verletzten über eine Umlenkung (Karabiner im oberen Stand) zu sich herab – ähnlich wie bei der Rückzugsmethode (s. o.). Bei schrägem Seilverlauf führt eine Expressschlinge im Seil den Abgelassenen zum Stand.

Praxistipps:
- Das freie Seilende muss beim Ablassen immer im Stand fixiert sein!
- Die Ablasstechnik ist auch nützlich zum Einrichten einer Abseilstelle; wenn der Abgelassene beide Seilenden mitnimmt, können sie sich nirgends verhängen.

Seilverlängerung

Stehen mehrere Seile zur Verfügung, kann über diese volle Strecke abgelassen werden. Das spart Zeit für den Standplatzumbau und mit der größeren Ablassstrecke kann oft ein wesentlich bequemerer Stand oder der Wandfuß erreicht werden. Die Seile werden per Kreuzschlag verbunden (wie beim Abseilen). Soll das erst während des Ablassens geschehen, wird das Ablassseil währenddessen mit Schleifknoten fixiert. Der Verbindungsknoten läuft durch den HMS durch, wenn man ihm ein wenig nachhilft. Die Seilenden müssen durchgefädelt und mit einem kräftigen Ruck herausgezogen werden.

Praxistipp:
- Die Seilfixierung zum Verbinden der zwei Seile muss rechtzeitig vor dem Ende des ersten Seiles angebracht werden: mindestens 2 Meter müssen bleiben.

Ablassen mit Helfer

Ist der Verletzte bewusstlos oder nicht imstande, sich beim Abgelassenwerden zu stabilisieren und steht ein zweiter Retter zur Verfügung, wird diese Technik verwendet. Verletzter und Helfer hängen sich mit Bandschlinge und Schraubkarabiner in einen Achterknoten am Ende des Ablassseils ein. Günstige Längen der Schlingen sind 60 Zentimeter für den Retter, 45 Zentimeter für den Verletzten. Am besten wird der Verletzte auf dem Rücken des Helfers platziert, um ihn von der Wand weghalten zu können. Damit er nicht vom Rücken rutscht, wird er mit in seinem Gurt befestigten Bandschlingen fixiert, die sich der Retter um den Bauch führt. Andere Tragepositionen (Verletzter in Rückenlage vor dem Helfer, Verletzter selbstgehend) sind möglich, aber materialaufwendiger.

Werden zwei Personen abgelassen, reicht die Bremswirkung des HMS nicht mehr aus. Als verstärkte Bremsstufe eignet sich einerseits eine Kombination von Abseilachter (unten) und HMS (oben). Durch Aushängen eines Schlages am HMS kann die Bremswirkung reduziert werden. Eine materialsparende Möglichkeit ist der doppelte HMS, der auch während des Ablassens aufgestockt oder reduziert werden kann.

Sollen zwei Personen über eine längere Strecke abgelassen werden (Seilverlängerung), so läuft der Seilverbindungsknoten eines Einfachseiles durch die Kombination Achter + HMS durch, beim doppelten HMS nur schwer; Zwillingsseile lassen sich gar nicht durchschieben. In diesen Fällen muss das Ablassseil ausgehängt und hinter dem Knoten wieder eingehängt werden. Währenddessen wird die Last von einer langen Prusikschlinge im Ablassseil gehalten, die mit HMS + Schleifknoten im Stand fixiert wird. Nach dem Umbau kann dann durch Nachlassen des HMS die Last wieder sanft auf das Ablassseil übertragen werden. Bei diesem Manöver ist extrem sauberes Arbeiten mit wenig Seilverbrauch nötig.

Praxistipps:
- Zwei Personen dürfen nur am Einfachseil oder an einem doppelt genommenen Halb- oder Zwillingsseil abgelassen werden, nie am einfachen Halb- oder Zwillingsstrang.

Seilverlängerung

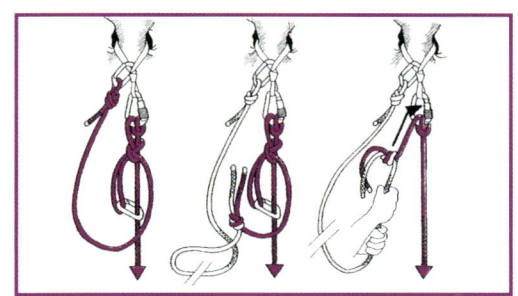

- Für die Zwischenfixierung zum Knotenumhängen ist es sicherer, wenn statt der einfachen Reepschnur das »neue« Seil (irgendwo in der Mitte) verwendet wird; es wird mit Kurzprusik am »alten« Seil befestigt. Zum Aufbau ist aber etwas Durchblick nötig, um nicht mit den vielen Stricken durcheinander zu kommen.

Schuhmann-Methode

Steht kein zweiter Helfer zur Verfügung, kann man mit der Schuhmann-Methode auch alleine einen Verletzten abseilen. Dazu hängen sich Retter und Verletzter mit 60 bzw. 45 Zentimeter langen Bandschlingen und Schraubkarabinern im Abseilachter ein. Eine Kurzprusikschlinge in der Beinschlaufe des Retters schützt vor Absturz, die Seilenden werden durch Knoten gesichert. Der Verletzte wird auf dem Rücken durch Bandschlingen fixiert, die in seinen Hüftgurt geknüpft sind und die sich der Retter um den Bauch führt.

Anspruchsvoll ist bei dieser Technik der Standplatzwechsel, besonders im Steilgelände, wenn der Verletzte nicht imstande ist, das Seil zu entlasten. Dann können die Aufhängungen

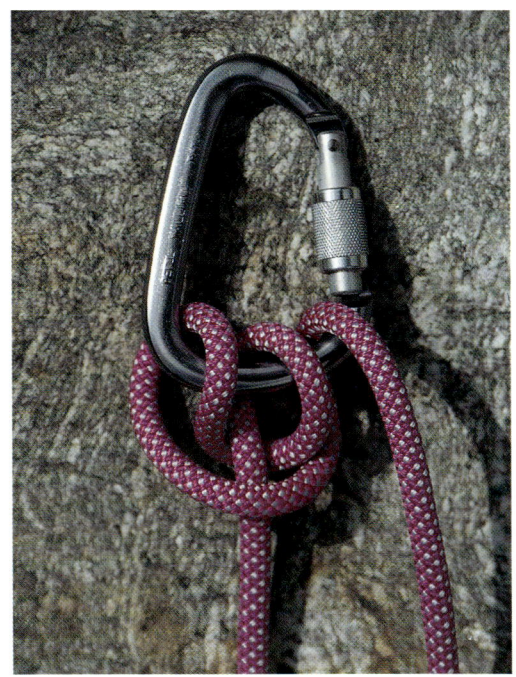

Doppelter HMS

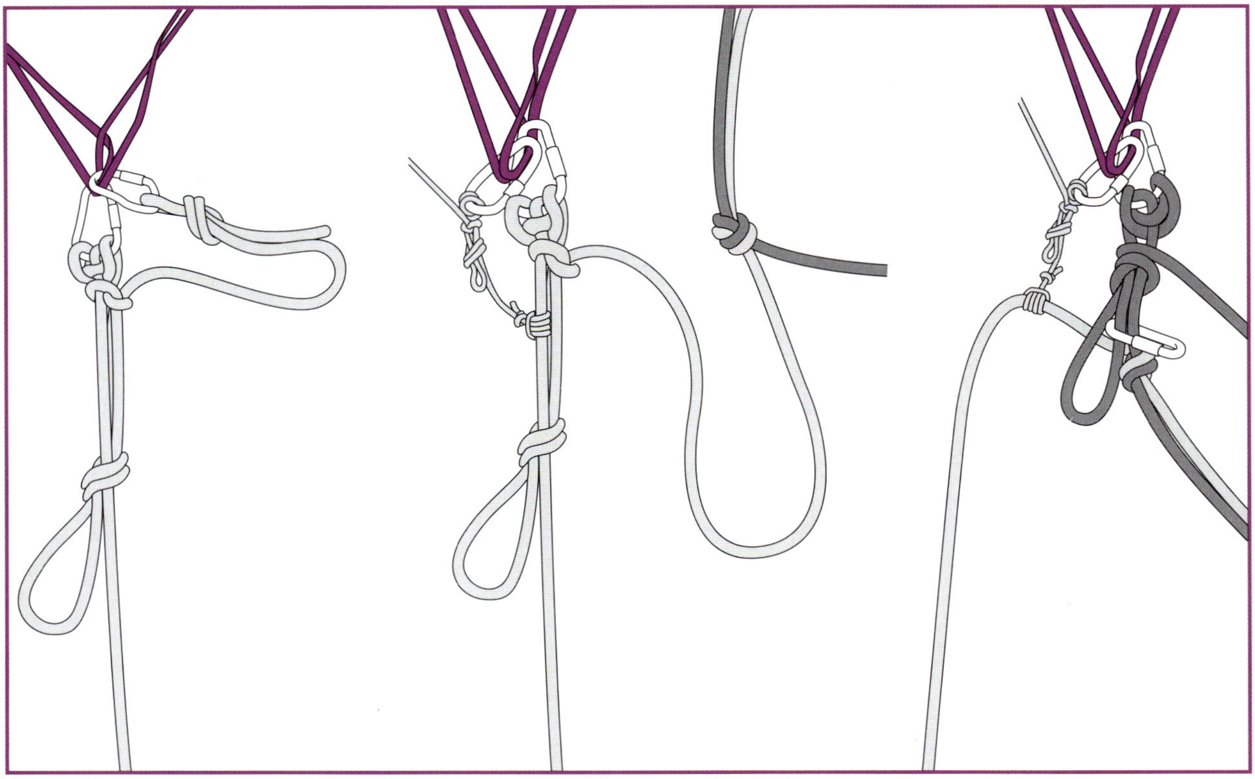

Zwischenfixierung mit Prusikschlinge zum Umhängen des doppelten HMS bei Seilverlängerung

mit dem Prinzip »Bandschlinge oder Prusikschlinge + HMS + Schleifknoten« gemacht werden. Überlegte Planung und exaktes, platzsparendes Arbeiten sind notwendig.

Schuhmann-Methode

Ausgleichsverankerung

Abseilachter mit Aufhängung von Retter und Verletztem

Verletzter mit langer Bandschlinge am Rücken des Retters fixiert

Kurzprusikschlinge zur Eigensicherung mit Verschlusskarabiner in den Schenkelschlaufen des Hüftgurtes fixiert

Praxistipp:

- Bei glatten oder dünnen Seilen kann die Bremswirkung der normalen Seilführung im Abseilachter zu gering sein. Dann kann das Seil durch die kleine Öffnung des Achters geführt werden.

Express-Flaschenzug

Kameradenrettung nach oben

Einen verletzten oder erschöpften Partner nach oben zu bringen ist wesentlich schwieriger als das Ablassen. Dennoch sollte man die Rettungstechniken nach oben kennen. Sie sind sinnvoll, wenn es um kurze Stücke geht (Unfall knapp unterm Stand, leichteres Gelände in Sicht), wenn der Rückzug nach unten sehr kompliziert oder gefährlich wäre oder wenn der Partner etwa durch einen Pendelsturz in unkletterbares Gelände gerät und sich nicht selbst mit der Prusikmethode helfen kann.

Express-Flaschenzug

Hat der Nachsteiger an einer Kletterstelle Probleme wegen Schwierigkeit oder Verletzung, kann man ihm mit dem Express-Flaschenzug mehr Zugunterstützung geben. Dazu wird im zum Nachsteiger führenden Seil eine Kurzprusikschlinge geknüpft und mit einem Karabiner das Bremsseil eingehängt. So entsteht ein primitiver Flaschenzug, der unter starken Reibungsverlusten im HMS leidet. Zum Lösen und Weiterschieben der Prusikschlinge wird das Seil durch einhändiges Abklemmen des HMS fixiert.

Lose Rolle

Die Standardmethode der Spaltenbergung (Technik siehe dort, S. 154) kann auch im Fels sinnvoll sein, um einen leicht verletzten, noch aktionsfähigen Partner zum Stand heraufzuziehen. Man benötigt dazu allerdings so viel Seil, dass es doppelt genommen zum Partner reicht. An engen Ständen kann es schwierig sein, soliden Halt zum Aufziehen zu finden. Dann kann es helfen, das Zugseil im Stand umzulenken, am Körper zu befestigen (Prusik) und durch Einsatz des ganzen Körpergewichtes zu ziehen. Unter Umständen kann der Verletzte mithelfen, indem er sich am fixierten Strang der Losen Rolle hochzieht.

Schweizer Flaschenzug

Ist der Verletzte nicht mehr aktionsfähig oder gar bewusstlos, bekommt man ihn normalerweise nur mit einem Flaschenzug nach oben. Auch im Fels empfiehlt sich der Schweizer Flaschenzug, hier ist jedoch die Reihenfolge des Umbaus ein wenig anders als am Gletscher.

- Fixierung des Gestürzten mit Schleifknoten und Absicherung.
- Knüpfen einer Kurzprusikschlinge im Seil, das zum Gestürzten führt. In die Kurzprusik wird ein Karabiner eingehängt.
- Eine möglichst lange Bandschlinge wird im Stand mit Ankerstich fixiert, doppelt genommen durch den Karabiner in der Kurzprusik gezogen und mit einem Karabiner fixiert. Dann wird der Prusikknoten so weit nach unten geschoben, dass die Bandschlinge straff ist.
- Zwei gleichgeformte Karabiner, am besten in einer Expressschlinge zusammengehängt, werden im Stand eingehängt.
- Mit dem Bremsseil wird in den beiden Karabinern der Gardaknoten gelegt.

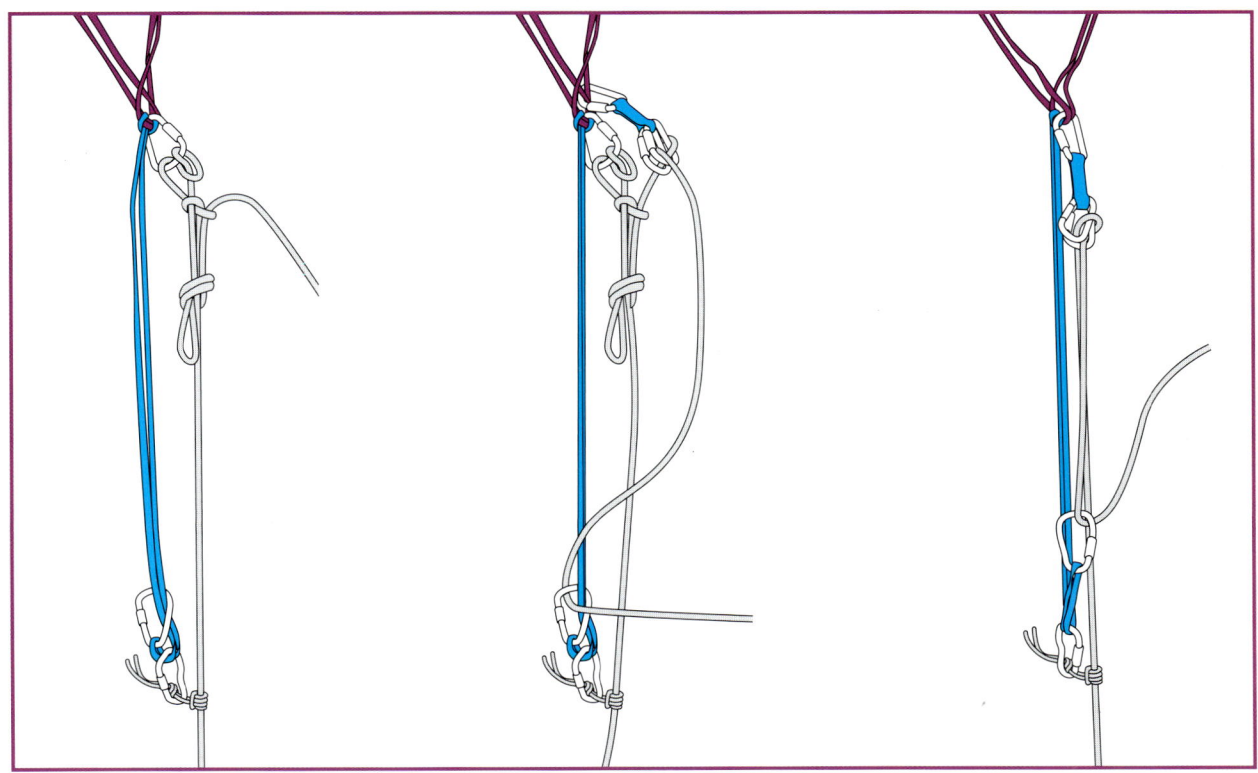

Aufbau des Schweizer Flaschenzuges

- Das Zugseil, das aus dem Gardaknoten herausläuft, wird in den Karabiner der Bandschlinge eingehängt.
- Der Schleifknoten wird gelöst, die Last langsam auf die Bandschlinge in der Kurzprusik übertragen.
- Der HMS wird ausgehängt, der Gardaknoten straffgezogen.
- Jetzt beginnt man am Zugseil zu ziehen. Sobald die Bandschlinge locker wird, kann man den Karabiner freimachen. Ab nun kann gezogen werden, bis der Karabiner der Bandschlinge am Gardaknoten anschlägt. Dann wird die Kurzprusik gelockert und nach unten geschoben zum nächsten Zug.

Praxistipp:
- Als Rücklaufsperre können statt des Gardaknotens mechanische Seilklemmen wie der Ropeman verwendet werden.
- Seilrollen in allen Umlenkpunkten mindern die Reibungsverluste weiter.

Erste Hilfe und Maßnahmen am Unfallort

Eine Rucksack-Apotheke und ein Grundwissen um Erste Hilfe gehören bei Hochtouren und kombinierten Routen dazu. Empfehlenswert ist der Besuch eines Acht-Doppelstunden-Kurses Erste Hilfe, etwa beim Roten Kreuz.

Praxistipps:
- Zur Alarmierung der organisierten Bergrettung durch Funk, Handy oder einen Melder gehören die Informationen über Unfallort (Koordinaten), -zeitpunkt, Zahl der Verletzten, ungefähre Art der Verletzungen und der Name des Meldenden.
- Das »Alpine Notsignal« kann mit optischen (Lampe, Blinkspiegel) oder akustischen (Schreien, Pfeifen) Signalen gegeben werden. Der Notruf besteht aus sechs Signalen in einer Minute (12 Sekunden Abstand) im Wechsel mit einer Minute Pause. Die Retter signalisieren dreimal in einer Minute (30 Sekunden Abstand) im Wechsel mit einer Minute Pause.

Bei Notfällen im Gebirge ist ein Funkgerät oder Handy zur Alarmierung Gold wert

- Bei An- oder Vorüberflug von Hubschraubern kann eine Notlage oder zum Beispiel der Hinweis »hier landen« durch y-förmiges Emporhalten beider Arme (für Yes = Ja) signalisiert werden. Ein Arm schräg hoch, der andere schräg runter bedeutet No = Nein.

Verhalten am Unfallort

Jede Unfallsituation erschreckt. Um Leben zu retten, muss man den Anfangsschock schnell überwinden, Ruhe bewahren, sich einen Überblick verschaffen und schnell und gezielt die notwendigen Maßnahmen ergreifen. Für ein sinnvolles Verhalten gilt folgende Reihenfolge:

- Überblick: Analyse der Unfallsituation, möglicher Gefahren, sicherer Bereiche und des ungefähren Ausmaßes der Verletzungen.
- Retten: Abtransport des Verletzten aus direkten Gefahrenbereichen (etwa Steinschlagzonen) und Schutz in gefährlichen Situationen (Sicherung).

- Vitalfunktionen kontrollieren: Überprüfung, Wiederherstellung und Sicherung von Herzschlag und Atmung.
- Erstversorgung: Verletzungen behandeln.
- Weitermachen: Abtransport des Verletzten oder organisierte Bergrettung alarmieren.

Typische Erste-Hilfe-Aufgaben

Vitalfunktionen

Das ABC der Ersten Hilfe bedeutet **A**nsprechbarkeit – **B**eatmung – **C**irculation. In dieser Reihenfolge wird der Verletzte überprüft.

- bei Ohnmacht (nicht ansprechbar): stabile Seitenlage
- bei Atemstillstand: Atemspende (Mund zu Nase oder Mund zu Mund)
- bei Herzstillstand: Herzmassage mit Atemspende

Sind nach Herzmassage oder Atemspende die Vitalfunktionen Atmung und Kreislauf wiederhergestellt, wird der Bewusstlose in stabile Seitenlage gebracht, die Vitalfunktionen in regelmäßigen Abständen kontrolliert.

Verletzungen

Nach Dringlichkeit sortiert:

- Starke oder spritzende Blutungen: Druckverband; nur im Extremfall abbinden und Zeit notieren
- bei Verdacht auf Wirbelsäulenverletzungen: Möglichst nicht bewegen!
- Schock oder Schockgefahr durch innere Verletzungen: Schocklagerung (Kopf tief, Beine hoch)
- Knochenbrüche: schienen
- Versorgung kleinerer Blutungen und Blessuren
- Möglichst angenehme und schmerzarme Lagerung, warm halten, Mut zusprechen, ständig beobachten

Kälteschäden

Örtliche Erfrierungen werden abgedeckt, warm verpackt und erst in der Zivilisation wieder aufgetaut.

Lebensgefährlich ist die allgemeine Unterkühlung durch lange Kälteeinwirkung. Dagegen schützt man den Verletzten durch Isolation gegen Bodenkälte und Wind, mit trockener Kleidung, Kopfbedeckung und Handschuhen und unter Umständen durch die Körperwärme der Kameraden.

Zustände leichter Unterkühlung mit klarem Bewusstsein behandelt man mit Wärmepackung, eventuell etwas Bewegung und heißen, süßen Getränken.

Sobald das Bewusstsein durch stärkere Unterkühlung getrübt ist, darf der Verletzte nicht mehr bewegt werden und keine Getränke erhalten. Es bleibt nur die Möglichkeit der Wärmepackung. Bei bewusstlosen Unterkühlten darf die Wärmepackung nur angelegt werden, wenn kein Hubschraubertransport möglich ist.

Höhenkrankheit

Gegen alle Formen der Höhenkrankheit – akute Höhenkrankheit, Höhenlungenödem, Höhenhirnödem – ist das einzig richtige Mittel der schnellstmögliche Abstieg in tiefere Lagen, wo selbst schwere Erkrankungen meist schnell ausheilen. Nicht nur in den Weltbergen, sondern auch in den Alpen sollten Höhenkrankheits-Symptome oberhalb von 3000 Meter nicht auf die leichte Schulter genommen werden. Bei Übelkeit, Schwindel, Erbrechen, Apathie sollte man den Hubschrauber alarmieren, bevor man ein Biwak in angeschlagenem Zustand und möglicherweise eine brisante Verschlechterung in Kauf nimmt.

Ist ein schneller Abstieg nicht möglich, etwa wegen Lawinengefahr oder Verletzungen, können die auf Expeditionen oft mitgeführten Notfallmittel Sauerstoff oder Certec Bag (eine portable Druck-Kammer) eine kurzzeitige Besserung bringen oder zumindest eine Verschlechterung verhindern, sofern die Höhenerkrankung noch nicht zu weit fortgeschritten ist.

Medikamente gegen die Höhenkrankheit sind umstritten: Ihre Wirkungen sind nicht immer eindeutig nachweisbar; ihre häufig vorkommende prophylaktische Verwendung ist im Prinzip Doping. Jedenfalls sollten Medikamente, wie auch sonst üblich, nur auf ärztlichen Rat verwendet werden und nur, um in Notfällen vom Berg herunterzukommen. Azetazolamid (z. B. in »Diamox«) ermöglicht das durch Anregung des Atems, Dexamethason wirkt beim Höhenhirnödem abschwellend und entzündungshemmend, Nifedipin hilft gegen das Höhenlungenödem.

BIWAK

Nicht immer kann man zum Übernachten im Hochgebirge eine feste Infrastruktur (Hotel oder Hütte) nützen: In außeralpinen Gebirgen (Himalaja, Alaska) gibt es meist keine Hütten; große Routen können oft nicht in einem einzigen Tag durchstiegen werden; Wettersturz oder ein Unfall können eine Seilschaft über Nacht festhalten.

Je nachdem, ob das Biwak geplant oder ungeplant ist und welche Ausrüstung man mitführt (eine Abwägung von Gewicht gegen Annehmlichkeit), ist der Komfort einer Freinacht unterschiedlich. Aber selbst ein Notbiwak muss nicht mit dem Schrecken verbunden sein, den der Laie oft beim Klang des Wortes empfindet. Ruhige Situationsanalyse, Erfahrung und Kreativität sind wichtig, um auch Biwaks in heiklen Situationen gut zu überstehen.

Anforderungen an einen Biwakplatz

- Schutz vor Stein- und Eisschlag
- Schutz vor Niederschlag
- Schutz vor Wind
- Keine Absturzgefahr, ausreichend Platz, Bequemlichkeit
- Wasser oder Schnee verfügbar

Nicht alle diese Anforderungen lassen sich immer und gleichzeitig verwirklichen. Die Reihenfolge der Aufzählung entspricht in etwa der Wichtigkeit der Anforderungen (Absturzgefahr lässt sich durch Sicherung bekämpfen, Wind schlechter).

Transportable Druckkammern wie der Certec Bag schaffen kurzfristig Besserung bei Höhenkrankheit

Verhalten im Biwak

- Möglichst jederzeit gesichert agieren (etwa bei Steilwandbiwaks); auch Ausrüstungsgegenstände nicht ungesichert herum liegen lassen.
- Biwakplatz so geschützt und bequem wie möglich einrichten
- Trockene, warme Kleidung anlegen (falls vorhanden). Trockene Kleidung auf die Haut, durchnässte Kleidung kann ausgewrungen als obere Schicht angezogen werden und isoliert so zumindest ein wenig.
- Essen und möglichst warm trinken.
- Ob geschlafen werden darf oder nicht, richtet sich danach, ob Erfrierungsgefahr droht. Normalerweise sollte man versuchen, sich einigermaßen auszuruhen.

Tipps zum Biwakieren

Im Folgenden werden für einige typische Biwak-Situationen Lösungsvorschläge gegeben. Sie können und sollen kreativ abgewandelt werden, wenn die Situation oder taktische Überlegungen es nahelegen.

Zeltbiwak (geplant)

- z. B. Hochlager bei Expeditionen
- Windmauer ums Zelt bauen, Schneeblöcke dazu mit Fuchsschwanz aussägen

- Kältegraben ums Zelt ziehen, mit Abfluss ins Freie
- Dicke, selbstaufblasende Isomatten sind auf Schnee günstig.
- Wird ein Benzinkocher verwendet, schützt ein Holzbrett als Untersatz den Zeltboden bei Indoor-Einsatz. In manchen Ländern ist es schwierig, reines Benzin zu bekommen; dann und in großen Höhen sind Gaskocher mit Propankartuschen besser.
- Vorsicht beim Kochen im Zelt – Vergiftungsgefahr durch Kohlenmonoxid und -dioxid.

Biwak im Alpingelände (geplant)

- z. B. im Zustieg zu großen alpinen Routen
- Im Felsgelände Liegefläche und Windmauer aus Steinblöcken bauen.
- Ein aufgespannter Biwaksack kann als Dach dienen.
- Isoliermatten und Schlafsack steigern den Komfort. Sie sind empfehlenswert, wenn das Biwakmaterial deponiert und beim Abstieg abgeholt werden kann.
- Ein Gaskocher ist meist ein guter Kompromiss zwischen Gewicht und Kochleistung.

Wandbiwak (geplant)

- auf einigermaßen ebenem Platz im Steilgelände, z. B. in großen alpinen Routen
- bei Absturzgefahr möglichst immer gesichert agieren
- gewichtsparende Unterlage: Seil in engen Kurven ausgelegt, Polsterung durch überzählige Kleidung
- Leicht-Alternative zum Schlafsack: mit Wasserschutz-Kleidung in den Biwaksack legen
- Eine reflektierende Alufolie (»Rettungsdecke«) wiegt wenig und verbessert den Wärmeschutz.
- Unter Umständen kann ein leichter Esbit-Kocher für ein lauwarmes Getränk ausreichen.
- In großen Felswänden kann die Wasserversorgung schwierig sein; in kombinierten Routen sollte Schnee zum Schmelzen in Biwaknähe sein oder rechtzeitig in Plastiktüten gesammelt werden.

Vorbereitetes Biwak: Am Rognon unter der Dru-Westwand

Steilwand-/Hängebiwak (geplant)

- in großen, kompakten Wänden ohne ausreichende Liegemöglichkeit
- unbedingt sichere Fixpunkte als Aufhängung schaffen
- alle wichtigen Gegenstände nur gesichert handhaben
- Als Liegefläche sind Portaledges Hängematten weit überlegen, aber sie sind wesentlich schwerer.
- auf gutes, windfestes Überzelt beim Portaledge achten
- Aufhängbare Kocher-Systeme erleichtern die Arbeit wesentlich.

Biwak im Schnee (geplant)

- z. B. bei langen Winterbegehungen
- Zum Bauen im Schnee sind Säge (doppelt geschränkter Fuchsschwanz) und Schaufel wichtig.
- Mit viel Zeit kann man versuchen, ein Iglu zu bauen.
- Wechten, Windkolke oder Schneehänge eignen sich für Schneehöhlen. Wichtig: Wände sehr sorgfältig glätten, um Tropfwasser zu vermeiden, Kältegraben an der Wand anlegen, Eingang nach unten führen (Abfluss von Kaltluft und Kohlendioxid), Frischluftzufuhr sichern (z. B. Lüftungsloch nach oben) und bei Schneefall immer kontrollieren.
- In ebenem Gelände bietet eine Grube mit Biwaksack als Abdeckung einen passablen Windschutz.
- Um große Mengen Schnee zu schmelzen sind Benzinkocher oft die beste Lösung.

Ungeplantes Biwak

- z. B. bei Wettersturz oder Unfall
- Das Biwak früh genug akzeptieren statt panisch weiterzugehen. So kann ein möglichst guter Platz gesucht und hergerichtet werden.
- Fehlende Ausrüstung muss durch Improvisation ersetzt werden.
- eng zusammenrücken; Körperwärme nutzen

ORIENTIERUNG

Bei Eis- und Hochtouren bewegt man sich fast immer abseits markierter Wege. Ausgefeilte Orientierungsfähigkeiten – per Sicht und mit Hilfsmitteln – sind deshalb wichtig, um sicher, kraftsparend und flott vorwärtszukommen. Man muss im Zustieg durch Wald, Schrofen oder Geröll einen vernünftigen Weg finden, um nicht im Unterholz steckenzubleiben oder im Schutt Kraft zu verlieren. In Gletscherzonen sollte man gefährlichen Spaltenzonen durch überlegte Spuranlage ausweichen können. Und beim Klettern in Eis und kombiniertem Gelände hilft ein geübter Blick fürs Gelände, die leichteste Auf- oder Abstiegsmöglichkeit zu erkennen. Bei Nebel und Schlechtwetter können ein geschultes Gefühl für die Himmelsrichtungen und große Erfahrung im Umgang mit den Orientierungshilfsmitteln lebensrettend sein.

Im Nebel ist Orientierungsvermögen lebenswichtig

Karte, Gebietsführer und Anstiegsblätter

Kartenlesen

Topographische Karten

Das wichtigste Orientierungshilfsmittel des Hochtouristen ist die topographische Karte. Sie bildet die Oberflächenform der Erde mit verschiedenen Darstellungshilfen exakt ab. Empfehlenswert für die hohen Ansprüche auf Hochtouren sind nur die amtlichen Kartenwerke Österreichs, Deutschlands, der Schweiz und Frankreichs (ign) sowie die Alpenvereinskarten. Für die italienischen Alpengebiete stehen oft nur die recht oberflächlichen Karten des igc und die etwas besseren Tabacco-Blätter zur Verfügung. Wanderkarten sind für Hochtouristen normalerweise zu ungenau. Der Maßstab einer Hochtourenkarte sollte mindestens 1:50.000 betragen, exakter sind Karten im Maßstab 1:25.000 (bis auf die TK Österreich, die lediglich eine vergrößerte Ausgabe der 50.000er Karte ist, ohne zusätzliche Details). Beim Maßstab 1:50.000 entspricht ein Zentimeter auf der Karte 500 Metern in der Natur, bei 1:25.000 sind es 250 Meter.

Topographische Karten bestehen aus dem Kartenbild, bei dem Norden immer oben, Süden immer unten ist, und dem Kartenrand. Auf diesem befinden sich unter anderem die Legende (Zeichenerklärung), Koordinatenangaben und wichtige Daten wie der Zeitpunkt der »Aufnahme« (Erfassung) und des Gletscherstandes, die Äquidistanz (Höhenabstand) der Höhenlinien und die Deklination (Abweichung von magnetischem und geographischem Nordpol, s. u.). Namen von Gipfeln, Hütten und ähnlichem sind auf der Karte immer exakt von West nach Ost geschrieben – eine Hilfe bei der Arbeit mit dem Kompass.

Geländedarstellung

Verschiedene Darstellungsmittel symbolisieren die dreidimensionale Erdoberfläche auf dem zweidimensionalen Kartenblatt. Das wichtigste Element sind die Höhenlinien. Sie verbinden Punkte gleicher Höhe im Gelände. Je enger sie beieinander stehen, um so steiler ist das Gelände. Ihre Form spiegelt die Struktur des Geländes wider: Scharfe Knicke stellen Schluchten oder Grate dar, sanfte Kurven stehen für Rücken oder Mulden – kombiniert mit der Information, wo »Oben« ist, kann man bestimmen, ob die Struktur »in den Hang hinein« (Schlucht, Mulde) oder »aus dem Hang heraus« (Grat, Rücken) verläuft. Die Äquidistanz, der Höhenabstand der Höhenlinien (auf dem Kartenrand angegeben), beträgt normalerweise 20 Meter, auf manchen Kartenwerken aber auch 10 oder 50 Meter, woraus sich ein völlig anderer optischer Steilheits-Eindruck ergibt. In regelmäßigen Abständen, normalerweise alle 100 Meter, ist eine Höhenlinie dicker gezeichnet. Diese »Zähllinie« trägt eine Höhenangabe in Ziffern, die so gedruckt sind, dass ihr Fuß ins Tal zeigt (Ausnahme: Schweizer Landeskarte). Daraus lässt sich einfach »Oben« und »Unten« feststellen. Die Farbe der Höhenlinien lässt Rückschlüsse aufs Gelände zu: Wiesen und Wald haben braune Höhenlinien, Eis, Schnee und Wasser blaue, Fels und Geröll schwarze.

Einen plastischen Landschaftseindruck erweckt der Kartograph durch Techniken wie die Schummerung, bei der er eine Beleuchtung in der nordwestlichen Kartenecke annimmt und mit den Licht- und Schattenwürfen die Landschaft modelliert. Flächenfärbungen und Symbole lassen erkennen, ob die Erdoberfläche durch Wiesen, Wald, Geröll oder Schnee gebildet wird, Felszonen werden mit verschiedenen Techniken dreidimensional dargestellt. Straßen, Gebäude und ähnliches haben Symbole, die in der Legende auf dem Kartenrand (bei Schweizer Karten nur manchmal auf der Rückseite) erklärt sind. Sie sind in der Karte »generalisiert«, das heißt übergroß dargestellt; bei maßstabsgerechter Einzeichnung wären sie nicht zu erkennen.

Praxistipps:

- Ein Verständnis dafür, welche Höhenlinienbilder welchen Geländeformen entsprechen, ist grundlegende Voraussetzung für eine effektive Nutzung der Landkarte. Ständige Vergleiche von Landschaft und Kartenbild auf jeder Tour schaffen die nötige Erfahrung.
- Eine gute Übung zum Verständnis des Kartenbildes: Vor der Tour anhand der Karte

eine bildhafte Vorstellung vom Gelände zu entwickeln versuchen, eventuell aufzeichnen, anschließend mit der Praxis vergleichen.

Die Karte im Gelände

Will man sich mit der Karte im Gelände orientieren, sollte man sie zuerst »einnorden«. Dazu dreht man sie (oder sich selbst mit der Karte) so lange, bis die eingezeichneten Kamm- und Talverläufe mit denen der Landschaft übereinstimmen. Man kann auch den Kompass (siehe unten) auf Marschzahl 0 einstellen, die Anlegekante an den Kartenrand legen und Karte mit Kompass so lange drehen, bis Nordnadel und Nordpfeil am Kompass übereinstimmen.

Als nächstes wird man den eigenen Standort bestimmen. Manchmal, etwa wenn man auf einem Grat oder an einem Bach steht und die Höhe kennt, kann man den Standort auf der Karte ohne große Probleme feststellen. Auch markante Geländestrukturen in der Nähe, etwa ein Wasserfall, ein Gratsporn oder eine alte Ufermoräne, können bei der Standortbestimmung direkt helfen. Andernfalls zieht man gedankliche Linien zu bekannten Gipfeln und überträgt diese Linien auf die Karte; im Schnittpunkt dieser Linien muss der Standort liegen. Zur genauen Bestimmung wird dann die nähere Umgebung ganz exakt mit den feinsten Details der Karte verglichen; gute Karten verzeichnen sogar große Felsblöcke.

Nach Bestimmung des eigenen Standorts kann man durch groben Richtungsvergleich die Lage des angestrebten Zielpunktes (Gipfel, Pass) aus der Karte auf die Natur übertragen, markante unbekannte Gipfel in der Karte identifizieren oder Informationen über unsichtbare Wegstücke aus der Karte entnehmen.

Praxistipps:

- Alle beschriebenen Techniken kann man mit dem Kompass als Hilfsmittel durchführen (s. u.). In den meisten Fällen aber, zumindest bei guter Sicht, wird man mit der Karte allein eine vergleichbare Präzision erreichen, sofern man die Techniken intensiv übt. Man ist dann schneller und eignet sich zudem tiefere Erfahrung im Interpretieren der Karte an.
- Man suche immer nach markanten, auffälligen Geländeformen und versuche, sie auf der Karte zu identifizieren. Gipfel, Grate, Gräben, Bäche, Moränen und andere scharf umrissene Strukturen sind die besten Anhaltspunkte.
- Durch den Gletscherrückgang stimmen oft die auf Karten eingezeichneten Gletscher-

Orientierung
mit der Karte
im Gelände

Suchgitter auf AV-Karten

Gitternetz:

mit Rechts- (R) und Hoch-
werten (H), dient nur als
Suchgitter, entspricht keinem
Koordinatensystem

Beispiel einer Punktbestimmung:

Netzteiler auf Suchgitter legen,
Rechts- (R) und Hochwert (H)
am Kartenrand ablesen, zu
bestimmenden Punkt am Netzteiler in mm festlegen,
z. B. R 3/29, H 14/34

Beispiel einer Punktbestimmung: Gipfelkote des Hochvogels, 2594 m
R 3/29 mm, H 14/34 mm

Netzteiler

Suchgitter auf AV-Karten

stände nicht mehr; auch Eiswände oder Firnstücke können weitgehend ausgeapert sein. Ein Anhaltspunkt für die Größe der möglichen Abweichung sind die Daten der »Aufnahme« und des Gletscherstandes, die am Kartenrand zu finden sind.

Arbeit auf der Karte

Für die Tourenplanung oder im Fall einer Bergrettung kann es notwendig sein, numerische Daten aus der Karte zu entnehmen. Zum Beispiel liefert die Streckenmessung einen Zahlenwert, der in die Gehzeitberechnung einfließt. Dazu misst man mit dem Lineal, exakter mit einem Zählrad oder einem Faden, die Länge der Strecke auf der Karte und multipliziert sie anschließend mit dem Kartenmaßstab. Die wahre Strecke wird allerdings immer etwas länger sein, weil man kaum der Luftlinie folgen kann und die Strecke am Hang immer länger ist als ihre Vertikalprojektion in die Kartenfläche.

Sind Firn- oder Eishänge zu begehen, ist es für die Tourenplanung wichtig, ihre ungefähre Neigung zu kennen, um entscheiden zu können, ob spezielle Sicherungsmittel mitzuführen sind. Mathematiker mit Taschenrechner messen dazu die Strecke von Hangfuß bis -ende und den Höhenunterschied und rechnen »Neigungswinkel = arctan (Höhe/Strecke)«. Einfacher geht es mit dem Böschungsmaßstab, der auf der Hülle der Alpenvereinskarten aufgedruckt ist: Man vergleicht den Abstand von fünf Höhenlinien auf der Karte mit dem auf dem Böschungsmaßstab und erhält einen ungefähren Neigungswert.

Möchte man, etwa für die Bergrettung, den eigenen Standort exakt angeben, benutzt man die Koordinateneinteilung der Karte. Auf AV- und Schweizer Landeskarten ist dazu ein Gitternetz aufgedruckt. Die Koordinaten werden in der Reihenfolge **R**echtswert/**H**ochwert angegeben (Eselsbrücke **R**äuber**H**auptmann). Zur Bestimmung der Kommastelle benötigt man ein Lineal (manchmal beim Kompass eingebaut bzw. aufgedruckt).

Praxistipps:

- Beim Maßstab 1 : 50.000 entspricht ein Zentimeter auf der Karte 500 Meter in der Natur, beim Maßstab 1 : 25.000 sind es 250 Meter.
- Zur Koordinatenbestimmung bei AV-Karten hilft der Netzteiler, der auf der Kartenhülle aufgedruckt ist.

Interpretation von Gebietsführern

Die Hochtourengebiete der Alpen sind durch unterschiedliche Führerwerke beschrieben. Für einzelne Regionen (z. B. Adamello, Seealpen) sind aktuelle deutschsprachige Führer schwer zu erhalten, klassische Gebiete sind im Allgemeinen gut abgedeckt. Die klassische deutsche Reihe der Alpenvereins- und Gebietsführer enthält sehr ausführliche Beschreibungen und ist oft am Ideal der Vollständigkeit orientiert – wichtig für Bergsteiger, die Alternativen zu ausgetretenen Wegen suchen und für solche, die sich besonders ausführlich informieren wollen. In letzter Zeit geht der Trend eher zu Auswahlführern, die nur die besten und meistbegangenen Routen beschreiben. An die Stelle der verbalen Beschreibung treten viele Bilder und technische Routenskizzen.

Der Aufbau der Führerwerke ist unterschiedlich: AV-Führer sind nach Untergebieten unterteilt; pro Untergebiet werden nacheinander Talorte, Hütten, Übergänge und Gipfel abgehandelt. In SAC-Führern stehen die Talorte und Hütten gebündelt am Anfang, dann kommen die Berge und Pässe. Das Register bezieht sich bei AV-Führern auf die »Randzahl«, die Routennummer, bei SAC-Führern auf die Seitenzahl.

Unterschiedliche Führerwerke benutzen verschiedene Schwierigkeitsskalen (siehe Tourenplanung, S. 180 f.). Ist man damit nicht vertraut, sollte man die Erklärung im Einleitungsteil des Führers genau studieren.

Ebenfalls sollte man nachlesen, in welchem Sinne Richtungen angegeben werden: in Gehrichtung (wobei bei Abstiegsbeschreibungen die Frage »im Auf- oder Abstiegssinn« zu klären ist) oder im »orographischen Sinn«, also in Richtung fließenden Wassers. Orographische Angaben werden vor allem gerne bei Gletschern, Moränen und Wasserläufen verwendet und gelegentlich durch das Wort »Ufer« signalisiert.

Praxistipps:
- Je mehr Führer man zum Vergleich hat, desto genauer kann das Bild werden, das man sich im Vornhinein von der Tour macht. Auch Bildbände können helfen, eine Vorstellung von der Routenführung zu bekommen.
- Beim Anstieg sollte man Punkte nutzen, die einen Überblick über die Route bieten, um Führerbild, -beschreibung und Natur in Übereinstimmung zu bringen. Dabei müssen je nach Standpunkt perspektivische Verzerrungen beachtet werden. Ein Fernglas hilft beim Studium von Details.

- Klassische Anstiege folgen fast immer vorgegebenen Linien (Grate, Couloirs). Moderne Routen dagegen suchen oft bewusst abweisende Wandzonen; allerdings sind gerade Eisrouten und große Felsfahrten immer noch auf den Weg des geringsten Widerstandes angewiesen.
- Jahreszeitliche Veränderungen (etwa Ausapern im Sommer, Lawinengefahr im Winter) können Abweichungen von der beschriebenen Route sinnvoll machen. Nicht blind dem Führertext folgen, sondern mit offenem Auge und Geist das Gelände beobachten!

Interpretation von Anstiegsblättern

Bei vielen modernen Routen wird keine ausführliche verbale Beschreibung mehr gegeben und stattdessen die Information in einer Anstiegsskizze (Topo) dargestellt (siehe S. 172). Topos sind übersichtlicher als platzraubende Texte und erlauben im Idealfall den direkten Vergleich mit Bildern und dem Anblick in der Natur. Mit international gebräuchlichen Symbolen können alle Strukturen der Wand und der Route dargestellt werden, zusätzlich werden oft Seillängen und Absicherung eingetragen. Je länger die Route, desto detailärmer fällt das Topo aus und desto mehr alpines Verständnis gehört zur Interpretation.

Praxistipp:
- Wie bei der Interpretation von Führern muss man auch bei Anstiegsskizzen der Versuchung widerstehen, das Topo »gewaltsam« auf die Natur zu übertragen. Beschreibungen und Skizzen sind dehnbar und schon mancher hat mit starkem Willen und etwas Verdrängung seinen Verhauer in Deckung mit dem Führer gebracht.
- Vor allem bei Eisrouten können die aktuellen Verhältnisse sehr vom Topo abweichen. Unter Umständen kann die Route gar nicht machbar sein oder man muss mit alpinem Spürsinn eine Variante finden.
- Auch die Schwierigkeiten können, gerade bei Steileis- und Mixedrouten, um einen Grad nach oben oder unten variieren. Das ist vor allem bei der Tourenauswahl und -planung zu beachten.

THEORETISCHE GRUNDLAGEN

Geräte als Orientierungshilfen

Kompass

Das Gerät

Die Arbeit mit dem Kompass (auch Bussole genannt) ist immer Winkelmessung. Der gemessene Winkel heißt Marschzahl, er bezeichnet den Winkel zwischen zwei Richtungen: der Nordrichtung und der Peilrichtung, der Verbindung zwischen zwei Punkten in der Landschaft (etwa zwischen dem eigenen Standort und einem Berggipfel). Diese Richtungen kann man mit dem Kompass in der Natur und in der Karte feststellen. Die Nordrichtung in der

Topo für eine moderne Eis-/Mixedroute

Natur gibt die Magnetnadel an, das wesentliche Element des Kompasses. Sie zeigt zum magnetischen Nordpol der Erde und sollte in einer ölgedämpften Kompassdose freischwingend gelagert sein. Die Kompassdose trägt eine Einteilung, normalerweise in 360 Grad (es gibt auch Modelle mit 400-Neugrad- oder 64-Strich-Einteilung). Durchsichtige Kompassdosen sind wichtig für eine effektive Arbeit auf der Karte; dort wird die Nordrichtung mit den West-Ost-Linien ermittelt, die sich auf der Kompassdose befinden. Die Peilrichtung wird in der Natur mit einer Peilvorrichtung gemessen, auf der Karte durch die Anlegekante definiert. Der gemessene Winkel zwischen Nord- und Peilrichtung (die Marschzahl) wird an der Ablesemarke auf dem Gehäuse abgelesen.

Zusätzlich zu diesen für die Orientierung wesentlichen Elementen können Kompasse verschiedene Ergänzungen enthalten, die für spezielle Aufgaben nützlich sind: Neigungsmesser, Lineal, Lupe, Tabellen zur Umrechnung von Maßstab und Neigung, Planzeiger oder eine Einrichtung zur Einstellung der Missweisung.

Kompassarbeit in der Natur

Marschzahl aus der Natur entnehmen:
- Zielpunkt mit der Peilvorrichtung anpeilen
- Kompass ruhig halten, Kompassdose so lange drehen, bis Nordpfeil und Nordnadel exakt in die gleiche Richtung zeigen
- Marschzahl an der Ablesemarke ablesen

Marschzahl in die Natur übertragen:
- Marschzahl an der Ablesemarke einstellen
- Kompass in der Hand oder Körper mit dem Kompass so lange drehen, bis Nordpfeil und Nordnadel exakt in die gleiche Richtung zeigen
- Blick über die Peilvorrichtung zeigt die Zielrichtung

Praxistipps:

- Der Kompass muss waagerecht gehalten werden, damit die Nordnadel sich nicht verklemmt.
- Zum exakten Peilen Kompass mit ausgestrecktem Arm halten und Kompassdoseneinstellung über den Peilspiegel beobachten.
- Keine großen Metallgegenstände oder Sendegeräte (VS-Gerät, Handy) in die Nähe der Magnetnadel bringen.

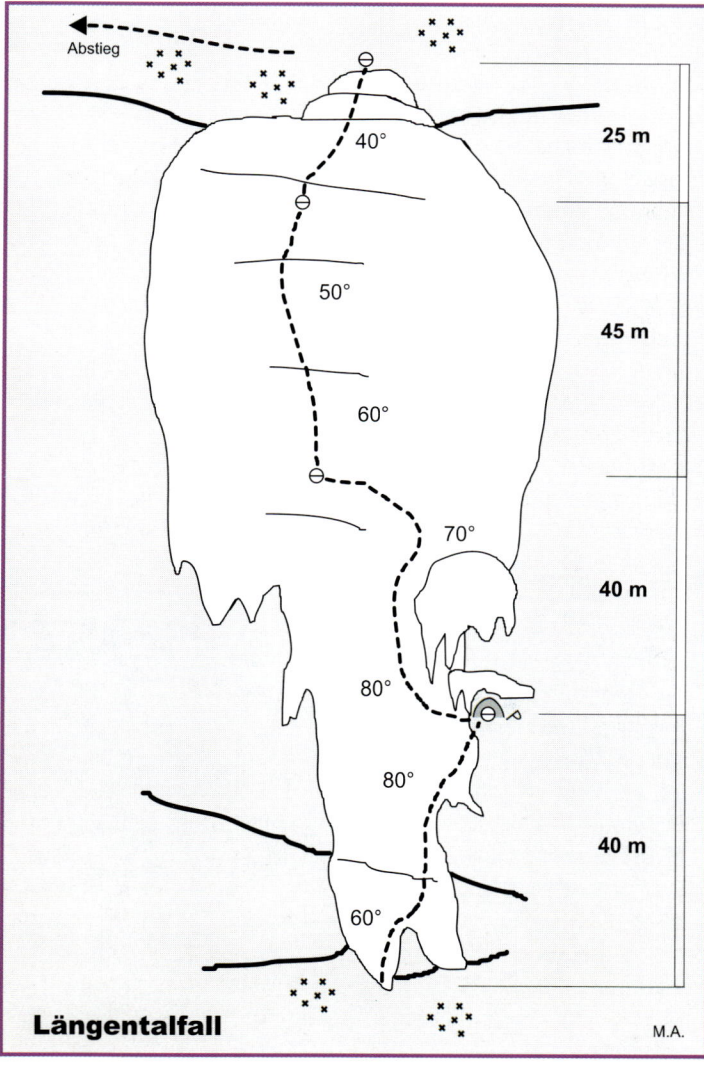

Abstieg

40°

25 m

50°

45 m

60°

70°

40 m

80°

80°

40 m

60°

Längentalfall

M.A.

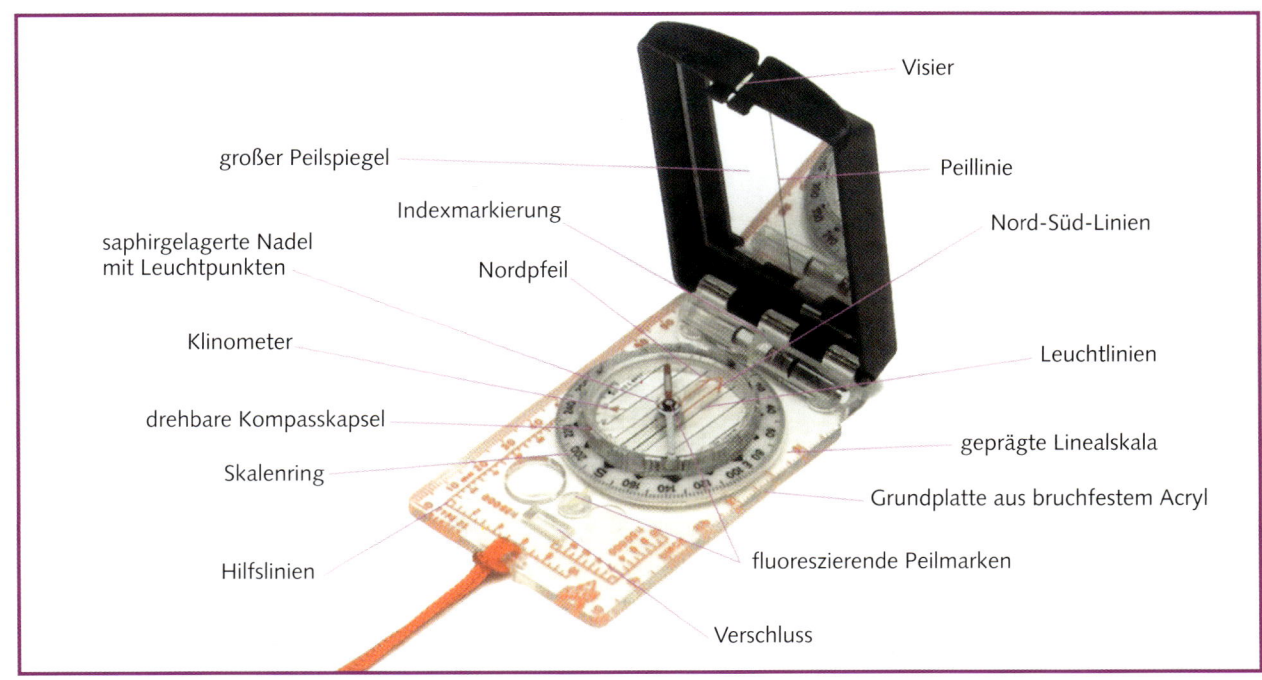

großer Peilspiegel

Visier

Indexmarkierung

Peillinie

Nord-Süd-Linien

saphirgelagerte Nadel
mit Leuchtpunkten

Nordpfeil

Klinometer

Leuchtlinien

drehbare Kompasskapsel

geprägte Linealskala

Skalenring

Grundplatte aus bruchfestem Acryl

fluoreszierende Peilmarken

Hilfslinien

Verschluss

- Das Auge muss exakt in der Peillinie liegen, damit keine Parallaxenfehler auftreten.

Kompassarbeit auf der Karte
Marschzahl aus der Karte entnehmen:
- Mit der Anlegekante die zwei Punkte der Peilrichtung (z. B. Hütte und Gipfel) auf der Karte miteinander verbinden.
- Kompass festhalten, Kompassdose so lange drehen, bis die West-Ost-Linien exakt mit dem Rechts-Links-Verlauf der Namen auf der Karte übereinstimmen.
- Marschzahl an der Ablesemarke ablesen
Marschzahl auf die Karte übertragen:
- Marschzahl an der Ablesemarke einstellen
- Anlegekante auf der Karte an einen bekannten Punkt der Peillinie anlegen
- Gesamten Kompass so lange drehen, bis die West-Ost-Linien exakt mit dem Rechts-Links-Verlauf der Namen auf der Karte übereinstimmen
- Nun zeigt die Anlegekante zum gesuchten zweiten Punkt auf der Peillinie.

Praxistipps:
- Für die Arbeit auf der Karte ist ein Lineal nützlich. Es verbindet auch weit entfernte Punkte langer Peilstrecken. Außerdem kann der Kompass daran entlang verschoben

werden, bis er mit einem in Ost-West-Richtung verlaufenden Namenszug in Deckung gebracht werden kann.
- Zur Winkelbestimmung auf der Karte braucht man nicht unbedingt einen Kompass. Kartenwinkelmesser aus Plastik bieten mehr Übersicht und haben längere Anlegelinien.

Berücksichtigung der Missweisung
Der magnetische Nordpol der Erde liegt nicht exakt am geographischen Nordpol, außerdem bewegt er sich. Da topographische Karten sich auf den geographischen Nordpol beziehen,

Kompass mit Funktionselementen

Peilen mit dem Kompass in der Natur

entsteht bei der Kompassarbeit eine »Missweisung« oder »Deklination«. Ihr Zahlenwert und die Geschwindigkeit ihrer Veränderung ist oft auf dem Kartenrand angegeben. In den Alpen beträgt die Missweisung derzeit nur 1–2 Grad, so dass sie hier praktisch vernachlässigt werden kann. In nördlichen Gebieten (Alaska, Baffin Island) dagegen kann sie mehr als 20 Grad betragen. Dort muss die Nordnadel nicht mit dem Nordpfeil in Übereinstimmung gebracht werden, sondern mit dem Wert der Missweisung. Bei manchen Kompassen kann man die Missweisung auch mechanisch einstellen.

Höhenmesser

Das Gerät

Obwohl man beim Begriff »Orientierung« meist an den Kompass denkt, ist doch der Höhenmesser nach der Landkarte das wichtigste Gerät zum Zurechtfinden im Gelände. Er basiert auf dem Prinzip, dass der Luftdruck mit zunehmender Höhe abnimmt. Jeder Höhenmesser misst den Luftdruck und gibt auf seiner Anzeige die entsprechende Höhe an. Luftdruck-Veränderungen durch Wetter oder Sonstiges beeinflussen natürlich auch die angezeigte Höhe und müssen berücksichtigt werden (s. u.).

Unterschiedliche Modelle sind auf dem Markt: mit mechanischem oder elektronischem Drucksensor, mit analoger (Zeiger) oder digitaler Anzeige, als eigenes Gerät oder in Form einer Armbanduhr. Die Digitalgeräte haben oft nützliche oder spielerische Zusatzfunktionen, wie Uhr, Wecker, Höhenmetersummierung, Anzeige der Steiggeschwindigkeit, Höhenalarm, Temperaturmessung. Wichtig für die Wetterbeobachtung ist bei allen Geräten die Möglichkeit, den reduzierten Luftdruck (bezogen auf Meereshöhe) abzulesen.

Umgang mit dem Höhenmesser

Wetter und Temperatur können den Luftdruck schwanken lassen. Um solchen Abweichungen der Höhenanzeige zu begegnen, ist es notwendig, den Höhenmesser auf die Ortshöhe einzustellen, wann immer man sich an einem Punkt befindet, dessen Höhe bekannt ist (Ausgangspunkt, Hütte, Gipfel…). Merkt oder notiert man sich über längere Zeit, um wieviel

man jeweils den Höhenmesser »nach-« oder »vorstellen« musste, kann man die langfristige Luftdrucktendenz verfolgen. Zu große Höhenangaben entsprechen niedrigerem Luftdruck, zu geringe Höhenwerte einem Druckanstieg. Anhand der Steiggeschwindigkeit und der aktuellen Höhe kann man kontrollieren, ob man im Zeitplan liegt, der der Tourentaktik zugrunde liegt.

Bei manchen Touren muss auf einer bestimmten Höhe die Richtung geändert werden, etwa ein Couloir verlassen, ein Grat überschritten oder ein Gletscher gequert werden. Hier hilft der Höhenmesser zur Routenfindung, vor allem bei schlechter Sicht.

Sogar zur Bestimmung des eigenen Standorts kann der Höhenmesser helfen, etwa wenn man sich an einer markanten Geländelinie befindet (Bach, Grat, Graben, Moräne). Aus der Kombination der Geländestruktur und der Höhenlage kann man auf der Karte die Position leicht erkennen.

Täuschungsfaktoren

Da der Höhenmesser nur den Luftdruck misst, nie direkt die Höhe (wie es etwa ein GPS-Gerät kann), zeigt er bei verändertem Luftdruck falsche Werte an. Das regelmäßige Nachstellen ist entscheidend für verlässliche Angaben. Nicht immer aber erreicht man in kurzen Abständen Punkte bekannter Höhe. Dann ist es wichtig, die regelmäßigen Tagesschwankungen des Luftdrucks zu kennen, um die Höhenangabe korrigieren zu können. Verbleibende Fehler durch wetterbedingte Luftdruckänderungen können nur beim Nachstellen erkannt werden.

- Der temperaturbedingte »Tagesgang« des Luftdrucks kann 1–2 hPa ausmachen (entspricht rund 10–20 Meter). Am Nachmittag ist er am höchsten, frühmorgens erreicht er sein Minimum.
- Auf Meereshöhe beträgt die mittlere Lufttemperatur 15 °C, alle 100 Höhenmeter nimmt sie um 6,5 °C ab. Diese Temperaturschichtung wird bei Höhenmessern konstruktiv berücksichtigt. Ist die Luft kälter (Winter, Kaltfront) oder wärmer (Sommer, Warmfront) als üblich, verdichtet sich die Luft bzw. dehnt sich aus. Deshalb zeigt der Höhenmesser bei kalter Luft zu große

Höhenunterschiede an, bei wärmerer Luft zu geringe. Faustformel: pro 1 °C zu kalt 4 ‰ zu viel, pro 1 °C zu warm 4 ‰ zu wenig. Wird ein großer Höhenunterschied bewältigt, ohne den Höhenmesser nachstellen zu können, muss diese Abweichung berechnet und die Höhenangabe korrigiert werden (Beispiel: 10 °C Temperaturabweichung ergeben bei 1000 Höhenmetern 40 Meter Fehlanzeige).

● Manche Geräte reagieren empfindlich auf Änderung ihrer Eigentemperatur (normalerweise sollte ein gutes Gerät dies kompensieren). Man kann dies überprüfen, indem man es auf dem Standort verschiedenen Temperaturen aussetzt (Fensterbrett/Essraum; oder Kühltruhe/Heizung). Kombiniert mit einem Thermometer kann man dann die temperaturbedingte Abweichung des Gerätes errechnen und auf Tour mit einkalkulieren.

GPS

Das Gerät

Das GPS – Global Positioning System (weltweites Ortsfindungs-System) – wurde vom Militär installiert, um ferngelenkte Raketen ins Ziel zu bringen. Eine freundlichere Nutzungsmöglichkeit bietet es dem Bergsteiger, der damit die Hütte trifft. Mehrere Dutzend Satelliten umkreisen die Erde und senden ein Signal aus. Ein GPS-Gerät empfängt diese Signale und errechnet daraus die Position. Drei empfangene Satelliten reichen für eine Standortbestimmung, mit einem vierten Satellitensignal lässt sich auch die Höhe feststellen. Moderne GPS-Geräte sind nicht viel größer oder schwerer als ein mechanischer Höhenmesser, also für Bergsteiger durchaus tragbar. Nachdem im Mai 2000 die militärische Verschlüsselung der Satellitensignale aufgehoben wurde, sind die erreichbaren Genauigkeiten gestiegen: Bei 95 % der Messungen ist der Fehler kleiner als 21 Strecken- oder 27,5 Höhenmeter. Das erlaubt dem Bergsteiger eine Ortsbestimmung, deren Genauigkeit die mit dem Kompass erreichbare übertrifft. Die Höhe wird ohne Abhängigkeit vom Luftdruck bestimmt. Moderne Geräte kombinieren sogar GPS und barometrischen Höhenmesser. In außeralpinen riesigen Glet-

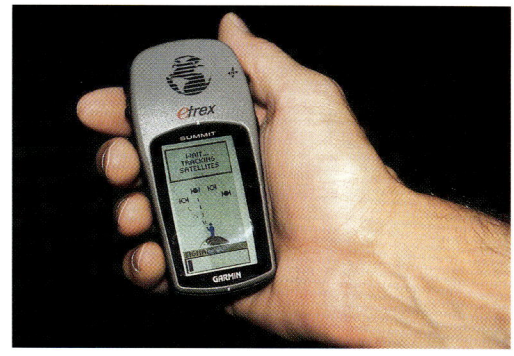

schergebieten wie Grönland oder den Polregionen ist GPS heute schon Standard. Multifunktions-GPS-Geräte mit Kompass, Höhenmesser und GPS-Funktion könnten sich nun auch in den Alpen, zumindest in großflächigen Gebieten (Gletscher, Karstflächen, Wald) etablieren. Nachteile bleiben der teilweise hohe Energieverbrauch und die Tatsache, dass dichter Wald oder enge Geländeformen häufig den Satellitenempfang behindern.

Anwendungsmöglichkeiten

Voraussetzung für die Anwendung von GPS in der Praxis ist, dass genügend Satelliten empfangen werden können. In engen Tälern, steilen Wänden und dichtem Wald ist das wegen Funkabschattungen nicht immer möglich. Auf weiten Gletscherflächen dagegen, wo die Technik ohnehin am ehesten wichtig ist, sollte meistens ein guter Empfang gewährleistet sein.

Hat man genügend Signale empfangen, gibt das GPS-Gerät den Standort direkt in Koordinaten an, die man dann auf der Karte identifizieren kann. Von diesem Standort aus könnte man sich dann mit klassischen Methoden (Kompass) weiter orientieren.

Viele Geräte bieten aber auch die Möglichkeit, direkt einen Zielpunkt anzulaufen. Dazu kann man schon zu Hause die Koordinaten von Schlüsselpunkten der Route (Hütte – Pass – Gipfel) speichern, entweder durch manuelle Eingabe der Koordinaten oder durch Einscannen mit Spezialzubehör. Oder man gibt, wenn man erst auf Tour in Nebel gerät, nach Bestimmung des Standorts die Koordinaten des nächsten Zielpunktes ins Gerät ein. Pfeile auf der Digitalanzeige weisen dann direkt zum Zielpunkt hin. Vorteil gegenüber dem Kompass:

Wenn Hindernisse (Spalten, Felsen) eine Umgehung notwendig machen, sind keine umständlichen Rechenmanöver nötig; der Pfeil weist immer in die Richtung, in der das Ziel gerade liegt.

Fernglas

Weniger zur Orientierung bei schlechter Sicht als zur Tourenvorbereitung wichtig ist das Fernglas. Ein kleines, zweiäugiges Fernglas gibt schon auf größere Distanz, etwa am Vorabend von der Hütte aus, Auskunft über Vereisung von Felsrouten oder Ausaperung von Eiswänden. Zwei Zahlen charakterisieren die Leistung: Vergrößerung x Objektivdurchmesser. Empfehlenswert sind Vergrößerungen von 7- bis 10fach und Durchmesser von 20 bis 40 Millimeter (7 x 20 bis 10 x 40).

Methoden zur Orientierung im Gelände

Bestimmung des eigenen Standortes

Die wichtigste Frage der Orientierung heißt: »Wo bin ich?«

- In markant strukturiertem Gelände kann man den Standort wie oben beschrieben direkt aus der Karte erkennen.
- Befindet man sich auf einer deutlichen Längsstruktur im Gelände (Bach, Moräne),

kann man durch Kombination mit der Höhenangabe oft den Standort feststellen.

- Ergibt sich daraus keine eindeutige Aussage, etwa auf langen waagerechten Graten, kann man mit dem Kompass »Seitwärtsabschneiden«: Man peilt einen bekannten Punkt (Gipfel, Scharte) an, ermittelt die Marschzahl und überträgt sie auf die Karte. Wo die Peillinie, vom angepeilten Punkt rückwärts verfolgt, die Geländestruktur schneidet, ist der Standort.
- In weitläufigem, schwach strukturiertem Gelände hilft nur das »Rückwärtseinschneiden« mit dem Kompass. Die Peillinien zu zwei sichtbaren, bekannten Geländepunkten werden auf die Karte übertragen; der Standort liegt am Kreuzungspunkt der Linien.
  Diese Methode wird umso genauer, je eher der Winkel der beiden Peillinien bei 90 Grad liegt; stumpfe und spitze Winkel ergeben eine größere Streuung.
- Durch eine dritte Peillinie wird das Verfahren genauer: Die drei Linien bilden dann ein Dreieck, in dem der Standort zu suchen ist.

Bestimmen unbekannter Geländepunkte

Um etwa in einem fremden Gebiet die Gipfel zu identifizieren, kann man mit dem Kompass »Vorwärtseinschneiden«. Man peilt den unbekannten Punkt an und bestimmt die Marschzahl, dann überträgt man sie auf die Karte.

Rückwärts-einschneiden

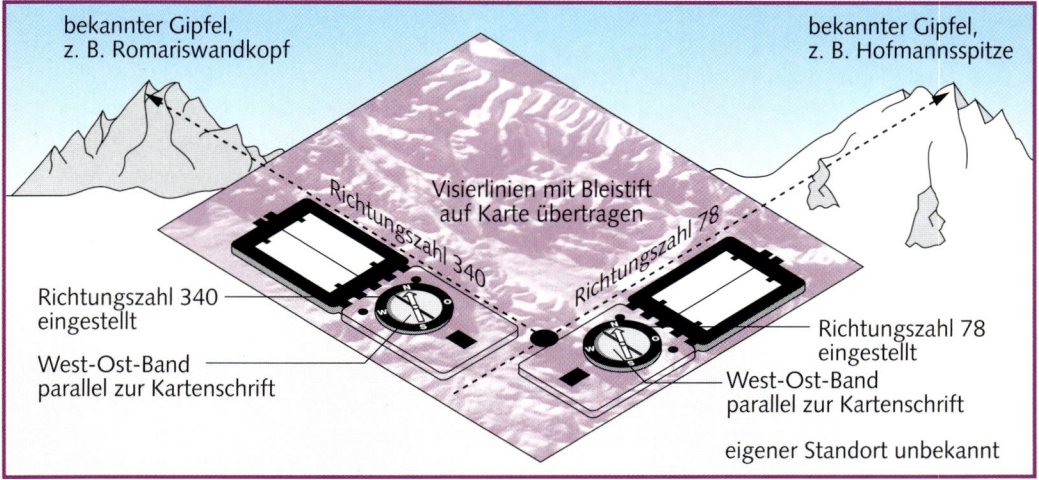

bekannter Gipfel, z. B. Romariswandkopf

bekannter Gipfel, z. B. Hofmannsspitze

Visierlinien mit Bleistift auf Karte übertragen

Richtungszahl 340

Richtungszahl 78

Richtungszahl 340 eingestellt

West-Ost-Band parallel zur Kartenschrift

Richtungszahl 78 eingestellt

West-Ost-Band parallel zur Kartenschrift

eigener Standort unbekannt

Ausgehend vom eigenen Standort findet man auf der Karte auf der Peillinie den gesuchten Punkt.

Gehen nach Marschzahl

Bei bekanntem Standort und schlechter Sicht kann man mit der Marschzahl-Methode dennoch sein Ziel erreichen. Standort und Zielpunkt werden auf der Karte mit einem Lineal oder der Anlegekante des Kompass verbunden, die Marschzahl ermittelt. Nun überträgt man die Marschzahl aufs Gelände (s. o.); der Blick über die Peilvorrichtung geht in die richtige Richtung. Zum Verfolgen dieser Richtung hat man drei Möglichkeiten.

- Ist exakt in der Zielrichtung ein markantes Geländezeichen zu sehen (großer Felsblock, geknickter Baum), geht man direkt auf dieses zu und zielt von dort aus weiter.
- Man schickt einen Gefährten so weit voraus, dass man ihn gerade noch sehen und hören kann und dirigiert ihn mit Zurufen so, dass er exakt in der Peilrichtung steht. Dann wartet er, man geht zu ihm und wiederholt den Vorgang.
- Besonders schwierig wird es, wenn man alleine unterwegs ist oder null Sicht hat. Dann muss man den Kompass mit der eingestellten Marschzahl so vor sich halten, dass immer Nordnadel und Nordpfeil übereinstimmen, und mit möglichst geraden Schritten vorwärts gehen. Diese Methode erfordert besonders viel Konzentration. In unebenem oder seitlich geneigtem Gelände gerät man leicht von der Linie ab, ohne es zu merken.

Anfertigen von Marschskizze und Marschtabelle

Ist von vornherein mit unübersichtlichem oder verschneitem Gelände oder mit schlechter Sicht zu rechnen, empfiehlt es sich, vor Antritt der Tour eine Marschskizze und Marschtabelle anzulegen. Dazu unterteilt man die zu begehende Strecke in Etappen, deren Etappenziele jeweils markante Geländepunkte sind: etwa Scharten, Seen oder ausgeprägte Felspfeiler. Nun werden aus der Karte die Marschzahlen zwischen den Etappenzielen bestimmt und no-

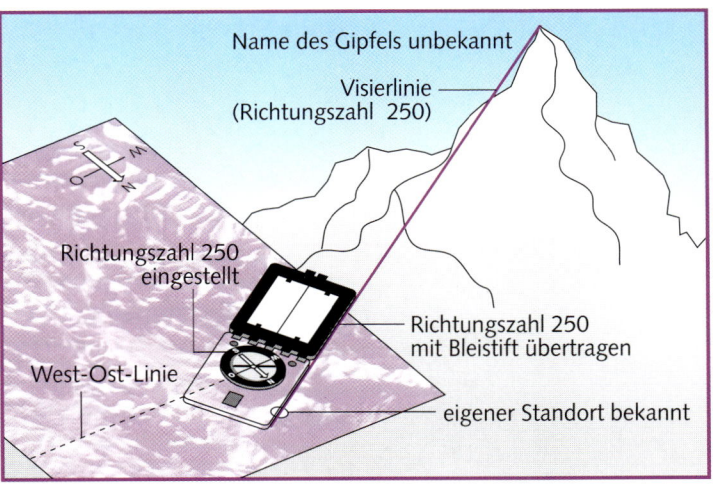

Name des Gipfels unbekannt
Visierlinie (Richtungszahl 250)
Richtungszahl 250 eingestellt
West-Ost-Linie
Richtungszahl 250 mit Bleistift übertragen
eigener Standort bekannt

tiert. Für die exaktere Planung bestimmt man zudem Entfernung, Höhenunterschied, ungefähre Gehzeit und etwaige Besonderheiten (siehe Kapitel Tourenplanung). Die Verbindungslinien der Etappenziele werden auf der Karte eingetragen (Marschskizze), die dazugehörige Datensammlung ist die Marschtabelle. Auf der Tour bewegt man sich nun etappenweise vorwärts, bei Orientierungsschwierigkeiten hat man die Marschzahl zum nächsten Etappenziel bereits zur Hand.

Besonders anspruchsvoll wird das Gehen nach Marschskizze, wenn keine eindeutigen Etappenpunkte verfügbar sind, etwa beim Abbiegen von einem Höhenrücken oder auf einem breiten Gletscher. Dann muss die exakte Gehstrecke mit Seillängen gemessen werden, eine Methode, die viel Erfahrung, ruhiges Blut und Konzentration verlangt und trotzdem oft schiefgeht.

Heikel ist auch die Umgehung kleinräumiger Hindernisse, etwa von Spalten oder Felsstufen. Dazu muss man eine definierte Strecke in definiertem Winkel von der Marschlinie abweichen und ein entsprechendes Maß zurückkehren. Übliche Manöver sind: eine Seillänge um »Marschzahl +/– 60 Grad« ausweichen, dann eine Seillänge mit dem komplementären Maß zurück (Beispiel: Marschzahl 170; ausweichen 230, zurück 110). So erreicht man die Originalroute eine Seillänge hinter dem Punkt, an dem das Ausweichmanöver begonnen hat. Alternativ dazu kann man eine beliebige Strecke im 90°-Winkel abweichen, dann eine bestimmte Strecke in der ursprünglichen Rich-

Vorwärtseinschneiden

tung weitergehen und zuletzt die anfängliche Strecke wieder im 90°-Winkel auf die Originallinie zurückgehen.

Praxistipps:

- Längsstrukturen wie Felswände oder Bachläufe erleichtern oft die Planung mit Marschskizze: Man folgt ihnen bis zu ihrem Ende, einer markanten Unterbrechung oder einer bestimmten Höhe (Höhenmesser) und geht dann von dort zum nächsten Zielpunkt.
- Ist das Etappenziel eine Unterbrechung einer Längsstruktur, etwa eine Scharte in einem Grat oder das Ende einer Felsbank, sollte man nicht versuchen, sie direkt anzupeilen. Gelingt nämlich die exakte Peilung nicht, steht man daneben und weiß nicht auf welcher Seite. Besser ist es in solchen Fällen, bewusst rechts oder links neben das Ziel zu peilen, den Grat bzw. die Felswand anzulaufen und dann in die richtige Richtung zu verfolgen, bis man ans Ziel stößt.
- Was sich in der Theorie überzeugend anhört, stößt in der Praxis schnell an Grenzen. Orientierung bei null Sicht nur mit Kompasshilfe ist eine Aufgabe, die auch Profis aufs Äußerste fordert.

Gute Planung braucht gute und umfassende Information

TOURENPLANUNG

Eine gute Tourenplanung optimiert das Erlebnis und die Sicherheit. Objektive und subjektive Gefahren werden analysiert und eine angemessene Taktik wird entworfen. Der persönliche Ehrgeiz muss im Gleichgewicht mit dem Können stehen. Wichtig bei der Tourenplanung ist das gedankliche Durchspielen möglicher Schwierigkeiten, die Definition von Umkehrbedingungen und der Entwurf alternativer Pläne oder Tourenziele. Die besten Überlebenschancen im Hochgebirge hat der Bergsteiger, der das sichere Erleben über das Erkämpfen ehrgeiziger Ziele stellt. Bei der Tourenplanung und ihrer Umsetzung ist Ehrlichkeit, auch gegenüber sich selbst, ein entscheidender Faktor.

Praxistipp:

- Die Entscheidungsfindung kann in zwei Richtungen laufen: Entweder man hat ein Traumziel und wartet und trainiert, bis alle notwendigen Faktoren zusammentreffen. Oder man sucht für die Bedingungen zu einem gegebenen Zeitpunkt geeignete Ziele.

Informationsquellen

Eine Fülle von Informationsangeboten lockt den Bergsteiger ins Hochgebirge – Tourentipps werden von Zeitschriften, Rundfunk, Internetanbietern, Fremdenverkehrsämtern und vielen anderen angeboten, Bergfreunde liefern Ideen, Wirte den Wetterbericht. Ihre Seriosität, Genauigkeit und Aktualität – die Kriterien guter Informationsquellen – sind nicht immer nachprüfbar.

Bei den Landkarten sind die amtlichen nationalen Kartenwerke zumindest in Deutschland, Österreich, der Schweiz und Frankreich, sowie die AV-Karten am verlässlichsten. Die italienischen igc-Karten sind fürs Hochgebirge recht oberflächlich, stark generalisierte Wanderkarten zur detailgenauen Orientierung unzureichend. Für punktgenaue Orientierung ist der Maßstab 1 : 25.000 wünschenswert, 1 : 50.000 kann noch ausreichend sein.

Als Literatur sind Spezialführer der Alpenvereine und von Fachverlagen zu bevorzugen. Bei Büchern, Zeitschriften und Internetseiten hängt die Verlässlichkeit vom verfügbaren Platz und dem Anspruch von Verlag und Autoren ab. Verschiedene Führerwerke verwenden unterschiedliche Schwierigkeitsskalen und Ordnungssysteme, die normalerweise in der Einführung erklärt werden.

Die aktuellsten Informationen zum Wetter erhält man über Radio und Fernsehen oder über die Internetseiten der nationalen Wetterdienste. Das Internet bietet die besten Informationsmöglichkeiten, die mit neuen Technologien auch übers Handy abrufbar sind.

Informationen über aktuelle Verhältnisse und Gefahrenzonen erhält man von örtlichen Bergführern oder -büros, kompetenten Hüttenwirten oder anderen Bergsteigern. Dabei muss immer ein subjektiver Unsicherheitsfaktor einkalkuliert werden.

Tourenziel und Gebiet

Fragen:
- Wie ist das Gebiet/das Ziel erreichbar und erschlossen (Anfahrt, Hütten, bewirtschaftet, Bahnen)?
- Wie ist der Charakter (weitläufig/kleinräumig, wild/sanft, Fels-/Eisverteilung)?
- Wie hoch liegt das Ziel? – Schneegrenze, Akklimatisation
- Ist mit (vielen) anderen Menschen zu rechnen? – Routenfindung, Spur, Stau

Jahreszeit

Die Standardzeit für Hochtouren ist von Ende Juni bis Mitte September, für Eiswände ein bisschen früher und fürs Wasserfallklettern Ende Dezember bis Ende Februar. Doch diese Durchschnittswerte können, gerade bei den ungewöhnlichen Witterungsverläufen der letzten Jahre, fast beliebig gedehnt werden. Steileiskletterein im Montblanc-Gebiet wurden in allen Monaten erstbegangen.

Fixwerte für die Tourenplanung sind jedenfalls die Tageslänge, die im Winter deutlich kürzer ist, die Ferientermine, die oft Überfüllung von

Modetouren bedeuten, und Revisionspausen vieler Seilbahnen im Frühling und Herbst. Natürlich muss im Winter üblicherweise mit mehr Schnee und resultierender Lawinengefahr gerechnet werden, im Sommer bringen Tageserwärmung und Ausaperung Unbill.

Allgemeine Verhältnisse

Fragen und Konsequenzen:
- Wieviel Schnee/Firn liegt im Gebiet? – Lawinengefahr, Ausaperung, Begehbarkeit
- Wie hart ist der Firn in Firn-/Eisflanken? – Sicherungsbedarf und -möglichkeiten
- Sind lange Gletscheranstiege und Firnhänge gespurt? – Kraft- und Zeitbedarf
- Wie ist der Zustand von Spaltenzonen, Gletscherbrüchen oder Hängegletschern? – Sicherheit
- Sind Felszonen vereist, verschneit oder ausgeapert? – Sicherheit, Schwierigkeit
- Besteht durch Ausaperung oder Wärme besondere Steinschlaggefahr?

Praxistipp:
- Die Verhältnisse können Umkehrbedingungen sein, wenn die Gefahren zu groß werden (Lawinengefahr, kalbungsbereite Hängegletscher, Steinschlagzonen).

Momentane Wetterlage

Fragen und Konsequenzen:
- Ist Niederschlag zu erwarten? Regen oder Schnee? – erschwerte Bedingungen
- Ist mit Gewittern zu rechnen? Front- oder Wärmegewitter? – Zeitplan
- Können Wolken oder Nebel sich bilden? – Orientierung
- Gefriert der Schnee in der Nacht durch? – Lawinen, Gehkomfort
- Wie warm wird es tagsüber? – Tauen, Steinschlag, Zeitplan, Erschöpfung
- Wie stark wird die Sonneneinstrahlung? – Tauen, Zeitplan, Sonnenschäden
- Windstärke und -richtung? – Auskühlung, Erschöpfung, Konzentration
- Weitere Wetteraussichten? – Biwak, Folgetouren, mittelfristiger Zeit- und Tourenplan

● Ist untertags eine markante Wetteränderung zu erwarten? – eventuell Vormittags-/Nachmittagstour

Praxistipp:
● Auch aus der Wetterlage und -entwicklung können sich Umkehrbedingungen ergeben, etwa durch schnelle Gewitterentwicklung oder zu weichen oder zu harten Firn.

Leistungsfähigkeit und Können der Teilnehmer

Fragen:
● technisches Können
● alpine Erfahrung
● aktuelle Gewohntheit ans alpine Terrain
● körperlicher Trainingszustand
● Akklimatisation (s. u.)
● allgemeine Verfassung – Krankheit, psychische Probleme
● Ist das Team homogen? Wer ist wo und wann wie schwach?
● Motivation/Ehrgeiz des Einzelnen und im Team
● Gruppenprozesse – Leistungsdruck oder Ehrlichkeit und Vorsicht?
● Können Schwächen in der Gruppe eingestanden werden?
● Lieber ambitioniertes Ziel – mit Bereitschaft zu scheitern – oder den »Spatz in der Hand« fangen?

Praxistipp:
● Verschlechtert sich die Verfassung eines Seilschaftsmitglieds, kann das eine Umkehrbedingung sein. Nur in Ausnahmefällen kann man einen ermüdeten Kameraden sitzen und warten lassen, bis der Rest der Gruppe vom Gipfel zurückkommt.

Anforderungen und technische Schwierigkeiten

Die (kletter)technischen Schwierigkeiten in Fels und Eis sind nur ein Teil der Anforderungen hochalpiner Touren – dennoch können auch sie über Erfolg oder Misserfolg entscheiden. Felsschwierigkeiten werden im Alpenraum mit der UIAA-Skala oder der französischen Skala bewertet; weltweit gibt es noch weitere lokale Skalen, die alle nach oben offen sind. Bei Eiswänden werden normalerweise die Durchschnittssteilheit und die steilsten Stellen in Grad angegeben; für Steileis- und moderne Mixedkletereien ist eine Schwierigkeitsskala mit arabischen Ziffern definiert.

Mindestens genau so wichtig sind jedoch die »alpinen« Gesamtanforderungen; sie ergeben sich aus der Häufung und Homogenität der technischen Schwierigkeiten, der Absicherbarkeit, der Länge und Höhenlage, der Abgelegenheit, Orientierungsanforderungen und den objektiven Gefahrenpotenzialen. Im romanischen Sprachraum, der Schweiz und von Engländern wird dafür eine siebenstufige Skala verwendet, von »Leicht« (L) bis »Extrem Schwierig« (EX). In englischen Führern ist die sechste Stufe der Alpinskala, »Extremely difficult« (ED) mit Zahlen versehen (ED 1 bis derzeit ED 5). Unverständlicherweise konnte sich diese Skala in Deutschland und Österreich noch nicht durchsetzen.

Für Steileis-, Wasserfall- und Mixedkletereien hat sich eine kombinierte, zweistufige Skala etabliert, bei der eine lateinische Ziffer die Gesamtanforderungen, eine arabische die technischen Schwierigkeiten angibt. In allen Systemen werden die Stufen durch »+« und »−« noch feiner unterteilt. Manche Regionen, wie Schottland, haben ein ganz eigenes Bewertungssystem, über das man sich vorher im Führer informieren sollte.

Gerade im Hochgebirge sind freilich Schwierigkeitsangaben nur Anhaltswerte; Schnee und Vereisung im Fels und Ausaperung in Eiszonen können die Anforderungen schnell wesentlich steigern.

Akklimatisationszustand

Ab ungefähr 2300 Meter reagiert der Körper auf die Höhe. Empfindliche Naturen können dann schon Probleme bekommen, vor allem bei Hüttenübernachtungen. Ab 3500 oder 4000 Meter beginnt bei den meisten nicht ak-

Schweizer Skala	Französische Skala	Englische Skala	Beispieltouren mit Fels (UIAA-) und Eisschwierigkeiten
L – leicht	F – facile	easy	Walliser Breithorn Normalweg (40° Firn) Piz Palü Normalweg (40° Firn) Wildspitze Normalweg (40° Firn)
WS – wenig schwierig	PD – peu difficile	not very hard	Montblanc Normalweg (45° Firn, Fels I) Dufourspitze Normalweg (40° Firn, Fels II) Finsteraarhorn Normalweg (40° Firn, Fels II)
ZS – ziemlich schwierig	AD – assez difficile	fairly hard	Grandes Jorasses Normalweg (45° Firn, Fels III) Matterhorn Normalweg (Fels III) Piz Bernina Biancograt (50° Firn, Fels III+)
S – schwierig	D – difficile	hard	Dent Blanche, Ferpèclegrat (Fels IV+) Brenvaflanke, Sentinelle Rouge (55° Eis, Fels IV) Monte Rosa Ostwand (55° Eis, Fels IV)
SS – sehr schwierig	TD – très difficile	very hard	Großhorn Nordwand (60° Eis) Piz Palü Bumillerpfeiler (60° Eis, Fels V) Matterhorn Nordwand Schmidroute (55° Eis, Fels IV+)
AS – äußerst schwierig	ED – extrême-ment difficile	ED 1 bis ED 3 (extremely difficult)	Eiger Nordwand, Heckmair (Fels V A0, 60° Eis) Droites Nordwand, Ginat (85° Eis und Mix) Matterhorn Nordwand, Zmuttnase (50° Mix, Fels VI+ A3)
EX – extrem schwierig	ABO – abominable difficile	ED 4 – …	Signalkuppe Ostwand, Gabarrou (90° Mix, Fels VII+) Eiger Nordwand, Gelber Engel (Fels VII+ und Mix) Grandes Jorasses, Directe de l'Amitié (VI A3, Mix)

klimatisierten Bergsteigern die Leistungsfähigkeit und geistige Frische nachzulassen. Für schwere Ziele in großer Höhe sollte man sich unmittelbar vorher an leichteren, hohen Gipfeln akklimatisieren. »Unmittelbar« bedeutet einen oder wenige Tage vorher; eine Woche Pause kann die Anpassung schon wieder schwinden lassen. Die Empfehlung zur Akklimatisation gilt vor allem für Menschen, die erfahrungsgemäß oft Höhenprobleme haben. Doch auch beim zehnten Vier- oder Achttausender ist man nicht vor der Höhenkrankheit gefeit. Kann man keine ausreichende Akklimatisation aufbauen, sollte kein extremes Ziel angegangen werden, auf jeden Fall aber der Aufenthalt in der Höhe so kurz wie möglich gehalten und die Gefahr eines Biwaks vermieden werden (siehe Kapitel Alpine Gefahren).

Zeitplan

Fragen:

- Wieviel Zeit steht insgesamt zur Verfügung (Tag, Wochenende, Urlaub)?
- Wann fährt die erste Seilbahn? Sind Revisionspausen oder Wartezeiten zu erwarten?
- Wieviel Zeit ist für die Tour zu veranschlagen? Wieviel Sicherheitsreserve?
- Ist die Tour als Tagestrip vom Tal aus möglich? Oder ist ein Biwak zu befürchten?
- Wie wird die Wetter- und Temperaturentwicklung im Tagesverlauf sein? Ist ein früher Aufbruch notwendig?
- Gibt es Gefahrenstellen, die zu einer bestimmten Tageszeit passiert werden müssen (etwa wegen Steinschlag bei Sonneneinstrahlung)?

● Wie schwer wird der Rucksack? Schweres Gepäck erhöht den Zeitbedarf.

Diese Fragen müssen geklärt werden. Die benötigte Gehzeit kann man dem Führer entnehmen (Schweizer und englische Führer geben oft knappe Zeiten an) oder für technisch einfache Touren per Faustformel errechnen: je nach Gruppengröße und -können schafft man in einer Stunde 300 bis 400, im Abstieg 500 Höhenmeter und 4–5 Kilometer Strecke. Die Zeiten für Höhe und Entfernung werden berechnet, die kleinere halbiert und zur größeren dazugezählt.

Der Zeitbedarf wird für jede sinnvolle Etappe hin und zurück ermittelt, jeweils mit Sicherheitsaufschlägen (20–50 %, je nach Anzahl der Unsicherheitsfaktoren) und Zeiten für Pausen und Umrüsten (Gurt, Steigeisen anziehen) versehen und addiert. Die notwendige Aufbruchszeit ergibt sich aus dem Zeitpunkt, zu dem Gefahrenzonen passiert sein müssen und/oder zu dem der Endpunkt erreicht sein muss (letzte Seilbahn, Zeitpunkt des Dunkelwerdens).

Der detaillierte Zeitplan enthält auch Sollzeiten für die Etappenziele; diese kann man bei Überschreiten der Toleranzgrenze als Umkehrbedingungen definieren.

Ausrüstung

»Wer Biwakmaterial mitnimmt, biwakiert auch«, lautet eine alte Bergsteigerweisheit. Die Konsequenz daraus: Nichts Überflüssiges auf Tour mitnehmen – aber alles Notwendige. Es muss abgewogen werden zwischen den Anforderungen durch Wetter, Schwierigkeit und Verhältnisse einerseits und persönlichem Können und Taktik andererseits. Leicht und schnell mit mehr Risiko? Oder für alle Fälle gerüstet, aber schwerfälliger? Trügerisch ist jedenfalls die Hoffnung, unzureichendes Können oder Erfahrung durch bessere Ausrüstung kompensieren zu können.

TRAININGSLEHRE

Der Begriff Training bedeutet einen planmäßigen, langfristigen Prozess zur Steigerung der (zum Beispiel bergsportlichen) Leistung.

Dabei muss Leistung nicht ein verkrampftes Streben nach ehrgeizigen Zielen bedeuten; sinnvolles Alpintraining kann auch die Sicherheit beim Bergsteigen wesentlich erhöhen – durch mehr Leistungsreserven und bessere, souveränere Einstellung.

Im Rahmen dieses Buches können nur Prinzipien und einige exemplarische Tipps zum Training gegeben werden; weiter Interessierte seien auf die Fachliteratur verwiesen.

Grundstruktur des Trainings

Die planmäßige Struktur eines sinnvollen Trainings besteht aus fünf Schritten:
1) Zieldefinition (Was will ich erreichen?) – eventuell mit Definition von Etappenzielen
2) Schwachstellenanalyse (Was kann ich? Was brauche ich für meine Ziele? Wo sind die größten Lücken?) Hier ist Ehrlichkeit entscheidend; ein »harter, aber gerechter« externer Beobachter kann beim Aufdecken von Schwächen helfen.
3) Auswahl der geeigneten Trainingsmethoden und zeitliche Planung des Trainings
4) konsequente Durchführung (daran scheitern viele Trainingspläne)
5) Kontrolle, ob Ziele oder Teilziele erreicht wurden; Konsequenzen (eventuell Änderung der Schwerpunkte oder Methoden)

Leistungsbestimmende Faktoren

Wer von Training redet, meint damit meist Joggen, Gymnastik oder Krafttraining. Die Leistung wird aber nicht nur von diesen – zusammengefasst »konditionellen« – Faktoren bestimmt, sondern von einer ganzen Reihe von Elementen:

- äußere Faktoren: Verhältnisse am Berg (Wetter, Schneeverhältnisse, Bruch, Gefahren)
- Persönlichkeitsmerkmale (Größe, Gewicht, Proportionen …)
- Psyche (Motivation, Ängste, Wahrnehmung)
- Taktik (optimale Tourenplanung)
- Technik, Koordination
- Kondition (Ausdauer, Kraft, Beweglichkeit, Schnelligkeit)

Analog zur Sicherungskette kann man sich diese Faktoren als Glieder einer Kette vorstellen, die die Leistungsfähigkeit bestimmen – sie reißt am schwächsten Glied. Das heißt, das Training muss an dem Punkt ansetzen, wo das Ist am stärksten vom Soll abweicht. Die äußeren Faktoren und die Persönlichkeitsmerkmale sind freilich kaum beeinflussbar; deshalb beschränkt sich diese Darstellung der Trainingsmethoden auf Psyche, Taktik, Technik und Kondition.

Anforderungsprofile der Bergsportarten

Die verschiedenen Alpindisziplinen stellen unterschiedliche Anforderungen an den Bergsteiger, aufgrund der Unterschiede in Steilheit und Kompaktheit des Geländes, Länge der Tour und Konzentration und Anhalten der Schwierigkeiten. Die folgenden Anforderungsprofile dienen bei der Schwachstellenanalyse als »Soll-Vorgabe«, denen das »Ist« der persönlichen Fähigkeiten gegenübergestellt wird.

- Gletschertouren und leichte Hochtouren hängen hauptsächlich von der Kondition ab, und hier von der Grundlagen- und Langzeitausdauer. Die äußeren Faktoren und die Taktik spielen auch eine gewisse Rolle.
- Für anspruchsvolle, große Hochtouren und klassische Eisflanken ist ebenfalls der Punkt Ausdauer der konditionellen Fähigkeiten wichtig. Etwas Kraftausdauer in den Beinen schadet nichts und eine gute Technik hilft, die konditionelle Belastung zu senken. Wichtig sind auch hier die äußeren Bedingungen und eine effiziente Taktik.
- Schwere hochalpine Fels- und Eiskletterein fordern vor allem eine gute Kraftausdauer, zu der sich auch Maximalkraft und Grundlagenausdauer gesellen müssen. Aber auch sämtliche anderen Faktoren müssen in hohem Maß erfüllt sein – hier werden also mit die umfassendsten Ansprüche gestellt.
- Extreme Eis- und Mixedklettereien sind ein wenig dem Sportklettern vergleichbar: Vor allem die Kraftausdauer muss hohe Werte erreichen, unterstützt von guter Grundlagenausdauer und gewisser Maximalkraft. Eine gute Beweglichkeit ist für die anspruchsvollen Techniken erforderlich. Die oft heiklen äußeren Bedingungen machen eine trainierte Psyche und gewiefte Taktik nötig.
- Beim Höhenbergsteigen sind Grundlagen- und Langzeitausdauer sportlich entscheidend. Über den Erfolg entscheiden aber häufig die äußeren Bedingungen, denen man eine gute Taktik gegenüberstellen können sollte. Freilich kann das nicht trainierbare Persönlichkeitsmerkmal Höhenverträglichkeit oft noch einen Strich durch die Rechnung machen.

Training der Psyche

Die Psyche des Bergsteigers muss fein ausbalanciert sein zwischen Angst und Motivation; zwischen zu wenig leisten oder zu viel wagen; zwischen »schlechten Nerven« und »blindem Eifer«. Man muss Gefahren erkennen und Ängste zulassen. Aber man darf sich nicht zum Sklaven von Ängsten oder Schwächen machen, sondern muss sie immer an der Realität prüfen.

Psychische Schwächen können sich auf verschiedene Arten auswirken:
- Objektive oder subjektive Gefahren werden übersehen, verdrängt oder wegargumentiert.
- Man lässt sich einschüchtern durch Gefahr oder Schwierigkeit, verkrampft, gerät in Panik und verhält sich falsch, oder wird durch die Verkrampfung schneller erschöpft, so dass die Konzentration nachlässt und Technikfehler entstehen.

- Was kann passieren? (Gefahrenanalyse)
- Was darf/will ich wagen?

Wenn diese Entscheidung getroffen ist, wird sie ruhig und konsequent umgesetzt. Dabei kann und sollte sie jederzeit revidiert werden, wenn sich die Grundlage, nämlich die Gefahrensituation, ändert.

Freilich ist es nicht immer leicht, Herr seiner Gedanken zu sein und mit ihnen auch den Körper zu steuern. Die folgenden Ansätze können dabei helfen – allerdings nur, wenn auch sie im Sinne eines Trainings langfristig und planmäßig »eingeschliffen« werden.

- Motivation: Erwarte den Erfolg, nicht den Misserfolg (»Es wird klappen.«). Formuliere deine Ziele positiv (»Ich gehe ruhig über diesen schmalen Grat.«). Wähle deine Ziele nicht zu hoch (keine »sauren Trauben« anpeilen).
- Verbissenheit schadet. Scheitern ist o.k. Man kann aus Fehlern lernen. Es ist wünschenswert, sie zu vermeiden, aber wenn etwas schiefgeht, nimm es als Lernaufgabe.
- Ehrlichkeit: Höre auf deinen Bauch. Wenn »das Gefühl« nicht stimmt, argumentiere nicht darüber hinweg. Die besten Bergsteiger sterben im Bett.
- Systematische Desensibilisierung: Setze dich deiner Angst aus. Übe dich im Überwinden angsterregender Situationen (bei denen aber der Erfolg wahrscheinlicher sein sollte als die Gefahr). Fang auf niedrigem Angstlevel an und traue dich dann weiter zu grusligeren Situationen.
- Umdeuten (Reality Replacement): Hast du in einer Situation falsch gehandelt? Spiele sie hinterher im Geiste nach, aber handle in diesem Szenario richtig (vielleicht sogar mit verschiedenen »richtigen« Alternativen). Wiederhole diese Übung. Die Chance steigt, bei ähnlichen Situationen das geistig geübte »richtige« Muster anzuwenden.
- Ankern: Ein Psychotrick, der besser funktioniert, als es beim Lesen klingen mag. Rufe dir eine Situation in Erinnerung, die du kompetent »völlig im Griff« hattest. Lass dich erfüllen von dem Gefühl »ich kann das, ich bin stark«. »Ankere« dieses Gefühl durch eine Bewegung, etwa Auflegen der Hände auf den Bauch oder den Brustkorb. In angespannten Situationen kann die

- Man nützt aus übertriebener Angst das eigene Potenzial nicht optimal aus – wobei »optimal« bedeutet, dass eine ausreichende Sicherheitsreserve bleibt.

Wer mit trainierter Psyche ins Gebirge geht, frägt sich:
- Was will ich?
- Was ist es mir wert?

Ankerbewegung das Gefühl der Stärke zurückbringen.

- Konzentrationsübungen: Konzentrationsmangel ist oft psychisch bedingt und gefährdet die korrekte Technikausführung. Ruhiges, rundes, tiefes Atmen beruhigt und hilft beim Konzentrieren. Yoga-Asana-Übungen sind hierfür eine gute Trainingsform.
- Beruhigungsreflex: Ein Psychotrick für »zittrige Knie«. Er funktioniert in drei Schritten: innerlich lächeln – tief und rund atmen – Kiefer, Zunge und Schultern entspannen.

Training der Taktik

Die Kriterien der alpinen Taktik wurden im ersten Teil dieses Buches ausführlich behandelt. Selten klappt die Umsetzung in die Praxis auf Anhieb optimal. Doch das kann man fördern.

Tour nachbereiten
- Wie ist die Tour verlaufen?
- Ausrüstung: zu viel? zu wenig? warum? Hätte sie auch für andere Verhältnisse gepasst?
- Sicherung: Wo waren Gefahrenzonen? Wie waren sie zu erkennen? Wie wurde ihnen begegnet? War das Verhalten effizient? Gab es Alternativen? War jederzeit »ausreichende« Sicherheit gegeben?
- Zeitplan: Wurde er eingehalten? War man schneller/langsamer? Was waren die Zeitfresser (Kondition, Rüstzeiten, Sicherung, Orientierung, Schwierigkeit)?

Eine gründliche Touren-Nachbereitung öffnet die Augen für die eigenen Schwächen (auch im Sinne der Schwachstellenanalyse) und hilft für die Planung der nächsten Tour.

Von Fremden lernen
Die besten Fehler sind die anderer: Man kann daraus lernen, ohne zu leiden. Erzählungen und Bergbücher oder gar Sammlungen von Unfallberichten sind ein Fundus, den man auf Taktikfehler durchforsten kann, mit dem Motto: »Das soll mir nicht passieren«. Freilich kann man sich auch Berichte von besonders geschickt geplanten und perfekt durchgezogenen Begehungen als Vorbild nehmen und durchanalysieren. Ein Nachteil: nicht immer sind alle wichtigen Informationen aus dem Text zu bekommen. Man kann dann mit Annahmen und Alternativen arbeiten.

Szenarienspiel
Wähle eine Wunsch-, Traum- oder konkrete Urlaubs-Zieltour und plane sie zu Hause durch, unter Annahme optimaler Bedingungen. Verändere jetzt im Geiste diese Bedingungen und überlege sinnvolle Konsequenzen. Suche und definiere »Gefahrenschwellen«, wo keine sinnvolle taktische Alternative mehr eine sichere Durchführung der Tour ermöglichen würde. So entsteht ein »Tourenplanungs-Netz« statt eines fixen Tourenplans, das die flexible Taktik-Reaktion auf Tour vorausdenkt und trainiert.

Der Grundgedanke jedes Taktiktrainings ist, Unbewusstes bewusst zu machen; Verhalten und Reaktionen nicht »aus dem Bauch« geschehen zu lassen, sondern konkret und transparent darzustellen, wie es Werner Munter mit seinem 3x3-Entscheidungsschema für Taktik bei Lawinengefahr getan hat.

Training der Technik

Das Lernen von Bewegungstechniken hat zwei Ziele, die schrittweise aufeinander aufbauen: Zuerst muss die neue Bewegung überhaupt gelernt werden. Dann wird sie perfektioniert und eingeschliffen, von der »Grobform« über die »Feinform« bis zur »Automatisation«.

Dry Tooling an der Boulderwand

Techniktraining
im Toprope

186

Dabei wird die Koordination der beteiligten Muskeln, die am Anfang vom Großhirn bewusst und konzentriert gesteuert werden muss, immer feiner abgestimmt und zuletzt als »Engramm« im Gedächtnis gespeichert. Eine automatisierte Bewegung läuft dann fast unbewusst ab.

Voraussetzungen für ein effektives Techniktraining:

- stressfreie, ungefährliche Atmosphäre (z. B. Toprope-Sicherung)
- erholter Zustand (Techniktraining am Anfang der Trainingseinheit, aber aufgewärmt).

Zum Lernen neuer Bewegungen eignet sich das Bouldern; das ist auch im Eis möglich, oder sogar als Trockentraining mit Eisgeräten an der Kletterwand. Kreativität beim Rumspielen und Ausprobieren sind dabei nützlich oder ein erfahrenerer Trainingspartner oder Vorbilder und Bewegungsideen aus Videos. Spielformen wie »riesige/winzige Schritte«, »Zeitlupe/Zeitraffer« oder dynamische Bewegungen können das Gefühl für Bewegungsausführung und Körperschwerpunktarbeit fördern.

Zur Festigung und Automatisation können die Trainingsformen aus den Kapiteln zur Bewegungstechnik dienen. Auch auf der Könnerstufe sind Spielformen hilfreich, wie das Klettern mit nur einem oder gar keinem Eisgerät, Geschwindigkeits- oder Rhythmusaufgaben und übertriebene Bewegungen (»Tiere Imitieren«, »Karikaturenklettern«). Für hohe Ansprüche hilft das »mentale Training«: Eine Bewegung oder eine Route wird vorher im Geist komplett durchgeführt und danach in die Tat umgesetzt – mit der Stoppuhr kann man die Übereinstimmung von Idee und Tat prüfen.

Die Überprüfung ist ein wesentlicher Bestandteil jedes Techniktrainings. Ein kompetenter Beobachter ist dabei von unschätzbarem Wert, auch Videokontrolle kann eine große Hilfe sein. Mit wachsendem Können steigen auch die Anforderungen an die Bewegungsqualität; zur Beurteilung achtet man auf verschiedene Kriterien wie Bewegungspräzision, Bewegungsumfang, Bewegungskonstanz (exakte Wiederholung), Bewegungsfluss und Bewegungsökonomie.

Training der konditionellen Fähigkeiten

Unter die »konditionellen Fähigkeiten« der Trainingslehre gehört nicht nur die landläufig als »Kondition« bezeichnete Ausdauer: Sportwissenschaftler subsummieren hier Schnelligkeit, Beweglichkeit, Ausdauer und Kraft. Zwischen diesen Grundfähigkeiten existieren Mischformen, vor allem beim Übergang von Kraft zu Ausdauer, wo die Unterteilung sich an Messwerten (maximal mögliche Kraft in Kilo, Pulsfrequenz, maximal ertragbare Belastungsdauer, Art der Energiebereitstellung im Muskel) orientieren kann. So unterscheidet man:

- (relative) Maximalkraft: Die maximale Leistung, die der Muskel einmalig aufbringen kann (100 %, bis 5 Sekunden). Der Begriff »relative Maximalkraft«, gemessen in »gehobenes Gewicht geteilt durch Körpergewicht«, berücksichtigt, dass schwere Muskelprotze meist größere Lasten heben können als dünne Leute.
- Maximalkraftausdauer: Anhaltende hohe Kraftleistung (95–75 %, 5–30 Sekunden)
- Kraftausdauer/Kurzzeitausdauer: Mittlere bis gehobene anhaltende Kraftleistung (75–50 %, 30–120 Sekunden)
- Mittelzeitausdauer: unter 50 % der Maximalkraftleistung, 2–10 Minuten
- Langzeitausdauer I (10–35 Minuten) und II (35–90 Minuten)
- Langzeitausdauer III (1 1/2–6 Stunden) und IV (über 6 Stunden)
- Als Grundlagenausdauer wird die allgemeine Fähigkeit bezeichnet, längere Zeit größere Muskelgruppen im Einsatz zu haben, ohne allzu schnell zu ermüden – eine Fähigkeit, die für alle hochalpinen Unternehmungen grundlegend wichtig ist.

Eine bestimmte konditionelle Fähigkeit kann man gezielt trainieren, indem man den Trainingsreiz auf dem entsprechenden Niveau setzt, also zum Beispiel für Maximalkrafttraining mit Gewichten trainieren, die man gerade einmal halten kann, oder für Langzeitausdauer II ein Tempo laufen, das man gerade 90 Minuten lang durchhalten kann.

Grundprinzipien des Konditionstrainings

Superkompensation

Ein Trainingsreiz schwächt und ermüdet den Körper zunächst einmal. Als Reaktion darauf füllt der Organismus die Reserven wieder auf und legt »zur Sicherheit« noch etwas drauf – er betreibt einen »Über-Ausgleich«, die »Superkompensation«. Nach einer gewissen Regenerationszeit ist die Leistungsfähigkeit also erhöht. Genau zu diesem Zeitpunkt sollte der nächste Trainingsreiz gesetzt werden, dann kann man die Leistungsfähigkeit langsam in die Höhe schaukeln. Kommt der nächste Trainingsreiz zu spät, ist das Potenzial wieder auf den Anfangsstand abgesunken, das Training hat nichts gebracht. Kommt das nächste Training zu früh, erwischt man den Körper im Defizit und schraubt sich nach unten: das sogenannte »Übertraining«. Deshalb sind angemessene Regenerationszeiten essenziell für eine erfolgreiche Trainingsplanung.

Belastungskomponenten

- Die Reizintensität ist die Stärke des Trainingsreizes (z. B. Prozentsatz der Maximalleistung).
- Die Reizdauer ist die Zeit oder Wiederholungszahl eines Trainingsreizes.
- Die Reizdichte beschreibt das Verhältnis von Belastungsphasen und Pausen.
- Der Reizumfang umfasst Dauer und Zahl aller Reize einer Trainingseinheit.
- Die Trainingshäufigkeit ist die Zahl der Trainingseinheiten pro Woche.

Diese Komponenten müssen bei der Trainingsplanung in ein vernünftiges Verhältnis zueinander gebracht werden.

Trainingsprinzipien

- Prinzip des überschwelligen Belastungsreizes: Das Training muss vom Körper als »Reiz« wahrgenommen werden, besser Trainierte brauchen härtere Einheiten als Trainingsanfänger.
- Prinzip der ansteigenden Belastung: Mit besserem Trainingszustand muss die Reizhöhe gesteigert werden – Gewöhnung fordert Dosis-Erhöhung.
- Prinzip der optimalen Gestaltung von Belastung und Erholung: Die Regenerationszeiten für eine wirksame Superkompensation und gegen Übertraining müssen eingehalten werden.
- Prinzip der wechselnden Belastung: Mit immer neuen Übungen und Trainingsmethoden fordert man den Körper immer aufs Neue heraus und verhindert Gewöhnung, die den Trainingsreiz abschwächen würde.

Belastungsstärken und Trainingsmethoden

- Die Reizintensität kann man auf zwei Arten bestimmen: in Prozent der möglichen Maximalleistung (vor allem beim Krafttraining) und durch die Pulsfrequenz (zum Ausdauertraining). Was 100 % und sinnvolle Abstufungen sind, kann man an Sportschulen durch Leistungstests feststellen lassen oder durch exakte Trainingsnotizen und Analysen selber ausknobeln.
- Als Trainingsmethoden sind drei Standardmethoden empfehlenswert: die Dauermethode, die Intervallmethode und die Wiederholungsmethode. Die Tabelle fasst die Belastungskomponenten und die Eignung für unterschiedliche Zwecke zusammen.
- Das Beweglichkeitstraining ist schwerer messbar; auch sind erreichbare Bewegungsumfänge von Muskelverspannungen abhängig. Ein allgemeines Beweglichkeitstraining, vor allem im Hüft- und Schulterbereich, ist jedenfalls für alle hochalpinen Unternehmen und fürs ganze Leben nützlich.

Super-kompensation

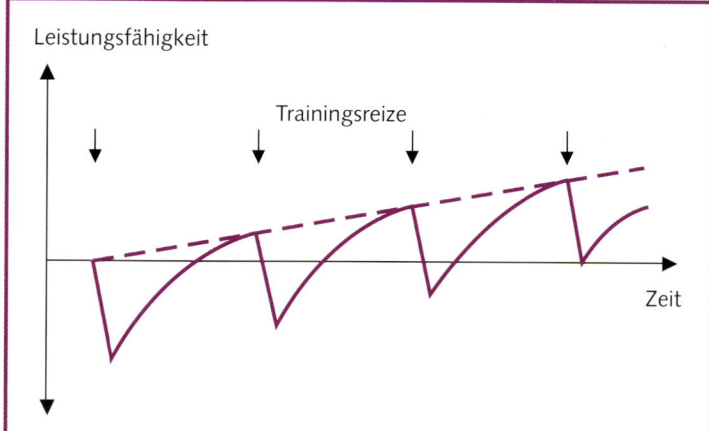

Leistungsfähigkeit

Trainingsreize

Zeit

Methode	Reizstärke	Pausen	Belastungs-dauer	Belastungs-umfang	Eignung
Dauer-methode	gering bis mittel, Puls 125–160	keine	lang	hoch	Langzeitausdauer
Intervall-methode	mittel bis submaximal, 40–85%	»unvollstän-dige Pausen«, 1½–3 Min.	mittel – kurz	mittel	kurzzeitigere Ausdauerformen, Kraftausdauer
Wieder-holungs-methode	submaximal bis maximal, 90–100%	»vollständige Pausen«, 5–10 Min.	kurz	gering	Maximalkraft, Maximalausdauer

Gymnastikübungen können bei jeder Trainingseinheit in der Auf- und Abwärmphase eingebaut werden. Besonders bewährt haben sich Stretchingübungen (das früher beliebte dynamische Wippen ist verletzungsgefährlich); noch vielfältiger wirksam sind Yoga-Techniken.

- Die konditionelle Fähigkeit Schnelligkeit ist im Bergsport weniger wichtig; Trainingsmethoden dafür werden hier deshalb nicht behandelt.

Aufbau und Periodisierung des Trainings

- Der Grundaufbau jeder Trainingseinheit heißt: Aufwärmen – Training – Abwärmen. Beim Aufwärmen bringt man den Kreislauf in Schwung (Hüpfen, Laufen, Spiele) und schmiert die Gelenke durch einige Gymnastikübungen. Dann kommt die eigentliche Trainingseinheit. Beim Abwärmen wird durch Lockerungsübungen, leichte Gymnastik oder entspanntes Auslaufen der Körper sanft entwöhnt, gegen Verspannungen und Krämpfe wird vorgebeugt.
- Schmerz heißt Stopp. Schmerzen in Muskeln oder Gelenken oder allgemeinkörperliche Probleme müssen respektiert werden. Entweder man führt die Bewegung nicht so weit aus, senkt die Belastung oder bricht die Trainingseinheit ganz ab.
- Die Reihenfolge beim Training sollte von den komplexen zu den Routineabläufen gehen. Also Techniktraining vor Konditionstraining; Beweglichkeit vor Kraft; Kraft vor Ausdauer.
- Die zur Superkompensation nötigen Regenerationszeiten hängen von der Art der trainierten Fähigkeit ab. Die Extrembelastungen Maximalkraft, Kraftausdauer und Super-Langzeitausdauer erfordern Erholungszeiten von zwei bis vier Tagen, sonst sind ein bis zwei Tage Wartezeit vor dem nächsten Trainingsreiz zu empfehlen. Trainingsanfänger brauchen längere Regenerationszeiten als gut Trainierte. Ein häufigeres Training ist unter Umständen möglich, wenn bei jeder Trainingseinheit nur einzelne Körperpartien trainiert werden, etwa einmal der Schultergürtel, das nächste Mal die Beine.
- Ein mustergültiger Trainingsplan berücksichtigt nicht nur die Regenerationszeiten, er periodisiert das gesamte Training. Dabei wird das Jahr in Zyklen mit Aufbauphasen, Leistungshöhepunkten und Erholungszeiten eingeteilt. Die Aufbauphasen können noch einmal unterteilt werden in Grundlagenaufbau und Feinschliff. Beispiele und Mustertrainingspläne finden sich in der Fachliteratur. Zu empfehlen ist z. B. »Lizenz zum Klettern« von Udo Naumann und Dale Goddard.

Umwelt-
und
Naturschutz

BEDEUTUNG DER ALPEN

Die Alpen sind ein in Europa einmaliger ökologischer Ausgleichsraum:

- Sie sind Rückzugsort für zahlreiche Tier- und Pflanzenarten.
- Gletscher und Quellen bieten vielen europäischen Großstädten bestes Trinkwasser, und große Stauseen versorgen nicht nur das angrenzende Flachland mit elektrischer Energie.
- Luftmassen werden in und über den Alpen erneuert und ausgetauscht. Man denke nur an einen heftigen Föhnsturm.

Die Alpen sind aber auch seit alters her Kulturland. Im Laufe der Jahrhunderte wurden die Alpen immer dichter besiedelt, meist zuerst die fruchtbaren Talböden, dann auch die Höhen. Bergwälder wurden in üppig blühende Almen umgewandelt. Die Waldgrenze ist dabei im gesamten Alpenraum um etwa 200 Meter nach unten gedrückt worden. Diesen reich gegliederten Lebensraum vieler Tiere und Pflanzen, den für das Auge so erfrischenden Wechsel von geschlossenen Wäldern, Wiesen und Weiden verdanken wir also dem Menschen. Die Alpen sind Natur- und Kulturlandschaft!

Kein Wunder also, wenn die Alpen nach wie vor im Trend liegen: Rund 60 Millionen Langzeiturlauber tummeln sich alljährlich in den Bergen, und fast 70 Millionen kommen jedes Jahr als Tagesgäste. Doch gibt es daneben auch Regionen, die unter einer gegensätzlichen Entwicklung leiden: Ganze Täler in den Südalpen werden verlassen, die Kulturlandschaft verwandelt sich in Wildnis. Der Tourist, der Bergsteiger kann diese Entwicklungen bewusst oder unbewusst unterstützen. Er kann sich im Trend der Zeit auf die Suche nach Golf- und Tennisplatz, nach Seilbahn und Swimmingpool machen oder aber auch einen bescheidenen, an ökologischen Kriterien orientierten Aufenthaltsort für seine Wanderungen auswählen.

Was man aber in jedem Fall bei seinen Hochtouren zum Schutz dieses einmaligen Lebens-, Natur- und Kulturraumes beitragen kann, wird im Folgenden vorgestellt.

Berglandwirtschaft – Garant für den Erhalt der alpinen Kulturlandschaft

UMWELT- UND NATURSCHUTZ IN DEN ALPEN

Anreise

Situation

Die Anreise zum Bergsteigen in den Alpen erfolgt meistens mit dem Auto, oft von weit her. Öffentliche Verkehrsmittel werden kaum genutzt, weil sie im Vergleich mit dem Auto als zu teuer oder zu unbequem gelten. Eigentlich sind jedem die Folgewirkungen des Autoverkehrs bekannt: Waldsterben, Sommersmog, Ozonbelastung und Klimaerwärmung. Dennoch werden nur zögerlich Verbesserungen in Angriff genommen. Sowohl in der Politik als auch im Privaten ist das Umdenken in Sachen Verkehr noch unzureichend entwickelt.

In den Alpen wirken sich die Folgen des Verkehrs verschärft aus, denn nicht nur lebensnotwendige Lawinenschutzwälder werden zerstört, sondern auch die Gesundheit der alpinen Bevölkerung wird aufs Spiel gesetzt. Chronische Atemwegserkrankungen bei Kindern sind in den engen Alpentälern ebenso wie in den Großstädten leider keine Seltenheit mehr! Daneben leidet die Attraktivität von Urlaubsorten unter dem Individualverkehr.

Immer wieder ist zu sehen, dass Autos Einfahrten versperren, Wege für Traktoren und Rettungsfahrzeuge unpassierbar werden oder eine Wiese als Parkplatz genutzt wird. Zudem fühlen sich Anwohner in der Nähe von viel besuchten Ausgangspunkten durch Lärm und Abgase von an- und abfahrenden Autos und Türenschlagen gestört.

Konflikt:
- Beitrag zur globalen Umweltbelastung durch zu häufiges Benützen des Autos.
- Lärmbelästigung und gesundheitliche Gefahren in tief eingeschnittenen Alpentälern beschwören Auseinandersetzungen herauf. Weite Teile der alpinen Bevölkerung nehmen die Belastungen aus dem ständig anwachsenden Straßenverkehr nicht mehr

stillschweigend hin. So wurde an den Pfingstfeiertagen 2000 der Verkehr über den Brenner durch Demonstranten gesperrt.
- Belästigung der Anwohner durch Autolärm, Autoabgase, kreuz und quer geparkte Autos, zerfahrene Wiesen.
- Behinderung von Rettungsfahrzeugen durch parkende Autos.

Recht:
- Das Parken auf Privatgrundstücken ist nicht automatisch erlaubt. Hat der Grundstückseigentümer ein Verbotsschild angebracht, muss dieses auch respektiert werden.
- Auch auf unbefestigten Wegen gilt die Straßenverkehrsordnung, so dass ein behinderndes Fahrzeug durchaus abgeschleppt werden kann.
- 1995 ist eine Rahmenkonvention zum Schutz der Alpen (= Alpenkonvention) in Kraft getreten. Im Herbst 2000 wurde das so genannte Verkehrsprotokoll der Alpenkonvention mit Auflagen für einen umweltverträglichen Verkehr verabschiedet.

Praxistipps:
- Die Anreise mit öffentlichen Verkehrsmitteln ist nicht nur umweltfreundlicher, sondern oft auch weniger anstrengend. Gerade mit Freunden und Gruppen – insbesondere bei Gebietsüberschreitungen – kann die Bahn eine unterhaltsame und umweltfreundliche Anreise bieten.

Anreise mit Bahn und Bus

Unterwegs

Situation

Bei Eistouren sind wir in Grenzbereichen für das Leben von Tieren und Pflanzen unterwegs. Vereinzelt trifft man einen Gletscher-Hahnenfuß an, hier und da mal eine Dohle. Ansonsten beschränkt sich das Leben in der Hochregion auf Flechten und hochangepasste Kleinstlebewesen. Wer seinen Müll wieder nach Hause mitnimmt und keine Spuren hinterlässt, der richtet in der Zone des »immerwährenden Schnees« keinen Schaden an. Mehr Rücksicht benötigt es jedoch auf dem Weg vom Talboden bis zur Schneegrenze. Hier ist die Beachtung einfacher Verhaltenstipps gefragt.

Ausgewiesene Parkplätze

- Der Alpenverein bietet für viele DAV-Hütten so genannte Anreiseskizzen, die die Planung für eine Bahnfahrt erheblich erleichtern.
- Fahrgemeinschaften sind zum einen billiger, zum anderen bieten sie eine umweltbewusstere Anreisemöglichkeit, falls das Tourengebiet mit öffentlichen Verkehrsmitteln schlecht erreichbar ist.
- Für einen umweltbewussten Bergsteiger sollten Höhenmeter und Anfahrtskilometer in einem verantwortbaren Verhältnis zueinander stehen: z. B. bei einer sechsstündigen Anreise wenigstens drei Tage Aufenthalt. Lieber weniger oft fahren, und dafür länger bleiben!
- Bitte vorhandene ausgewiesene Parkplätze benützen.
- Wenn doch auf Privatgrundstücken geparkt werden muss, kann eine Anfrage beim Besitzer sicher nicht schaden.
- Nicht in Wiesen und Feldern zu parken, ist eigentlich eine Selbstverständlichkeit.

Konflikt:

- Kleine Abkürzer oder Abschneider an Wegkehren haben manchmal große Auswirkungen: Je nach geologischem Untergrund und Hangneigung kann sich aus einer harmlosen Verletzung der Grasnarbe eine Erosionsrinne und schließlich eine großflächige Bodenzerstörung entwickeln. Erosionen sind zwar ein ganz normaler Vorgang im Gebirge, können aber örtlich zur Bedrohung von Wanderwegen oder gar zu deren Zerstörung führen.

Tipps für eine umweltfreundliche Anreise
Zahlreiche Hinweise findet man in der Broschüre »Bergsteigen und öffentliche Verkehrsmittel«, die vom DAV herausgegeben wurde (Bezug über DAV Service GmbH)

Internetadressen:

Deutschland:	www.bahn.de
Österreich:	www.oebb.at
Schweiz:	www.sbb.ch
Italien:	www.fs-on-line.com/
Frankreich:	www.snfc.fr

... Zeit nehmen für die kleinen Dinge am Wegesrand – das erhöht den Erlebniswert

- Bergsteiger abseits von Wegen oder außerhalb der üblich frequentierten Tageszeiten können unter Wildtieren erhebliche Unruhe verursachen. Auch Hunde können zur Störung beitragen.
- Das Durchqueren einer Almweide mit einem Hund kann die Kühe sehr beunruhigen. Vorsicht ist vor allem bei Muttertierhaltung geboten! Die Rinder reagieren auf einen Hund aggressiv. Ein offen gelassenes Weidegatter ärgert nicht nur den Almbauern, sondern kann auch die Weidetiere in ernste Gefahr bringen.
- Hinterlassener Müll ist nicht nur optisch hässlich, sondern kann auch zur Verunreinigung von Wasser und Boden führen. Für Tiere besteht die Gefahr, ernsthaft verletzt zu werden.
- Nicht nur die Schalen von Zitrusfrüchten und Bananen, sondern auch heimische Obstreste verrotten im Gebirge wesentlich langsamer als »unten«, da aufgrund der niedrigen Durchschnittstemperaturen Bakterien und Bodentiere die Speisereste nur sehr langsam in Humus umwandeln.
- Das Pflücken von Pflanzen kann zum regionalen Rückgang einer Art oder gar zum Aussterben einer seltenen Pflanze führen.

Recht:
- In den Alpen gilt in aller Regel ein Recht auf Betreten der freien Landschaft. Das heißt, dass »zum Zwecke der Erholung das Betreten der Flur Jedermann auf eigene Gefahr gestattet ist«. Es kann jedoch mit einem Wegegebot eingeschränkt werden: In Schutzgebieten wie z. B. in Nationalparks, Naturschutzgebieten oder Wildschutzgebieten muss jeder auf dem Weg bleiben.
- Wiesen und Felder dürfen in der Nutzzeit nur auf Wegen betreten werden.
- In den jagdlichen Sperrgebieten Österreichs kann auch ein absolutes Betretungsverbot gelten. Das heißt es können dort auch Wanderwege gesperrt sein.
- Nach dem Forstrecht darf in Österreich Jungwald bis zu einer Höhe von 3 Metern nur auf Wegen betreten werden.
- In den meisten Schutzgebieten müssen Hunde an der Leine geführt werden.

Praxistipps:
- Benutzen Sie bitte die markierten Wege – vor allem, wenn es sich um ein Wald- und Moorgebiet handelt. Das ist nicht nur bequemer, sondern auch im Sinne einer wohldurchdachten Lenkung durch ökologisch sensible Flächen.
- Wenn schon mal ein Abstecher abseits von Wegen gewagt wird, dann bitte nur außerhalb von Schutzgebieten und oberhalb der Baumgrenze. Dort verursacht es meist die wenigsten ökologischen Schwierigkeiten.
- Jede Wegkehre auszulaufen, erscheint zwar manchmal langwierig und mühsam. Sie leisten damit aber einen aktiven Beitrag zum Erosionsschutz.
- Hüttenversorgungswege werden von einem sportlichen und umweltbewussten Wanderer weder mit dem eigenen Pkw noch mit dem Taxi befahren.
- Pflanzen sollte man besser fotografieren anstatt sie zu pflücken. Das ist nicht nur ein Beitrag zum Artenschutz! Auch der nächste Wanderer kann sich dann noch an der Blumenpracht erfreuen.
- Keinen Müll zu hinterlassen, ist eigentlich eine Selbstverständlichkeit. Nehmen Sie bitte auch kompostierbare Speisereste wieder mit ins Tal.
- Den Hund in Waldgebieten und auf Almflächen anzuleinen, kann sicherlich nicht schaden.
- Und: Nach dem Durchqueren einer Alm bitte nicht vergessen, das Weidegatter wieder zu schließen.

Kugelblume – eine Pflanze der Mattenregion

Übernachten auf Schutzhütten

Situation

Die Alpenvereine waren einst mit Schutzhütten und Wegen Erschließer der Alpen, und man könnte meinen, »all die Geister, die ich rief...«. Doch bilden die Alpenvereinshütten heute einen wichtigen Baustein in der ökologisch verträglichen Lenkung und Kanalisierung großer Ströme an Bergsteigern. Mehrtägige Bergtouren in den Alpen sind ohne die Alpenvereinshütten gar nicht mehr denkbar. Neben den stark besuchten Hütten in den Modegebieten gibt es auch recht einsam gelegene, nur spärlich frequentierte Schutzhütten.

In den vergangenen zehn Jahren haben der Deutsche und Österreichische Alpenverein gewaltige Anstrengungen unternommen, den Betrieb ihrer Hütten ökologisch auszurichten. Auf eine Erweiterung der Schlafkapazitäten auf Alpenvereinshütten wird grundsätzlich verzichtet. Die Schutzhütten sollen den einfachen Bedürfnissen von Bergsteigern entsprechen: Also keine Zweibett-Komfortzimmer, sondern ökologisch sinnvolle Zimmer und Matratzenlager mit Verwendung eines Hütten-

schlafsacks aus Baumwolle oder Seide. Besonderes Augenmerk wird dabei auf eine umweltfreundliche Ver- und Entsorgung der Hütten gelegt.

Die einfachste Maßnahme für eine ökologische Energieversorgung ist zunächst, Strom zu sparen. Durch den Einsatz von Energiesparlampen und -geräten lässt sich der Stromverbrauch in einer Bergunterkunft um etwa 30% senken. Die Kombination aus Wasser-, Wind- und Sonnenkraft ersetzt umweltbelastende Dieselstromaggregate. Kann man zu Spitzenzeiten, wenn große Mengen an elektrischer Energie in kürzester Zeit gebraucht werden, auf einen zusätzlichen Stromgenerator nicht verzichten, so werden diese Geräte heute umweltfreundlich mit Pflanzenölen betrieben. Die dabei entstehende Abwärme wird mittels Wärmetauscher als Heißwasser für die Küche oder zur Beheizung von Trockentoiletten und Abwasserklärsystemen verwendet. Denn Fäkalien und Abwasser stellen auf einer Schutzhütte in 2500 Meter Höhe, wo in der Hochsaison große Abwassermengen mit hoher Schmutzfrachtkonzentration anfallen, ein riesiges Problem dar. Ein richtungsweisender Lösungsansatz ist die Trennung von Feststoffen im Trockenverfahren und die biologische Aufbereitung der verbleibenden »Grauwässer«. Kleinstlebewesen und Bodentiere wandeln dann Küchenabfälle und Fäkalien in fruchtbare Erde und biologisch sauberes Wasser um. Ergänzt werden diese Systeme durch eine Solaranlage auf dem Hüttendach und last but not least den guten alten Kachelofen.

Eine moderne Alpenvereinshütte sollte also heute einem ökologischen Gesamtkonzept entsprechen. Wo das noch nicht geschehen ist, wird es noch nachgeholt werden. Denn die Alpenvereine haben das 1996 abgelaufene Zehnjahresprogramm des verstärkten praktischen Umweltschutzes im Bereich von Hütten und Wegen um weitere zehn Jahre verlängert.

Konflikt:

- Viele unserer Flüsse entspringen in den Alpen. Werden sie bereits hier verunreinigt, so bedeutet das eine Verschmutzung ab dem Quellgebiet. Auch der Hüttenbesucher verunreinigt bei leichtsinnigem Verhalten diese Gewässer.

Hochlagenaufforstung – Schutz vor Lawinen und Muren

- Die Energieversorgung mit einem Diesel-stromaggregat stellt bereits beim Transport des Treibstoffes eine Gefahr für Grundwasser und Boden dar.
- Der Betrieb des Dieselstromgenerators ist ein Beitrag zur allgemeinen Luftverschmutzung.
- Überzogenes Komfortdenken auf einer Hütte, beispielsweise die Forderung nach einer heißen Dusche und einer Steckdose für den Fön, bedeutet eine erhebliche Belastung einer ökologisch äußerst sensiblen Region.
- Zurückgelassener Müll und Unrat sind für den Hüttenwirt ein kostspieliges ökologisches Problem, das es ordnungsgemäß zu lösen gilt.
- Wildes Zelten und Campieren kann viel Unruhe in ein ruhiges Gebiet bringen und damit eine Störung von Wildtieren sein.

Recht:
- In vielen Ländern müssen die Alpenvereins-hütten gemäß den jeweiligen gesetzlichen Verordnungen mit Systemen zur Abwasser-reinigung ausgestattet werden.
- Für den Transport und die Lagerung von Dieseltreibstoff gelten strenge Verordnungen.
- Das Campieren und Zelten ist in der freien Landschaft nur gestattet, wenn der Grund-besitzer (Almbauer, Gemeinde, Landrats-amt) eine Erlaubnis dazu erteilt. In Schutz-gebieten ist es grundsätzlich untersagt. Ausgenommen davon ist das Notbiwak.

Praxistipps:
- Sparsamkeit und Bescheidenheit sind der wertvollste Beitrag zum Umweltschutz auf Hütten!
- Wenn Sie ihren Rucksack selbst auf die Hütte tragen, dann muss der Materiallift nicht eingeschaltet werden. Sie vermeiden damit Schadstoffemissionen.
- Die Selbstversorgung aus dem Rucksack mit Brotzeitdose und Trinkflasche ist ökologisch sinnvoll und preisgünstig.
- Ihren Müll nehmen Sie bitte wieder selbst mit ins Tal. Der Hüttenwirt muss ihn aufwendig entsorgen, oftmals mit dem Lastlift oder Hubschrauber.

Gewässerschutz im Gebirge fängt auf der Hütte an

- Der Hüttenschlafsack aus Baumwolle oder Seide ist ein wichtiger Beitrag zum Umweltschutz. Er ist leicht, einfach zu gebrauchen und hygienisch. Die Wolldecken müssen dann weniger oft gewaschen werden, und der »Nachfolger« dankt es einem auch. Zumal man ja selbst in der Regel auch ein »Nachfolger« ist.
- Gehen Sie bitte sparsam mit Wasser um – vor allem dann, wenn es sich um warmes Wasser handelt.
- Der elektrische Rasierer und der Fön sollten besser zu Hause oder im Tal bleiben. Nassrasur und Handtuch tun im Gebirge fast dieselben Dienste.
- Muss wirklich einmal campiert werden, dann bitte nur dort, wo Wildtiere keine auffällige Reaktion zeigen. Am besten lagern Sie oberhalb der Baumgrenze und niemals in Schutzgebieten. Es gilt jedoch stets ein besonders sensibler und umsichtiger Umgang mit der Umwelt. Der Lagerplatz muss so verlassen werden, wie man ihn vorgefunden hat – ohne Feuerstelle, Fäkalien, Kompost- oder Müllreste.
- Zu guter Letzt: Rücksicht auf den Mitmenschen ist auch eine Art von Natur- und Umweltschutz.

Glossar

Abschneider: Trampelpfade, die eine Wegschleife (Haarnadelkurve) abkürzen, werden Abschneider genannt.

Betretungsrecht: In den meisten Ländern gilt ein Recht auf Betreten der freien Landschaft, das heißt dass man gehen darf, wo es einem gefällt. Das ist für Bergsteiger und Kletterer außerordentlich wichtig, sollte aber nicht über die Maßen strapaziert werden. In Schutzgebieten wird dieses Recht eingeschränkt.

Hüttenschlafsack: Dieser Schlafsack besteht lediglich aus einem dünnen Baumwollstoff oder Seide. Er dient der Hygiene und Sauberkeit von Schlafdecken.

Landschaftsschutzgebiet: Wie der Name schon sagt, dienen diese Gebiete vorwiegend der Erhaltung einer besonders schönen Landschaft. Der Wanderer hat meist mit keinem strengen Wegegebot zu rechnen.

Nationalpark: Gebiete mit dem schärfsten Schutzstatus und einer Fläche von mindestens 10 000 ha. Die Verordnungen sind je nach Land sehr unterschiedlich. Im Schweizer Nationalpark gilt z. B. ein sehr strenges Wegegebot.

Naturschutzgebiet: Verglichen mit dem Nationalpark ist das Naturschutzgebiet wesentlich kleiner, hat aber einen ähnlich scharfen Schutzstatus.

Pflanzenöle: Als Ersatz für umweltbelastende Dieselöle werden von den Alpenvereinen zum Betrieb von Spezialmotoren Pflanzenöle (z. B. Rapsöl) verwendet. Pflanzenöle haben die Wassergefährdungsklasse 0.

Photovoltaikanlage: Anlage, welche Sonnenenergie in elektrischen Strom umwandelt. Diese Anlagen dienen dem Betrieb von Notruffunkgeräten, aber auch der elektrischen Versorgung von Hütten.

Ruhegebiet: Instrument der Landesplanung. Im österreichischen Ruhegebiet bzw. in der »Zone C« in Bayern ist der Bau von Seilbahnen und Pisten untersagt. In einigen Gebieten gibt es auch Einschränkungen für den Besucher.

Sonnenkollektor: Dient der Erwärmung von Brauch- und Heizwasser durch Sonnenenergie. Sie arbeiten bereits bei diffuser Strahlung.

Trockentoilette: Das althergebrachte Plumpsklo wurde technisch so weit verbessert, dass die Fäkalien bereits in der Toilette rasch verrotten und kaum noch geruchsbelästigend sind.

Literatur

Die hier aufgeführte Literaturauswahl hilft dem interessierten Leser, sich vertieft mit den Alpen und deren Erleben und Schutz auseinander zu setzen.

Vertieftes Erleben:
- J. B. Cornell: »Mit Kindern die Natur erleben«, Ahorn Verlag
- Deutscher Alpenverein: »Bergsteigen natürlich!«, DAV Service GmbH
- W. Dewald / W. Mayer / K. Umbach: »Bergsteigen mit Kindern«, Bruckmann Verlag
- R. Gilsdorf / G. Kistner: »Kooperative Abenteuerspiele«, Praxishilfe für Schule und Jugendarbeit, Kallmeyersche Verlagsbuchhandlung
- K. Umbach / W. Dewald / R. Goedeke / H. Münch: »Mit Kindern und Jugendlichen im Gebirge, Ratschläge und Tipps für Wanderungen«, Deutscher Wanderverlag

Vertieftes Wissen:
- W. Bätzig: »Die Alpen, Entstehung und Gefährdung einer europäischen Kulturlandschaft«, Verlag C. H. Beck
- H. Reisigl / R. Keller: »Alpenpflanzen im Lebensraum, Vegetationsökologische Informationen für Studien, Exkursionen und Wanderungen«, Gustav Fischer Verlag
- H. Reisigl / R. Keller: »Lebensraum Bergwald, Vegetationsökologische Informationen für Studien, Exkursionen und Wanderungen«, Gustav Fischer Verlag

Bestimmungsbücher:
- C. Grey-Wilson / M. Blamey: »Pareys Bergblumenbuch«, Verlag Paul Parey
- H. Heinzel / R. Fitter / J. Parslow: »Pareys Vogelbuch«, Verlag Paul Parey
- E. Oberdorfer: »Pflanzensoziologische Exkursionsflora«, Verlag Eugen Ulmer
- Th. Schauer / C. Caspari: »Alpenpflanzen, Alpentiere, Bestimmungsbuch mit über 700 Pflanzen und Tieren, Steinen und Mineralien«, BLV Verlagsgesellschaft

Adressen und Telefonnummern der alpinen Vereine

Deutscher Alpenverein (DAV)
Hauptgeschäftsstelle:
Von-Kahr-Straße 2–4
80997 München
Tel. 089 / 14 00 30
Fax 089 / 1 40 03 11
Internet: www.alpenverein.de

Bibliothek und Sicherheitsforschung im Haus des Alpinismus:
Praterinsel 5
80538 München
Tel. 089 / 21 22 40
Fax 089 / 21 12 24 40

Alpine Auskunft DAV:
Tel. 089 / 29 49 40

Verband Deutscher Berg- und Skiführer (VDBS)
Geschäftsstelle:
Untersbergstraße 34
83451 Piding
Tel. 0 86 51 / 7 12 21
Fax 0 86 51 / 71 76 78
Internet: www.bergfuehrer-verband.de

Österreichischer Alpenverein (ÖAV)
Wilhelm-Greil-Straße 15
A-6010 Innsbruck
Tel. 00 43 / 5 12 / 5 95 47
Fax 00 43 / 5 12 / 57 55 28
Internet: www.oeav.at

Alpine Auskunft ÖAV:
Tel. 00 43 / 5 12 / 5 32 01 75

Alpenverein Südtirol (AVS)
Vintler Durchgang 16
I-39100 Bozen
Tel. 00 39 / 04 71 / 97 81 41
Fax 00 39 / 04 71 / 98 00 11
Internet: www.alpenverein.it

Alpine Auskunft AVS:
Tel. 00 39 / 04 71 / 99 38 09

Schweizer Alpen-Club (SAC)
Monbijoustraße 61
CH-3000 Bern 23
Tel. 00 41 / 31 / 3 70 18 18
Fax 00 41 / 31 / 3 70 18 00
Internet: www.sac-cas.ch

Die jeweils aktuellen Telefonnummern der alpinen Rettungsstellen und der Bergwetterberichte erfahren Sie bei den Auskunftsstellen der alpinen Vereine.

Der Alpin-Lehrplan in Neukonzeption

Karl Schrag
**Alpin-Lehrplan Band 1:
Bergwandern – Trekking**
Bewegungs- und Sicherungstechniken beim Bergwandern, Orientierung, Ausrüstung, alpine Taktik, Bergwandern in Gruppen, Erste Hilfe, Wetterkunde, Trekking, Umwelt- und Naturschutz.

Michael Hoffmann / Wolfgang Pohl
**Alpin-Lehrplan Band 2:
Felsklettern – Sportklettern**
Klettertechniken, Stürzen und Taktik beim Sportklettern, Sicherungsmethoden, Ausrüstung, Wetter, alpine Gefahren, Orientierung, Erste Hilfe, Training, Umwelt- und Naturschutz.

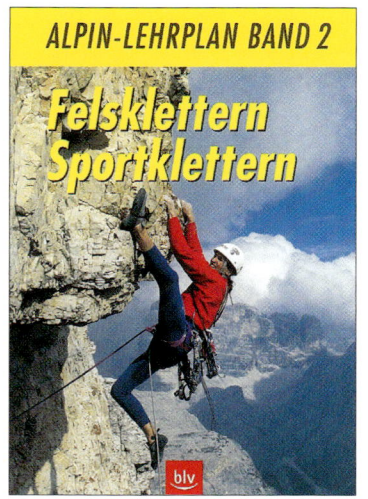

Peter Geyer / Wolfgang Pohl
**Alpin-Lehrplan Band 4:
Skibergsteigen –
Variantenfahren**
Grundlagen und Techniken des Skibergsteigens und ihre praktische Umsetzung auf Skitouren, Skihochtouren, beim Variantenfahren und bei Skitouren mit dem Snowboard.

Stefan Winter
**Sportklettern mit Kindern
und Jugendlichen**
Kletter- und Sicherungsformen, didaktisch aufgebaute Übungsvorschläge, Tipps für verschiedene Altersstufen, Vorbeugen von Überlastungsschäden und vieles mehr.

BLV Sportpraxis Top
Stefan Winter
Richtig Sportklettern
Sportklettern – erstmals ausführlich mit Bouldern (Klettern in Absprunghöhe); Ausrüstung, Bewegungstechnik und Taktik, Sicherungstechnik, Gesundheit, Training.

Pit Schubert / Pepi Stückl
**Alpin-Lehrplan Band 5:
Sicherheit am Berg**
Für Wanderer, Bergsteiger, Kletterer und Skibergsteiger aller Könnensstufen: die Ausrüstung und ihre Anwendung mit allen technischen Neuerungen und Verbesserungen, Sicherung und Sicherheit.

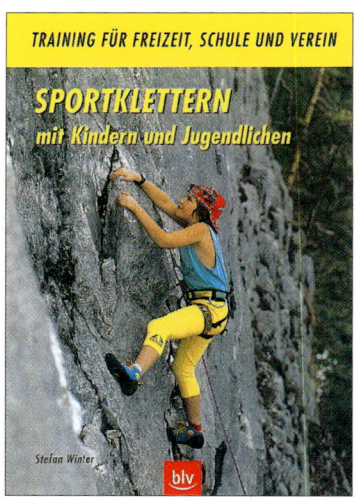